I0092164

Der verlorene Krieg

Drogenbusiness und Staatlichkeit in Westeuropa

von

Meropi Tzanetakis

Tectum Verlag
Marburg 2006

Tzanetakis, Meropi:
Der verlorene Krieg.
Drogenbusiness und Staatlichkeit in Westeuropa.
/ von Meropi Tzanetakis
- Marburg : Tectum Verlag, 2006
ISBN 978-3-8288-8968-2

Covergestaltung: Caroline Erber, Coverfoto: Dirk Enters
Layout: Ioana Hristoforova
Bildrechte: Dirk Enters/Voller Ernst

Tectum Verlag
Marburg 2006

Inhaltsverzeichnis

Vorwort

An dieser Stelle möchte ich mich bei allen Personen herzlich bedanken, die mich bei der Verwirklichung dieser Publikation inspirierten, unterstützten und ermunterten.

Größere und kleinere Teile dieses Textes haben während seines Entstehungsprozesses Gunda Bauer-Grothe, Tanja Bukac, Caroline Erber, Ioana Hristoforova und Dagmar Trimmel korrekturgelesen und mir zahlreiche Inputs gegeben. Ich möchte mich auch für Eure Geduld in dieser nicht immer einfachen Zeit bedanken. Danken möchte ich auch Katharina Graf-Taubert für die emotionale Unterstützung und Eröffnung neuer Sichtweisen.

Für die Unterstützung und Finanzierung meines gesamten Studiums danke ich meiner Mutter, Margarete Tzanetakis. Ebenfalls nicht unerwähnt lassen möchte ich meinen Vater, Panagiotis Tzanetakis. Während ich an diesem Projekt schrieb, haben mich verschiedenste Erinnerungen an ihn begleitet.

Der Betreuerin meines Projektes, Prof. Dr. Eva Kreisky, möchte ich für wichtige Anregungen, kompetente Unterstützung und Orientierungshilfen danken. Sie hat mir genügend Freiheit für die Konzeption und Gestaltung meiner eigenen Ideen gelassen.

Danken möchte ich außerdem Marco Schüller vom Tectum Verlag für die gute Zusammenarbeit.

Meropi Tzanetakis, Wien im November 2005

1. Einleitung

Das Drogenbusiness ist ein bedeutender, profitabler, globaler und illegaler Wirtschaftszweig. Schätzungen zufolge werden jährlich ca. 500 Milliarden US-Dollar mit Drogen umgesetzt. Gegenwärtig wächst die Nachfrage nach Drogen, was sich in steigenden Absatzmärkten zeigt. Diese Entwicklung ist weltweit zu beobachten, doch die zahlungskräftigen, reichen und mächtigen Industriestaaten fallen mehr ins Gewicht. Ärmere Staaten werden mit billigen und oft toxischen Drogen versorgt. Zeitgleich kommt es zu einer Verstärkung der Restriktionen gegen Drogen. Die Prohibition kann jedoch als gescheitert bezeichnet werden. Sie hat zur Verschärfung der Drogenproblematik beigetragen. Einige Auswirkungen sind z.B. hohe Gewinnspannen, Korruption und Beschaffungskriminalität.

Der Drogenmarkt funktioniert nach den gleichen Mechanismen wie andere Märkte auch, nämlich durch Angebot und Nachfrage. Oberstes Ziel ist dabei die Gewinnmaximierung, welche z.B. durch enorme Risikoaufschläge infolge der Kriminalisierung von Drogen erzielt werden kann. Dennoch gibt es Besonderheiten, die durch die Illegalität bedingt sind, wie der Verzicht auf die Buchführung oder auf eine schriftliche Vertragsfixierung.

Der Handel mit Drogen passt sich an die jeweiligen kulturellen, ökonomischen, soziostrukturellen und rechtlichen Rahmenbedingungen an. Dementsprechend sind die Organisationseinheiten des Drogenhandels klein, netzwerkartig und dezentralisiert. Diese Struktur zeigt sich darin, dass es diverse Handelsebenen und Subunternehmer mit differenten Aufgaben und hoher Flexibilität gibt. Der Umfang der Aufgabenbereiche (Produktion, Import, Verteilung, Verkauf, usw.) variiert je nach illegaler Droge. Das Drogenbusiness ist ein hochkomplexes Phänomen mit vielfältigen Verstrickungen, die u.a. auch bis in das Gebilde von Staatlichkeit reichen. Das zu zeigen wird der Kern des vorliegenden Buches sein.

1.1. Forschungsfrage

Meine Grundüberlegung war die Folgende: Je nachdem wie hoch der Anteil der Drogenökonomie im Verhältnis zur jeweiligen Volkswirtschaft ist, kann es dazu führen, dass große Teile des staatlichen und gesellschaftlichen Apparates unter die Einflusssphäre des Drogenbusiness geraten.[1] Es gibt eine verbreitete Auffassung, dass dies auf einige Staaten in Lateinamerika, wie z.B. Kolumbien, zutrifft. Diese Verbindung wurde in der Fachliteratur bereits des Öfteren nachgewiesen. Indikatoren wie z.B. Korruption, gelten in Kolumbien eher als Regel und weniger als Ausnahme.[2]

Daraus abgeleitet möchte ich in diesem Buch der Frage nachgehen, inwiefern das Drogenbusiness Einfluss auf Staatlichkeit in westeuropäischen Industriegesellschaften hat. Diese Frage findet in der Literatur kaum bis keine Beachtung. Ich gehe dabei von der Annahme aus, dass sich der Einfluss des Drogenbusiness nicht auf die Staatlichkeit in Lateinamerika beschränken lässt. Vor allem deswegen nicht, weil das Drogenbusiness Angebot und Nachfrage global vernetzt. Ich gehe auch davon aus, dass durch staatliche und wirtschaftliche Bedingungen, politische sowie gesellschaftliche Veränderungsprozesse, das illegale Drogenbusiness seine aktuelle, relativ mächtige Ausformung erhalten hat. Damit will ich betonen, dass in erster Linie nicht das Drogenbusiness diese Veränderungen hervorgerufen hat, sondern, dass derartige Prozesse begünstigend auf die aktuelle Ausbreitung und Ausformung des Geschäftes mit Drogen eingewirkt haben. Aufgrund der enormen Gewinne des Drogengeschäfts und der daraus resultierenden wirtschaftlichen Macht stellt sich die Frage, wie hoch man/ frau die Möglichkeiten der Einflussnahme einschätzen kann? Dennoch gehe ich bei den westeuropäischen Industriegesellschaften nicht davon aus, dass z.B. die Korruption ähnliche Dimensionen wie in Kolumbien erreicht hat. Es ist deswegen eine Herausforderung für mich, da ich eben die beiden Regionen nicht direkt miteinander vergleichen möchte, sondern auf die Eigenheiten von Westeuropa eingehen werde.

Die persönliche Motivation für die Wahl meiner Forschungsfrage lag zum einen am Interesse für dieses komplexe Phänomen, das sich aus dem Seminar „Staatszerfall, Parastaatlichkeit und Bandenkriege" bei Professorin Eva Kreisky im Wintersemester 2003/2004 in Wien entwickelt hat. Ich konnte mich demnach bereits in die Thematik einlesen und dieses Wissen für das Projekt nutzen. Andererseits hatte ich im Sommer 2003 ein anregendes Gespräch mit meinem Onkel Vasilis über die Verursacher des Drogenproblems. Er vertrat dabei die Position, dass die Bauern, welche den Anbau der Drogenpflanzen besorgen und die Regierungen diverser Staaten, welche diese Anpflanzungen nicht effektiv genug bekämpfen, in erster Linie für den Konsum von Drogen verantwortlich sind. Mit dieser Arbeit will ich unter anderem seine Annahme widerlegen, denn meiner Meinung nach ist diese Problematik eine wesentlich vielschichtigere und komplexere, die sich nicht auf den Anbau der Drogenpflanzen und dessen Verhinderung reduzieren lässt.

Der wissenschaftliche Nutzen meines Forschungsinteresses ergibt sich aus der Erschließung einer Forschungslücke zu diesem Themengebiet. Wie ich bereits kurz angedeutet habe, gibt es meines Wissens nach keine Auseinandersetzung zu der von mir gewählten Forschungsfrage, auch nicht in der Politikwissenschaft. Die Problematik, dass das Drogenbusiness Einfluss auf die Staatlichkeit haben könnte, wurde lediglich bei „sich entwickelnden" Staaten wie Kolumbien untersucht. Westeuropäische Industriegesellschaften wurden unter diesem Aspekt bisher nicht beleuchtet. Die politikwissenschaftliche Relevanz meines Themas sehe ich zum einen in der zentralen Bedeutung des Staates und seiner Veränderung und zum anderen in der Analyse des Drogenbusiness als „global Player" und dessen Einfluss auf die Wirtschaft, den Staat und die Gesellschaft. Dabei kann das vorliegende Werk für weiterführende Untersuchungen durchaus von Bedeutung sein.

Eine gesellschaftliche Bedeutung soll meine Arbeit durch den Erkenntnisgewinn und die Umsetzbarkeit von möglichen Ergebnissen der Analyse bekommen. Die Gesellschaft ist meiner Meinung nach vom Drogenbusiness und seinen Einflüssen in sämtlichen Bereichen betroffen, weshalb diesbezüglich Klärungs- bzw. Handlungsbedarf besteht. Meine Arbeit wird nicht alle Bereiche des Geschäftes mit Drogen allumfassend aufarbeiten können, doch soll sie zumindest einen Ausschnitt dieses Spektrums behandeln.

1.2. Forschungsansatz und verwendete Methodik

Bei der von mir gewählten Forschungsfrage handelt es sich um ein äußerst komplexes und vielschichtiges Thema. Ich werde in dieser Arbeit primär Grundstrukturen des Problemfeldes herausarbeiten und weniger auf Detailfragen eingehen. Bezüglich meiner Grundannahme, dass das Drogenbusiness in Lateinamerika Einfluss auf Staatlichkeit hat, werde ich zur Eingrenzung meines Forschungsinteresses einen Staat, nämlich Kolumbien, exemplarisch daraufhin analysieren und überprüfen. Aus den Mitteln zur Durchsetzung der drogenbezogenen Geschäftsinteressen, sowie der Verwendung der Gelder, ergeben sich diverse Schwierigkeiten für den Staat. Doch diese Probleme betreffen nicht nur verfallende oder institutionell schwache Staaten, sondern auch stabile, wie diejenigen in Westeuropa.[3]

Aufgrund der Tatsache, dass das Drogenbusiness ein globales Phänomen ist und ich seinen Einfluss auf Industriegesellschaften zeigen will, werde ich hierbei eine weitere Abgrenzung vornehmen. Diese umfasst eine geographische Einschränkung, wobei ich mich für die Analyse des

Einflusses des Drogenbusiness auf die Industriegesellschaften in West-europa entschieden habe. Nichts desto trotz will ich diesbezüglich be-wusst keine Länderstudien durchführen, um Strukturen erfassen zu können, die weit über die Staatsgrenzen hinausreichen. Dadurch wer-de ich gezwungenermaßen vieles recht verkürzt darstellen müssen und eventuell auf die Unterschiede zwischen den Staaten dieser Regi-on nicht adäquat eingehen können. Meine Wahl fiel auf Westeuropa, da es trotz der länderspezifischen Drogensituation und –politik als ein einheitlicher Drogenmarkt gesehen werden kann. Dies resultiert auch daraus, dass es einen einheitlichen Binnenmarkt mit freiem Warenver-kehr gibt. Außerdem ist es für mich eine Herausforderung, eine Regi-on, nämlich Westeuropa, zu wählen, bei der die Einflusswirkung des Drogenbusiness sehr begrenzt öffentlich wahrgenommen wird.

Die Forschungstechnik, mit der ich meine Forschungsfrage bearbeiten möchte, wird eine qualitative Literaturanalyse sein. Dabei geht es mir um einen sinnverstehenden Zugang von Texten, in Form von Mono-graphien, Aufsätzen in Sammelbänden, Zeitschriftenartikel, Zeitungs-berichten, Forschungsberichten, Papers von Institutionen, Konferenz-berichten, Internetquellen und anderer „Grauer Literatur". Diesbezüg-lich lege ich Wert darauf, kritische Quellen zu verwenden, denn sys-temkonforme – im Sinne von gesellschaftlichen Normen unterworfene – Materialien erlauben mir nur sehr eingeschränkt, meiner Forschungs-frage nachzukommen. Es soll auch eine theoretische Arbeit sein, die auf Erklärungsgewinn und Bezug zur Praxis ausgerichtet ist. Der Rahmen der vorliegenden Arbeit hat es leider nicht ermöglicht, eigen-ständige empirischen Studien und Interviews zu erstellen. Eventuell bieten genau jene Möglichkeiten einen Ansatzpunkt für eine weiter-führende Erforschung dieses Themas.

Die Einflüsse des Drogenbusiness auf Staatlichkeit in Westeuropa adä-quat zu strukturieren bzw. das Suchen nach passenden Indikatoren, stellte für mich die größte Herausforderung bezüglich meiner gesam-ten Arbeit dar. Ich wusste, seitdem ich das Thema ausgewählt hatte, was ich aufzeigen wollte. Lediglich wie ich es umsetzen könnte, war im Laufe des gesamten Prozesses des Zustandekommens der Arbeit ein ungelöstes Problem. Nach der Anregung meiner Betreuerin, Pro-fessorin Eva Kreisky, ich solle eine Systematik erstellen und während ich das Kapitel über die Akteure des Drogenbusiness verfasst habe, ist es mir in den Sinn gekommen. Ich habe erstmals eine Systematik dar-gestellt, die meinem eigenen Anspruch gerecht werden konnte. Es handelt sich hierbei um ein Kreislauf – Modell[4], das als Ausgangs-punkt die Wechselwirkung zwischen dem Staat und dem Drogenge-schäft in Westeuropa zum Inhalt hat. Daraus entwickelte sich für mich die Frage, welchen Einfluss das Drogenbusiness, im Besonderen jedoch der „Sektor der Oligopole"[5] bzw. der Drogenhandel, genauer gesagt die Großhändler und Wiederverkäufer, auf den Staat hat?

Mit meinem Modell habe ich eine Möglichkeit entwickelt, wie diese Thematik analysiert werden kann. Ich, als Mensch, der Teil der westeuropäischen Industriegesellschaften ist, betrachte das System aus einer innenstehenden, wenn auch recht kritischen, Perspektive. Deswegen bin ich gewissen Blindheiten unterworfen, die von einem außenstehenden Blickwinkel vermeintlich wahrgenommen werden würden. Dafür würden bei einer Sicht von außen bestimmte Aspekte nicht wahrgenommen werden, die wiederum durch eine systeminterne Perspektive geleistet werden können. Daraus ergibt sich ein gewisses Dilemma, das meiner Meinung nach die Konsequenz hat, dass es keine ultimative und bahnbrechende objektive Sichtweise gibt, sondern viele unterschiedliche, die je nach Blickwinkel different sind. Ich nehme für mich in Anspruch, eine derartige Perspektive zu haben.

Eine weitere Einschränkung in Bezug auf meine Forschungsfrage ergibt sich aus den durch die Illegalität abgeleiteten Zugangsschwierigkeiten zum datenschutzsensiblen Forschungsfeld. Ein Problem ist auch, welche Daten erhoben werden. Beim illegalen Bereich Drogen wird oft auf Statistiken der Exekutive, Judikative, sowie aus dem klinisch-therapeutischen Bereich zurückgegriffen, wobei ihre Aussagekraft meiner Ansicht nach begrenzt ist. Genauso kritisch sehe ich das empirische Material der UNO. Sobald sich der Forschungsraum auf den institutionellen Kontakt beschränkt, bedeutet dies einen begrenzten empirischen Zugang und genauso eingeschränkte Ergebnisse von Erhebungen oder Analysen.[6] Hier gilt es stets zu fragen, wer hat welches Interesse an einer bestimmten Erhebung und welche Statistiken werden aufgestellt bzw. welche nicht. Jedenfalls fehlt es meiner Ansicht nach an alternativen und unabhängigen Untersuchungen zur Drogenproblematik. Für mein Kreislauf – Modell bedeutet dies, dass ich den Anspruch erhebe, Einflüsse zu zeigen, jedoch die Auswirkungen nicht quantifizieren werde können. Dies würde eine Vielzahl an drogenbezogenen, empirischen Studien voraussetzen, die zur Zeit nicht vorhanden sind.

1.3. Literatur zum Forschungsstand

Die überwiegende Mehrheit der von mir gesichteten Arbeiten befassen sich mit der Drogenpolitik und dem problematischen Drogenkonsum in Westeuropa, sowie mit der zunehmenden Bedeutung des östlichen

Europas für das Drogenbusiness. Jedoch mangelt es an Literatur zum kontrollierten, nicht problematischen Drogenkonsum genauso, wie es Defizite bei der illegalen Drogenökonomie und ihren Auswirkungen auf die Staatlichkeit in den Industriegesellschaften gibt.[7] Des weiteren konzentriert sich die Forschung zum illegalen Drogenhandel auf die unterste Ebene, nämlich die Kleinhändler.[8] Die höheren Ebenen, die Großhändler und Wiederverkäufer, werden auch aufgrund der beschriebenen Zugangsschwierigkeiten nur peripher durchleuchtet. Dabei wäre für mich gerade eine diesbezügliche Beschäftigung für eine erschöpfende Erfassung des Problemfeldes Drogenhandel und schließlich des Drogenbusiness an sich, von zentraler Bedeutung. Es findet lediglich eine Auseinandersetzung zu den negativen Auswirkungen und den volkswirtschaftlichen Kosten der Drogenprohibition statt.[9] Dass die Ziele des Drogenverbotes bisher nicht erreicht werden konnten, darüber besteht in der wissenschaftlichen Fachliteratur weitestgehend Einigkeit. Doch über das weitere Vorgehen gibt es sehr unterschiedliche Sichtweisen.[10]

Weiters wird auf Lateinamerika fokussiert, besonders von der US-amerikanischen Literatur. Dabei werden sämtliche problematischen Bereiche des Drogenbusiness aufgearbeitet, wobei vielfach in dieser Region die Ursachen für die immensen Drogenprobleme der US-AmerikanerInnen gesucht werden. Ein wichtiger Grund dafür ist, dass der Hauptanteil der natürlichen Drogen aus Lateinamerika in die Vereinigten Staaten geliefert wird. Bei dieser Region sind meiner Meinung nach auch die Verstrickungen von Drogenunternehmen und Akteuren des Staates ausreichend dargestellt. Lediglich dem Konsum von Drogen wird kaum Beachtung geschenkt. Ich halte dies jedoch in Anbetracht des wachsenden Konsums für problematisch. Meiner Meinung nach orientiert sich die dominante Forschung bisher immer noch an der nicht mehr haltbaren Einteilung von Staaten in Produzenten- und Konsumentenländer. Auch kann die Verteilung von Macht gut daran abgelesen werden, wer, wie und was über gewisse Regionen untersucht wird bzw. das gewisse Regionen kaum durchleuchtet werden. Auch die öffentliche Wahrnehmung, die durch Massenmedien geprägt wird, spiegelt sich darin wieder. Aufgrund dessen möchte ich einen anderen Blickwinkel versuchen. Dem zugrunde liegt die Annahme, dass das Drogenbusiness nicht nur auf die Gesellschaft an sich Auswirkungen hat, sondern auch auf die Staatlichkeit Einfluss nimmt, weil diese ebenfalls nicht gegen Veränderungen immun ist. Dies werde ich im folgenden Text zu zeigen versuchen.

1.4. Arbeitsgliederung

Zu meiner zentralen Fragestellung, nämlich inwiefern das Drogenbusiness Einfluss auf die Staatlichkeit in westeuropäischen Industriegesellschaften hat, möchte ich an dieser Stelle meine Arbeitsgliederung darstellen. Dabei ist es mir wichtig, diese einigermaßen logisch und übersichtlich zu strukturieren, um meinen Aufbau nachvollziehbar zu gestalten. Zuerst möchte ich im zweiten Kapitel die wichtigsten Grundbegriffe klären, um damit verständlich weiterarbeiten zu können. Diese sind das Drogenbusiness und die Industriegesellschaften in westeuropäischen Staaten. Anschließend werde ich auf historische Zusammenhänge über die Bedeutung und Verwendung von Drogen eingehen, um die aktuellen Verhältnisse besser einordnen und nachvollziehen zu können. Der letzte Abschnitt dieses Kapitels wird sich mit der zeitgenössischen Drogensituation befassen.

Als Heranführung an meine eigentliche Forschungsfrage werde ich im vierten Kapitel auf die Auswirkungen des Drogenbusiness auf die Staatlichkeit in Kolumbien eingehen. Kolumbien gilt allgemein als ein Staat mit zahlreichen Verstrickungen zwischen Drogenhändlern, Guerillas und staatlichen Apparaten. Hierzu ist es für mich erforderlich, auf die einzelnen gesellschaftspolitisch relevanten Akteure einzugehen, um im Anschluss daran Auswirkungen festmachen zu können. Im letzten Abschnitt werde ich kurz auf die Frage der Übertragbarkeit von den kolumbianischen Verhältnissen auf Westeuropa eingehen. Eine genauere Analyse dessen werde ich jedoch erst in den kommenden Abschnitten durchführen.

Mit dem nächsten, dem fünften Kapitel, beginnt sozusagen der Hauptteil des Buches. Diesen möchte ich mit einer ausführlichen Auseinandersetzung mit Staatlichkeit in Westeuropa beginnen. Dazu möchte ich eingangs diese zu definieren versuchen. Daraufhin werde ich eine Typologisierung von Staatlichkeit vornehmen, um sowohl Kolumbien, als auch Westeuropa einordnen zu können und um Staatlichkeit zu differenzieren. Die beiden ersten Abschnitte dienen der Orientierung und der Bestimmung von Staatlichkeiten. Im dritten werde ich jedoch auf mein Kreislauf – Modell eingehen. In diesem Sinne werde ich die gesellschaftlichen Veränderungsprozesse im Abschnitt über die Transformation von Staatlichkeit in Westeuropa beschreiben. Dabei sind die Globalisierung und ihr Siegeszug, der Neoliberalismus, Entwicklungen, welche zur Transformation von Staatlichkeit beitragen.

Im sechsten Kapitel gehe ich von der Annahme aus, dass sich der Einfluss des Drogenbusiness nicht auf die Staatlichkeit in Lateinamerika beschränken lässt. Dies möchte ich dadurch zeigen, dass ich auf die unterschiedlichen Akteure des Drogenbusiness in Westeuropa eingehe. Ein zentraler Akteur ist der Staat, der die Rahmenbedingungen für das Drogengeschäft festlegt. Ich werde dabei auf die Prohibition und die Instrumentalisierung des Drogenthemas zur Interessensdurchsetzung des Staates und seines Apparates eingehen. Beides wirkt sich nach meinem Modell begünstigend auf das Drogenbusiness aus. Schließlich will ich auch eine Alternative zur derzeitigen Drogenpolitik skizzieren und diese problematisieren. Als weitere Akteure werde ich den Bereich des Konsums, der Produktion und des Handels bearbeiten.

Das siebente Kapitel werde ich den Auswirkungen des Drogenbusiness auf Staatlichkeit in Westeuropa widmen, welches ich in zwei Abschnitte aufteilen möchte. Im ersten soll es um die Durchsetzung der Geschäftsinteressen der Drogenhändler gehen. Daraus resultierend handelt es sich im zweiten um die Verwendung der Drogengelder. Die beiden Abschnitte des siebenten Kapitels gehen in das nächste Kapitel über. Dabei werde ich auf die Folgewirkungen für den Staat in Westeuropa eingehen.

In der Schlussbemerkung möchte ich, ausgehend vom Staat, noch einmal auf die gesellschaftlichen Veränderungsprozesse zurückkommen und somit den Kreislauf schließen. Sie sind meiner Ansicht nach primär für die Schwächung des Staates und die Stärkung des Drogenbusiness zuständig. Das Drogengeschäft bekommt durch diese Prozesse ein Instrumentarium, welches sich zur Durchführung der Geschäfte sehr effizient einsetzen lässt. Weiters werde ich die wichtigsten Erkenntnisse zusammenfassen und abschließend einen Ausblick geben.

Anmerkungen:

[1] Angerer, 1999, S.67.

[2] Ibd.

[3] Lessmann, 2000, S.22.

[4] Siehe Kapitel 7, „Über die Auswirkungen des Drogenbusiness auf Staatlichkeit".

[5] Siehe Kapitel 6.4., der Handel als Akteur des Drogenbusiness.

[6] Kemmesies, 2004, S.18.

[7] Ibd., S.19f.; Angerer, 1999, S.3.

[8] Kemmesies, 2004, S.41.

[9] Angerer, 1999, S.4.

[10] Ibd.

2. Begriffserörterung

Die wichtigsten Grundbegriffe in dem vorliegenden Werk sind das Drogenbusiness und die Industriegesellschaften in westeuropäischen Staaten. Ich möchte diese im Rahmen einer Begriffsklärung derart erläutern, dass beim Lesen des Buches keine Verständnisprobleme aufkommen.

2.1. Das Drogenbusiness

An dieser Stelle möchte ich im Rahmen dieser Begriffsdefinition das Drogenbusiness lediglich kurz anreißen und seine wichtigsten Merkmale abhandeln. Eine weiterführende und ausführliche Ausarbeitung des Drogenbusiness und im Besonderen seiner Akteure werde ich im sechsten Kapitel darbieten. Den Begriff Drogengeschäft werde ich äquivalent zum Terminus Drogenbusiness verwenden, das erste ist lediglich die deutsche Übersetzung des englischen Wortes.

Das Drogenbusiness umfasst sämtliche globalen Akteure, die von der Produktion, dem Handel und dem Konsum von illegalen Drogen profitieren. Mit illegalen Drogen[1] sind im Rahmen dieser Arbeit alle Substanzen gemeint, die laut der UN-Drogen-Einheitskonvention von 1961, welche im Jahr 1971 ergänzt wurde, einer strengen Kontrolle unterworfen sind. Die Einheitskonvention von 1961 besagt, dass der Besitz, die Verwendung, der Handel, der Vertrieb, die Einfuhr, die Ausfuhr, die Gewinnung und die Herstellung von Opium, Coka und Cannabis bzw. die daraus produzierten Substanzen ausschließlich auf medizinische und wissenschaftliche Zwecke beschränkt sind.[2] Das Übereinkommen über psychotrope Substanzen erweiterte 1971 dieses System auf LSD, Meskalin, Amphetamin und andere synthetische Substanzen.[3] Die Wiener Konvention von 1988 widmete sich schließlich dem Kampf gegen den illegalen Drogenhandel, also Maßnahmen zur Bekämpfung der Geldwäsche, zur Überwachung des Handels, Anbau und Einfuhr von Grundstoffen und zur Strafverfolgung.[4]

Das globale Drogenbusiness wird von den Marktgesetzen, nämlich von Angebot und Nachfrage nach illegalen Drogen, bestimmt.[5] Das Drogengeschäft ist ein multi- und internationales Geschäftsfeld und zählt weltweit zu den profitabelsten, nicht zuletzt deswegen, weil ein billiges Produkt Droge unter Prohibitionsbedingungen zu einem maximalen Preis verkauft werden kann. Millionen von zahlungskräftigen Konsumenten, vor allem in den Industrieländern werden von einem Herstellungs- und Vertriebsnetz versorgt, das sich quer über sämtliche Kontinente erstreckt.[6]

Der Drogenmarkt ist zum einen von einer weltweiten Repression gegenüber Produzenten, Händler und Konsumenten bestimmt und zum anderen ist er dereguliert, weil es keine Qualitätskontrollen bei der Herstellung und keine Handelsnormen im Vertrieb gibt. Der Markt ist zudem durch ein hohes Maß an Flexibilität gekennzeichnet, einerseits durch Nachfrageänderungen, wie z.B. vermehrt nach synthetischen Drogen und allgemein durch ein vielfältiges Angebot.[7] Andererseits durch das Auftreten neuer Abnehmerstaaten, infolge des Wegfalls der Einteilung von Staaten in Angebots- und Nachfrageländer. Die Nachfrage nach Drogen ist weltweit im Steigen.[8] Der Konsum in den ehemals klassischen Anbauländern steigt, genauso wie die Produktion von synthetischen Drogen in Europa und den USA.[9] Dabei hat die Zahl der Transitländer als Nebenerscheinung der Globalisierung zugenommen. Weiterhin haben sich Produktionsstätten klassischer Anbaustaaten durch steigenden Druck und repressive Maßnahmen zum Teil in Nachbarstaaten verlagert.

> „Drogenkonsum, Drogenhandel und organisierte Kriminalität geben am Ausgang des 20. Jahrhunderts weltweit zu großer Sorge Anlaß. Über die richtigen Mittel zur Bekämpfung dieser Phänomene herrscht allenthalben Uneinigkeit".[10]

Sämtliche repressiven Maßnahmen zur Bekämpfung von Drogen haben bisher ihr Ziel verfehlt. Entgegen ihren Ausrichtungen, führen sie z.B. durch die Risikoerhöhung zu einer Ausweitung des Drogenmarktes und des Drogenproblems an sich.[11] Weiters bringt die Prohibition eine Destabilisierung der demokratischen Gesellschaft mit sich, indem die Korruption zur Umgehung der Illegalität gefördert wird. Die erzielten Gewinne können entweder „rein gewaschen" und investiert werden oder zur Finanzierung von Terrorismus, Bürgerkriegen und/oder anderen illegalen Bereichen wie Waffen-, Diamanten- und Menschenhandel verwendet werden.[12]

Die Kriminalisierung der Konsumenten führt wiederum zu einer erhöhten Beschaffungskriminalität, zur Gesundheitsgefährdung durch fehlende Qualitätskontrollen und zur epidemischen Verbreitung von Infektionskrankheiten, wobei sich alle drei Faktoren wiederum negativ auf die Gesellschaft auswirken. Weitere Kosten fallen für die Gesellschaft durch die Auslastung von staatlichen Strafverfolgungs- und Strafvollzugsorganen an.[13] Auch die Kriminalisierung der Kleinbauern und die biologisch-chemische Zerstörung ihrer Anbauflächen verschärfen die Drogenproblematik zusehends. Mitunter wird diesen Bauern die Existenzgrundlage entzogen, ohne ihnen gleichwertige, lukrative, mittel- bzw. langfristige Alternativen anbieten zu können. Ein Effekt dieser Herangehensweise ist zudem die Verlagerung des

Drogenanbaus und der Weiterverarbeitung in andere, zumeist benachbarte Regionen und Staaten.[14] Dadurch kommt es zu einer Änderung der Handelsrouten und damit zu Schwierigkeiten für die Exekutive, welche diese neuen Routen erst „aufspüren" muss, bevor sie eingreifen kann.

Die Verluste für die Drogenhändler, welche durch Beschlagnahmungen zustande kommen, werden auf etwa fünf bis zehn Prozent geschätzt. Diese haben jedoch keinerlei Auswirkungen auf eine Verknappung des Angebots an Drogen. Im Bedarfsfall werden Engpässe durch das Strecken mit anderen Substanzen ausgeglichen. Dabei besteht allerdings die Gefahr, dass auch gesundheitsgefährdende Stoffe zum Verschneiden der Drogen verwendet werden.[15]

Das Drogenbusiness ist durch lukrative Gewinnspannen gekennzeichnet und in der Folge ist das primäre Bestreben der Drogenhändler die Gewinnsteigerung.[16] Das Verfehlen der staatlichen Prohibition gegen Drogen ermöglicht ihnen, ihre Gewinne weiterhin auszuweiten.[17] Die jährlichen Umsätze des globalen Drogenbusiness werden laut den Vereinten Nationen auf etwa 500 Milliarden US-Dollar geschätzt.[18] Damit ist das Drogenbusiness einer der wenigen Bereiche, welcher in den letzten drei Jahrzehnten unabhängig von Konjunkturschwächen oder Krisen kontinuierlich wächst.[19] Um eine Vorstellung von 500 Milliarden US-Dollar zu bekommen, hierzu ein Vergleich: Diese Summe macht den drei- bis vierfachen Jahresumsatz von General Motors aus, einem der weltweit größten Industrieunternehmen.[20]

Zum Abschluss der Begriffsklärung des Drogenbusiness möchte ich noch auf die Rolle des Staates, besonders in Westeuropa, eingehen. Der Staat bzw. seine Organe bestimmen letztlich über die rechtlichen Rahmenbedingungen des Drogenmarktes. Es liegt nahe, dass der Staat, aufgrund des Scheiterns der Repression, seine strikte Verbotspolitik ändern könnte. Dies ist weder geschehen, noch gibt es in Westeuropa ernsthafte Anzeichen für eine Anpassung der Drogenpolitik an die gesellschaftlichen Gegebenheiten. Daraus stellt sich die Frage, ob nicht bestimmte Gruppen oder Institutionen vom Status Quo profitieren und mit der Bewahrung dieser Politik gewisse Interessen verfolgen.

Angerer hat in diesem Zusammenhang materielle, institutionelle und ideologische Interessen des Staates ausgemacht.[21] Institutionelle Interessen des Staatsapparates können z.B. unter dem Gesichtspunkt betrachtet werden, dass dieser eine ausgebildete Tendenz zum Wachstum und zur künstlichen Schaffung von Aufgaben hat.[22] Für eine ausführliche Darstellung möchte ich erneut auf das Kapitel 6.1., Abschnitt

„Interessen des Staates und seines Apparates an der Prohibition", verweisen.

2.2. Industriegesellschaften in westeuropäischen Staaten

Ich möchte an dieser Stelle den Begriff westeuropäische Industriegesellschaften auf die Art und Weise definieren, wie er in den kommenden Kapiteln Verwendung finden wird. Dazu möchte ich zuerst auf den Begriff der Industriegesellschaft eingehen und mich anschließend den Industriegesellschaften in westeuropäischen Staaten widmen.

Historisch betrachtet, hat die Industriegesellschaft die agrarisch geprägte Gesellschaft abgelöst.[23] Für den größten Teil Mittel- und Westeuropas, sowie den USA und Japan ist dieser Prozess in der zweiten Hälfte des 19. Jahrhunderts anzusiedeln, weil zu dieser Zeit die industrielle Revolution mit einem sich explosionsartig ausweitenden industriellen Sektor im Gange war. Bis heute können allerdings zahlreiche andere Staaten, quer über den Erdball verteilt, als Industriegesellschaften bezeichnet werden. Eine regionale Festmachung ist nicht mehr möglich.[24]

Industriegesellschaft ist die Bezeichnung für eine Gesellschaftsform, bei der die industrielle Produktion die wirtschaftlichen, sozialen und gesellschaftlichen Strukturen prägt. Charakteristika sind die Industrialisierung, eine hochgradige Arbeitsteilung infolge eines umfassenden Einsatzes von Maschinen, die Trennung von Wohn- und Arbeitsstätten und folglich ein größerer Anteil des Dienstleistungsbereiches an der Erwerbsstatistik. Daraus resultiert typischerweise eine verstärkte Bürokratisierung von Staat, Gesellschaft und Produktionsbetrieben. In den kapitalistisch geprägten Industriegesellschaften, wie sie auch in den westeuropäischen Staaten zu finden sind, werden sogenannte „freie Märkte" angestrebt, welche in der Regel zu einer Konzentration des Kapitals auf wenige Unternehmen führen. Ohne staatliche Gegenmaßnahmen besteht die Gefahr, dass sich oligopole Strukturen bilden und es zu einer Aushöhlung der Marktwirtschaft kommt.[25]

Die Industriegesellschaft brachte eine vermehrte Nachfrage nach Arbeitsplätzen und gleichzeitig kam es durch den verstärkten Maschineneinsatz zur Freisetzung von Arbeitskräften. In der Folge sanken auch die Löhne. Die industriellen Wirtschaftskrisen verschärften die Probleme und Arbeitslosigkeit drohte zum Dauerproblem zu werden. Aufgrund dieser Entwicklungen folgte die Gründung zahlreicher Verbände und Parteien, welche große Mitgliederzahlen aufweisen konnten. Durch die staatliche Sozialpolitik konnten diese Problematiken abgeschwächt werden. Zusätzlich brachte es die Dynamik der Industrialisierung mit sich, dass die weggefallenen Arbeitsplätze, im Rahmen des Strukturwandels, größtenteils durch andere, neue, ersetzt worden sind.[26]

Als Folge der Industrialisierung ist der Ausbau der Industrie in den Großstädten zu nennen, wodurch es zur Ballung der Menschen in Großstädten kam, die dort Arbeit fanden, gleichzeitig setzte jedoch eine Landflucht ein. Andere Effekte sind die Verwandlung der Mehrzahl der Bevölkerung in ArbeitnehmerInnen und die Ausdifferenzierung der ArbeitnehmerInnenschaft in Schichten, wie z.B. ArbeiterInnen und Angestellte, was auch eine neue Mittelschicht mit sich brachte. Weitere Auswirkungen sind die Erhöhung des materiellen Lebensstandards, die hohe Arbeitsleistung, die Rationalisierung der wirtschaftlichen Produktion, das (marktabhängige) Leistungsdenken und die Begrenzung der Arbeitszeit, was erstmals zu der Zeitkategorie Freizeit führte.[27] Die Industriegesellschaft begünstigte die Entwicklung hin zu einer Konsumgesellschaft, brachte die Ausbreitung neuer Massenverkehrsmittel und förderte die Entstehung von modernen (Massen-)Kommunikationsmitteln. Gleichzeitig stiegen durch die Industriegesellschaft bzw. durch die damit einhergehenden Innovationsschübe die Anforderungen an die Berufsausbildung und die Weiterbildung der Bevölkerung.[28]

Daraus sind Kontroversen in Bezug auf die Interessenskonflikte, Steuerungs- und Legitimationsprobleme des Staates entstanden.[29] Zum einen beziehen sich die gegenwärtigen Probleme im Arbeitsbereich auf Spannungen zwischen den sozialstaatlichen Einrichtungen und den Produktivitäts- und Flexibilitätszielen der Marktwirtschaft. Zum anderen zeigen sich Tendenzen zur Rationalisierung, um Arbeitskräfte einzusparen und zur Auslagerung von Produktionen in Billiglohnländer. Beides geschieht mit dem Ziel, Kosten einzusparen. Daraus folgend ergibt sich die Schwierigkeit, dass selbst „hochentwickelte" sozialstaatliche Systeme Phänomene wie Massenarbeitslosigkeit nicht in den Griff zu bekommen sind. Weiters hat die Globalisierung in Bezug auf Staaten und Regionen, die dem Konkurrenzdruck nicht Stand halten können, existenzbedrohende Konsequenzen.[30]

Der Begriff Industriegesellschaft hat allerdings keinerlei Aussagekraft in Bezug auf die jeweils vorherrschende gesellschaftspolitische Ordnung.[31]

Vielfach wird davon ausgegangen, dass die Industriegesellschaft lediglich als Zwischenstufe zu einer Dienstleistungsgesellschaft zu sehen ist.[32] Dies beruht auf der Einteilung der Wirtschaft in die Drei-Sektor-

Theorie (Argar-, Industrie- und Dienstleitungsbereich). Mittlerweile wird diese Einschätzung aber heftig in Frage gestellt.[33]

Wie ich bereits in der Einleitung erwähnt habe, bezieht sich meine geographische Einschränkung auf die Industriegesellschaften in westeuropäischen Staaten. Allgemein werden durch die Bezeichnung Westeuropa gewisse Staaten im Westen Europas bezeichnet, die je nach Kontext, eine differente Abgrenzung erfahren. Im geographisch eng gefassten Sinne umfasst der Begriff Belgien, Frankreich, Großbritannien und Nordirland, Irland, Luxemburg und die Niederlande.[34]

Historisch betrachtet wurde Westeuropa zu Zeiten des Kalten Krieges als Gegenstück zum Ostblock gesehen. Demnach waren damit all jene kapitalistischen Staaten gemeint, die nicht zu den sozialistischen Staaten Osteuropas zählten. Seit dem Ende des Kalten Krieges, der spätestens 1991 mit der Auflösung der Sowjetunion vollzogen wurde und bis zur EU-Osterweiterung[35] im Mai 2004, wurden mit Westeuropa sämtliche Staaten Europas bezeichnet, die Mitglied der EU und/ oder der NATO waren. Jedoch ist die Schweiz eine Ausnahme, weil sie hierbei dazu gezählt wird und beiden Organisationen nicht angehört.[36]

Mein Begriff von Westeuropa richtet sich an die zuletzt genannte Einteilung und bezieht sich auf diese kapitalistischen Staaten Europas. Demnach zählen dazu Belgien, Dänemark, Deutschland, Finnland, Frankreich, Griechenland, Irland, Island, Italien, Spanien, Liechtenstein, Luxemburg, Niederlande, Norwegen, Österreich, Portugal, Schweden, Schweiz und das Vereinigte Königreich.[37] Ich habe diese Einteilung ausgewählt, weil ich damit eine politisch weitestgehend homogene Staatengruppe, im Gegensatz zu den politischen Systemen anderer Regionen der Welt, darstellen kann.[38] Für meine Analyse ist es wichtig, nicht das Europa nach der EU- Osterweiterung im Mai 2004 herauszunehmen, weil ich in jenem andere wirtschaftliche, politische und gesellschaftliche Bedingungen vermute, als ich sie in Westeuropa vor dieser Erweiterung vorgefunden habe. Weiter gehe ich davon aus, dass der Begriff Westeuropa in den kommenden Jahren aus unserem politischen Wortschatz verschwinden wird. Lediglich die geographische Definition wird vermutlich haltbar sein. Dies liegt meiner Meinung nach daran, dass es wahrscheinlich durch die offiziellen Seiten innerhalb der EU keine West- und Ost-Abgrenzung geben wird, welche die gemeinsame Teilnahme an einer Union ad absurdum führen würde.

Abbildung 1: Politische Einteilung: Europa[39]

Die genannten Staaten sind zudem Mitglieder der OECD, der „Organisation for Economic Co-operation and Development". Diese Organisation hat sich die wirtschaftliche Zusammenarbeit zum Ziel gesetzt, um

> „starke und leistungsfähige Volkswirtschaften aufzubauen, die
> Effizienz der Märkte und Verwaltungen zu verbessern, den
> freien Markt auszuweiten und die Entwicklung insgesamt so-
> wohl in Entwicklungsländern, als auch in industrialisierten
> Ländern zu fördern".[40]

Unter diesem Aspekt möchte ich den Einfluss des Drogenbusiness auf
die westeuropäischen Industriestaaten untersuchen.

Anmerkungen:

[1] Ich verwende diesen Drogenbegriff, da er für meinen Kontext passend erscheint. Allgemein stelle ich diesen Drogenbegriff jedoch in Frage, da die Kriterien für die Einteilung von legalen und illegalen Drogen meiner Meinung nach weniger auf deren Schädlichkeiten basieren, sondern mehr in aktuellen politischen und ökonomischen Zusammenhängen zu finden sind. In diesem Kontext kann auch von illegalisierten Drogen die Rede sein, denn der Begriff drückt deutlicher aus, dass jede Droge abhängig von dem jeweiligen Kulturkreis und der jeweiligen Zeit zugelassen oder als illegal eingestuft wird.

[2] United Nations, 1961, S.1ff.

[3] United Nations, 1971, S.1ff.

[4] United Nations, 1988, S.1ff.

[5] Wichmann, 1992, S.11; Weiss, 2002, S.86; Eussener, Gudrun: Drogen, Kriminalität, Terrorismus, 6.1.2001, In: Url: http://www.eussner.net/artikel_2004-03-15_20-39-13.html (23.3.2005).

[6] Mittermayer, 1997, S.18ff.

[7] Hardinghaus, Nicolas: Drogengeschäfte. Zur Entwicklung der internationalen Drogenmärkte, Bonn, 1994, In: Url: http://library.fes.de/fulltext/stabsabteilung/00018.html (28.2.2004).

[8] Ibd.

[9] Lessmann, 2000, S.6.

[10] Lessmann, 1996, S.1.

[11] Wichmann, 1992, S.12ff.; Angerer, 1999, S.70ff.; Hardinghaus, Nicolas: Drogengeschäfte. Zur Entwicklung der internationalen Drogenmärkte, Bonn, 1994, In: Url: http://library.fes.de/fulltext/stabsabteilung/00018.html (28.2.2004).

[12] Pies, 1995, S.23f.; Erlei, Mathias: Die Eindämmung der Dynamik illegaler Drogenmärkte. Eine ökonomische Betrachtung, Technische Universität Clausthal, In: Url: http://www.wiwi.tu-clausthal.de/fileadmin/Volkswirtschaftslehre/Forschung-DL/drog-tuc1.PDF (11.3.2005), S.2ff.; Koboldt, 1995, S.60ff.; Choiseul-Praslin, 1996, S.50; Pommerehne/ Hart, 1991, S.71f.; Wichmann, 1992, S.146ff.; Mittermayer, 1997, S.21.

[13] Pies, 1995, S.23f.; Erlei, Mathias: Die Eindämmung der Dynamik illegaler Drogenmärkte. Eine ökonomische Betrachtung, Technische Universität Clausthal, In: Url: http://www.wiwi.tu-clausthal.de/fileadmin/Volkswirtschaftslehre/Forschung-DL/drog-tuc1.PDF (11.3.2005), S.2ff.; Koboldt, 1995, S.60ff.; Choiseul-Praslin, 1996,

S.50; Pommerehne/ Hart, 1991, S.71f.; Wichmann, 1992, S.146ff.; Mittermayer, 1997, S.23; Lessmann, 2000, S.6f.

[14] Lessmann, 2000, S.6f.; Mittermayer, 1997, S.20.

[15] Hardinghaus, Nicolas: Drogengeschäfte. Zur Entwicklung der internationalen Drogenmärkte, Bonn, 1994, In: Url: http://library.fes.de/fulltext/stabsabteilung/00018.html (28.2.2004); Bautista, 1991, S.228; Wein, Joe/ Holzer, Tilmann: Drogenpolitik und Terrorismus, Pressemitteilung 4, Verein für Drogenpolitik, Mannheim, 16.10.2001, In: Url: http://www.drogenpolitik.org/politik/pm/pm4.php (2.4.2005).

[16] Weiss, 2002, S.86.

[17] Lessmann, 2000, S.6f.

[18] Hippler, Jochen: Drogenhandel in den Nord-Süd-Beziehungen, In: Url: http://www.jochen-hippler.de/Aufsatze/Drogenhandel/drogenhandel.html (2.3.2004); Mittermayer, 1997, S.18; Rathgeber, 2001, S.2; Mysorekar, Sheila: Vom Coka-Blatt zur Koks-Party. Globale Drogenökonomie, In: Freitag 33. Die Ost-West-Wochenzeitung, 6.8.2004, In: Url: http://www.freitag.de/2004/33/04330901.php (23.3.2005); Hardinghaus, Nicolas: Drogengeschäfte. Zur Entwicklung der internationalen Drogenmärkte, Bonn, 1994, In: Url: http://library.fes.de/fulltext/stabsabteilung/00018.html (28.2.2004); Wichmann, 1992, S.17; Lock, 2003, S.112.

[19] Wichmann, 1992, S.17; Mittermayer, 1997, S.18; Hardinghaus, Nicolas: Drogengeschäfte. Zur Entwicklung der internationalen Drogenmärkte, Bonn, 1994, In: Url: http://library.fes.de/fulltext/stabsabteilung/00018.html (28.2.2004).

[20] N.n.: Die größten Unternehmen nach Umsatz, In: Url: http://portal.1und1.de/de/themen/finanzen/wirtschaft/hintergrund/206346.html (25.4.2005).

[21] Angerer, 1999.

[22] Frey, 1977, S26ff.

[23] Schubert/ Klein, 2001, S.137.

[24] Klages, 1995, S.199f.

[25] N.n.: Industriegesellschaft, 30.3. 2005, In: Url: http://de.wikipedia.org/wiki/Industriegesellschaft (21.4.2005); N.n.: Industriegesellschaft, 5.7.1999, In: Url: http://www.sociologicus.de/lexikon/lex_soz/f_j/industrs.htm (21.4.2005)); N.n.: Von der Ständeordnung zur Industriegesellschaft, In: Url: http://www.bpb.de/publikationen/VXNUWI,0,0,Von_der_St%E4ndeordnung_zur_Industriegesellschaft.html (21.4.2005); Pehle, 2000, S.262; Klages, 1995, S.200; Schubert/ Klein, 2001, S.137.

[26] Klages, 1995, S.201.

[27] N.n.: Industriegesellschaft, 5.7.1999, In: Url:
http://www.sociologicus.de/lexikon/lex_soz/f_j/industrs.htm (21.4.2005);
Pehle, 2000, S.262; Klages, 1995, S.200; N.n.: Von der Ständeordnung zur Industriegesellschaft, In: Url:
http://www.bpb.de/publikationen/VXNUWI,0,0,Von_der_St%E4ndeordn
ung_zur_Industriegesellschaft.html (21.4.2005).

[28] Klages, 1995, S.200f.

[29] Pehle, 2000, S.262.

[30] Klages, 1995, S.201f.

[31] N.n.: Industriegesellschaft, 30.3. 2005, In: Url:
http://de.wikipedia.org/wiki/Industriegesellschaft (21.4.2005); N.n.: Industriegesellschaft, 5.7.1999, In: Url:
http://www.sociologicus.de/lexikon/lex_soz/f_j/industrs.htm (21.4.2005);
Schubert/ Klein, 2001, S.137.

[32] Schubert/ Klein, 2001, S.137.

[33] N.n.: Industriegesellschaft, 30.3. 2005, In: Url:
http://de.wikipedia.org/wiki/Industriegesellschaft (21.4.2005).

[34] N.n.: Westeuropa, 13.4.2005, In: Url: http://de.wikipedia.org/wiki/Westeuropa
(22.4.2005).

[35] Diese umfasst die Slowakei, Slowenien, Malta, Tschechien, Ungarn, Lettland,
Litauen, Estland, die griechische Hälfte von Zypern und Polen (N.n.:
Europäische Union, 24.4.2005, In: Url:
http://de.wikipedia.org/wiki/Europ%C3%A4ische_Union (25.4.2005)).

[36] Ibd.

[37] N.n.: Europäische Union, 24.4.2005, In: Url:
http://de.wikipedia.org/wiki/Europ%C3%A4ische_Union (25.4.2005);
N.n.: NATO, 21.4.2005, In: Url: http://de.wikipedia.org/wiki/NATO
(25.4.2005).

[38] Röhrich, 2003, S.11.

[39] N.n.: Bild: Europa, In: Url:
http://www.openwebschool.de/06/ek/0002/start.html (22.12.2005).

[40] OECD: Über die OECD, In: Url:
http://www1.oecd.org/deutschland/geschichte.htm (25.4.2005).

3. Historischer Kontext

Im Folgenden möchte ich einen geschichtlichen Abriss über die heutigen illegalen Drogen herausarbeiten, um die gegenwärtigen Verhältnisse in einen Kontext einzubetten und um sie besser verstehen und einordnen zu können. Bei den heute illegalen Drogen handelt es sich um Opium und Opiate, Coka, Kokain und Crack, Cannabis und synthetische Drogen, zu denen eine Vielzahl an unterschiedlichsten chemisch erzeugten Substanzen zählen. Ich erhebe keinen Anspruch auf Vollständigkeit, da dies meinen Rahmen überschreiten würde. Dennoch möchte ich einige wichtige Ereignisse exemplarisch erörtern und einen Bezug zur gegenwärtigen Situation herstellen. Einige Drogen mit überwiegend psychoaktiver Wirkung, welche natürlich in Pflanzen zu finden ist, wurden schon seit Jahrtausenden von den Menschen konsumiert, meist als Nahrungs- oder Arzneimittel, aber genauso bei religiösen und kulturellen Riten oder zur Erzeugung von Rauschzuständen. Diese Tradition des Drogenkonsums blieb eine regional beschränkte Angelegenheit, die sich jedoch mit der Einflussnahme der USA und Europas änderte.[1] Aus der Kulturdroge wurde in der Folge eine Wirtschaftsdroge. Dies werde ich in diesem Kapitel zeigen. Am Ende dieses Kapitels möchte ich mich dem Thema Drogenmythen widmen, die auch heute noch die öffentliche Meinung beherrschen. Schließlich werde ich durch die Beschreibung der aktuellen Situation den Gegenwartsbezug herstellen.

3.1. Opium und Opiate

Die frühesten schriftlichen Berichte über Opiate stammen von den Sumerern und sind etwa 6000 Jahre alt, womit Mohn als ältestes Rauschgift gilt. Dem ägyptischen Kulturkreis soll Opium seit 1550 v. Chr. bekannt gewesen sein, wobei es bei Mysterien-Kulten Verwendung fand. Von dort aus kam das aus dem Mohnsaft der unreifen Samenkapsel gewonnene Opium in das antike Griechenland, wo es in der Mythologie Einzug hielt. Mit der Eroberung Griechenlands durch die Römer setzte ein reger Opiumhandel im gesamten Mittelmeerraum ein, der bis nach Indien und China ging.[2]

Opium kam vorwiegend als Arzneimittel auch nach China, wo es seit dem 13. Jahrhundert nachgewiesen worden ist. Opiumrauchen wurde erst nach dem Verbot des Tabakrauchens 1644 zu einer verbreiteten Volksdroge. Im Jahre 1729 kam es schließlich als Reaktion auf die Abhängigkeit der Bevölkerung zu den ersten Opiumgesetzen, die den Verkauf und Genuss verboten. Damit wurde der legale Opiumhandel erstmals zum illegalen Schmuggelhandel. Diese Gesetze zeigten jedoch kaum Wirkung und es verschärfte sich das Opiumproblem in China, woraufhin die Opiumeinfuhr gänzlich verboten wurde. Dies stand jedoch im Widerspruch zu den Interessen der britischen „East India Company", die ab 1757 den Opiumanbau im indischen Bengal und Bihar, den beiden Hauptanbaugebieten des Mohns, kontrollierte und somit ein Handelsmonopol besaß. Deren Interesse war der Handel mit Opium gegen Tee und Seide aus China. Die Konfrontation endete im ersten Opiumkrieg von 1840. Resultat davon war, dass Großbritannien China zum freien Waren- und Opiumverkehr verpflichtete.[3] Die Droge Opium diente als beachtliche Einkommensquelle und zur Öffnung von anderen Märkten. In der Folge stieg der Konsum der chinesischen Bevölkerung dramatisch an.[4] China verschärfte die Maßnahmen und verhängte die Todesstrafe für den Konsum von Opium. Es entwickelten sich erneut Konflikte mit Großbritannien, die 1856 zum zweiten Opiumkrieg führten. Das politisch und militärisch weitaus unterlegene China musste schließlich die uneingeschränkte Legalisierung des Opiumhandels hinnehmen. In China änderte sich künftig die Opiumpolitik gravierend, indem am Ende des 19. Jahrhunderts der Eigenanbau beträchtlich gefördert wurde. Dies zeigte Wirkung und die Nachfrage nach Opium aus dem Ausland wurde geringer, bis schließlich der chinesische Markt für die „East India Company" gänzlich an Bedeutung verlor.[5]

Die Geschichte des Opiums als Volksdroge in Europa begann im 19. Jahrhundert. Als ein deutscher Apotheker 1803 erstmals aus dem Rohopium das hochkonzentrierte Morphium isolieren konnte, war zum einen ein wichtiges Schmerz- und Anästhesiemittel erfunden worden, zum anderen aber auch eine gefährliche Droge, bei der starke physische und psychische Abhängigkeit eintritt.[6] Weitaus schneller treten diese Erscheinungen bei Heroin auf, das erstmals 1874 durch eine chemische Reaktion von Morphin und Essigsäure hergestellt wurde.[7]

Zu dieser Zeit begann die Opiumeinfuhr in die Metropolen der Kolonialmächte. Die Verbreitung der Opium- bzw. Morphiumsucht begann in Frankreich und Großbritannien, wo es zuerst die herrschenden Klassen als Luxusdroge betraf, dann die Beamten und Soldaten.[8] Morphium wurde bei Verwundeten in den Kriegen eingesetzt, doch nach der Genesung verlangten viele Soldaten weiterhin nach diesem Stoff, was als eindeutiges Zeichen für Suchtverhalten zu deuten ist.[9] Bis zum Beginn des 20. Jahrhunderts erreichte die Opiumabhängigkeit die arbeitende Klasse, die Alkohol als Rauschmittel kurzzeitig ablöste.[10]

Das Wissen um die gesundheitlichen Schäden in der Bevölkerung war bis dahin noch nicht im vollen Ausmaß bekannt, weil die Erforschung der Entstehung von Abhängigkeit erst begonnen hatte.[11] Dessen ungeachtet entwickelte sich Opium zu einem wichtigen Wirtschaftsfaktor, denn es war ein profitables Geschäft.[12]

Heroin, das eigentlich eine Alternative zu Morphium ohne Suchtpotential hätte sein sollen, wurde von der Pharmafirma Bayer als Mittel vermarktet, das von Morphiumabhängigkeit befreien sollte. Dies traf auch zu, nur stattdessen kam es zur Heroinabhängigkeit. In Deutschland wurde Heroin als Medikament erst 1958 vom Markt genommen.[13] Der Prozess, wonach ein abhängig machendes Mittel durch ein neues Ersatzmittel ausgetauscht wurde, hatte lediglich die Wirkung, dass die Alternative neue Suchtabhängigkeit erzeugte, welche erst in den kommenden Jahren erforscht wurde. Ziemlich alle Antimittel von Drogen wurden später zu neuen illegalen Drogen. Auch dies ist eine Möglichkeit der Pharmaindustrie, selbst für die Nachfrage nach Drogen zu sorgen.[14]

3.2. Coka, Kokain und Crack

Die ältesten Funde des Cokastrauches stammen aus Ecuador um 3000 v. Chr. In der Dynastie der Inkas[15] (ca. 1200 bis 1570) war die Cokapflanze ein Bestandteil von Schöpfungs- und Initiationsmythen. Das Kauen der Cokablätter war ritualisiert und unterlag strikten Vorschriften.[16] Die Priester verwalteten den Anbau und besorgten die Verteilung. Der Genuss von Coka war der herrschenden Oberschicht vorbehalten, lediglich bei gewissen Anlässen durfte auch das einfache Volk teilhaben. Coka war zu dieser Zeit eine wichtige Kultdroge, die jedoch im Laufe der Zeit zur Wirtschaftsdroge wurde. Gegen Ende des Inka-Reiches wurden die Anbauregeln gelockert und manche aus dem Inka-Adel bekamen Anbaurechte als Privilegien, während die Bauern ohne Land blieben und nur den Anbau besorgten.[17]

Als die spanischen Eroberer Südamerika unterwarfen, wurde Coka im Jahre 1551 von der katholischen Kirche verboten, denn das unheimliche Kraut war ein Hindernis bei der Verbreitung des Christentums.[18] Diese Untersagung setzte sich jedoch nicht durch. Stattdessen begriffen die Kirche und die Kolonisatoren, dass Coka für sie durchaus von Nutzen war. Von nun an änderte sich die Drogenpolitik und das Einkommen aus den Kolonien war vorrangig und sschließlich wurden auf Coka Steuern erhoben. Die Pflanze hatte auch auf die Arbeitskraft der Indios Einfluss, denn durch das Coka-Kauen steigerten sich Ausdauer und Leistungsfähigkeit, während das Hungergefühl nachließ. Als die Kolonisatoren diese Wirkung erkannten, wurden die Arbeiter damit versorgt, besonders die Minenarbeiter, die schwere Tätigkeiten verrichten mussten. Die spanische Krone kümmerte sich von nun an um den Anbau. Die Pflanzungen wurden an die spanischen Großgrundbesitzer verteilt, die wiederum ihre Abgaben an die Krone mit Cokablätter beglichen. Das war der Beginn des lukrativen Handels mit Coca unter dem Gesichtspunkt der Gewinnmaximierung. Die katholische Kirche und die spanischen Eroberer bereiteten die Basis für den Drogenhandel im großen Stil vor, der einige Jahrhunderte später kommen sollte. Der Cokakonsum der andinen Bevölkerung verlagerte sich vom rituellen zum verstärkt stimulierenden Gebrauch hin.[19]

Aus den importierten Cokablättern wurde 1859 in einem deutschen Labor ein Alkaloid namens Kokain isoliert. Kokain wurde in der Medizin bei Operationen als Anästhetikum und in vielen anderen Bereichen, wie zur Behandlung von Tuberkulose oder Alkoholismus, eingesetzt. Die deutsche Pharmafirma Merck brachte es 1862 als Arzneimittel auf den Markt, welches gegen Morphiumsucht verwendet werden sollte. Es wurde auch in verschiedenen Genussmitteln gebraucht, wie z.B. „Coca-Cola"[20] oder Cokawein.[21]

Die erste große Kokainwelle erlebte Europa von Ende des 19. Jahrhunderts bis zum Ersten Weltkrieg, hauptsächlich waren davon Deutschland und Frankreich betroffen. 1920 wurde Kokain in Deutschland verboten, was jedoch wenig an der zunehmenden Popularität der Droge änderte. In den 1920ern kam es zu einem erneuten Aufschwung, der quer durch die Metropolen Europas ging. Kokain wurde aufgrund des hohen Preises vorwiegend in KünstlerInnenkreisen und unter Intellektuellen konsumiert. Nach der Weltwirtschaftkrise und der Verbotsdurchsetzung mittels internationaler Abkommen verschwand die Droge nahezu. Die nächste Kokainwelle brach erst wieder in den 1970ern und 1980ern herein, wo sie als Statussymbol für Yuppies galt.[22]

In den USA entwickelte sich unterdessen eine neue Variante des Kokainkonsums, die „Crack" genannt wurde. Das ist die Vermengung von Kokain mit Backpulver, eine billigere und schneller wirkende Version, die zudem neue Konsumentenkreise ansprach. Sie wurde besonders bei armen Leuten beliebt, die sich das teure Kokain nicht leisten konnten. Crack ist heute ein fester Bestandteil des Kokainkonsums in den USA. Kokain wird heute von Menschen quer durch alle Schichten und Klassen konsumiert, es ist eine so genannte Massendroge.[23]

3.3. Cannabis

Cannabis ist die am meisten konsumierte und verbreitetste illegale Droge der Welt. Es gibt zwei Verwendungsformen, die sich durchsetzen konnten, das Marihuana (das sind getrocknete Blätter und Blüten) und das Haschisch (das Haschöl wird aus dem Harz gewonnen und ist um ein vielfaches stärker in der Wirkung). Ihr Ursprung wird in Zentralasien vermutet, doch sie wurde auf der ganzen Welt verbreitet. Die Cannabispflanze wurde 6000 bis 5000 v. Chr. in China, Indien und Ägypten als Heilpflanze kultiviert, wobei sie vielseitig eingesetzt wurde. In der indischen Ayurvedischen Medizin hatte sie eine besondere Bedeutung. Doch auch bei magisch-religiösen Bräuchen fand die Cannabis-Pflanze Verwendung. Auch heute noch hat die religiöse Droge ihren Stellenwert in Indien behalten, sie wird jedoch auch als Gebrauchsdroge und Arzneimittel verwendet.[24]

Cannabis wurde ebenso bei den Assyrern, im antiken Griechenland und bei den Germanen gefunden und für religiöse Rituale wie auch als Rauschdroge eingesetzt. Im frühen Mittelalter verbreitete sich die Pflanze bis nach Arabien, wo sie sich bald im restlichen Orient und in Nordafrika großer Beliebtheit erfreute. In den islamischen Staaten ist die Cannabispflanze noch heute ein weit verbreitetes Rauschmittel, besonders weil Alkohol strikt verboten ist.[25] Das bedeutet, dass Cannabis in islamischen Staaten denselben Stellenwert einnimmt, wie Alkohol in den reichen, mächtigen und industrialisierten Staaten.

In Europa tauchte Hanf ca. 500 v. Chr. vermehrt auf, jedoch weniger als Droge, sondern mehr als Heilmittel und zur Herstellung für Hexensalben im Mittelalter. Hildegard von Bingen empfahl es im 12. Jahrhundert bei offenen Wunden zur lokalen Pflege.[26] Im 16. und 17. Jahrhundert diente Hanf primär als Rohstoff für die Papier-, Seil- und Textilerzeugung und als Nahrungsmittel. Im 18. Jahrhundert wurde die Pflanze für den industriellen wie auch für den häuslichen Gebrauch angebaut. Die bewusstseinsverändernde Wirkung der Pflanze wurde Mitte des 19. Jahrhunderts vor allem in Frankreich erprobt. In England war hingegen der Fokus auf die medizinische Verwertbarkeit gerichtet und Hanf wurde bei einer Reihe von Beschwerden eingesetzt. Ihr Einsatz reicht von Krebs- und Aidspatienten, wegen der appetitsteigernden und schmerzstillenden Wirkung, bis zur Verordnung bei Depressionen und zur Linderung von Bronchialkrämpfen bei Asthmatikern.[27]

Der Beginn der Prohibition von Hanf lässt sich auf die USA zurückführen, die für eine stetige Verfolgung von Cannabis-Produkten seit dem Ende der 1920er im westlich-christlichen Kulturkreis sorgten. Cannabis wurde damals vorwiegend von Afro-AmerikanerInnen aus ärmeren sozialen Schichten konsumiert, denen ein kriminelles Image angelastet wurde. Es gelang mit Hilfe der Medien das Bild zu konstruieren, dass einen Kausalzusammenhang zwischen dem Hanf-Konsum und der Kriminalität der afroamerikanischen Bevölkerung bestehe.[28] Dadurch konnte zum einen eine Minderheit stigmatisiert und zum anderen das Verbot des Cannabis-Konsums in den USA legitimiert werden. Doch ein anderer Hintergrund der Prohibition lag in den Interessen der Baumwoll-, Holz-, Papier- und Chemieindustrie. Diese Industrien befürchteten Verluste ihrer Marktanteile und drängten auf ein Hanfverbot.[29]

Harry J. Anslinger, der Leiter des Bureau of Narcotics von 1931 bis 1962, war an der Überzeugung der US-amerikanischen Öffentlichkeit mit folgender Ansichten mitbeteiligt: Einerseits, dass Cannabis ein hochgefährliches Rauschgift ist. Weiter, dass der Konsum der Droge den Menschen zu einem Mord oder einem Verbrechen führe. Eine andere These ist die der „Einstiegsdroge Cannabis", also, dass der Konsum von Hanf unweigerlich zum Heroinkonsum führe. Anslinger hatte offensichtlich die Schließung seiner Abteilung zu befürchten, als die Alkoholprohibition 1933 beendet werden sollte, denn ihr Aufgabengebiet wäre damit überholt. Er dürfte sich also nach einem neuen Betätigungsfeld umgeschaut haben, welches er mit der „Verteufelung" von Cannabis gefunden hatte.[30] Dies ist nur ein Beispiel für die Konstruktion eines bestimmten Bildes in der Öffentlichkeit durch eine Person bzw. durch eine Abteilung, die vermutlich lediglich die Sicherung der eigenen Arbeitsplätze zum Ziel hatte.

Nach dem Zweiten Weltkrieg brachten US-Soldaten den Hanf nach Europa. In den 1960ern kam es in den USA und in Europa, in der Zeit der Hippie-Bewegung, zu einer massiven Drogenwelle. Cannabis wurde zu der am häufigsten konsumierten Droge weltweit.[31] Diesen subversiven Menschen – aus Sicht der damaligen herrschenden Elite – wurde wiederum der Kampf angesagt. Die deutsche Entwicklung bei der Hanfprohibition wurde primär von den Alliierten und den internationalen Völkerrechtsverträgen bestimmt. Dennoch war der Hanfanbau zur Rohstoffgewinnung nach dem Zweiten Weltkrieg legal und wurde staatlich gefördert. Die Cannabispflanze wurde erst 1982 gänzlich illegalisiert, wobei seit 1996 der Hanfanbau THC[32]-armer Sorten wieder legal ist.[33]

Das Verbot von Cannabis wird heute im Vergleich zu anderen illegalisierten Drogen am meisten diskutiert. Dennoch werden in Europa der Konsum, die Weitergabe und der Handel von Cannabisprodukten strafrechtlich verfolgt. Besonders die medizinische Verwendung der Pflanze wird von vielen Seiten eingefordert. Einige Staaten haben sich auch dazu entschlossen, auf die gesetzliche Verfolgung der Konsumenten von Hanf zu verzichten.[34] Ein Beispiel sind die Niederlande, wo geringe Mengen legal konsumiert werden können, wodurch die Konsumenten nicht mit einem kriminellen Schwarzmarkt in Berührung kommen. Andererseits wird der kommerzielle Anbau, der Großhandel sowie die Ein- und Ausfuhr von Hanf nach wie vor strafrechtlich verfolgt.[35] Andere sind in der strafrechtlichen Umsetzung der drakonischen Gesetze besonders genau, wie z.b. Frankreich, wo bereits der Besitz von kleinen Mengen mit bis zu zehn Jahre Haft bestraft werden. Trotz dieser strengen Gesetze ist der Konsum von Hanf recht verbreitet, er ist vergleichbar mit dem Konsum in Deutschland oder den Niederlanden. Offensichtlich hat der Grad der Repressivität keinen wesentlichen Einfluss auf die Nachfrage.[36]

3.4. Synthetische Drogen (Designerdrogen)

Als synthetische Drogen werden alle chemisch hergestellten Substanzen beschrieben, die ähnliche Wirkungsweisen wie die natürlichen (z.b. Kokain, Marihuana) oder halbsynthetischen[37] (z..B. Heroin, LSD) Drogen haben. Ihnen ist immanent, dass sie keine integrierten und akzeptierten Kulturdrogen sind. Unter Designerdrogen werden Substanzen verstanden, die künstlich entworfen, also „designed" und erzeugt werden. Allgemein kann davon ausgegangen werden, dass dieser Begriff ein weitgefasster ist. Der Sinn dahinter ist, die Wirkung von bekannten und rauscherzeugenden Drogen zu erreichen, indem die chemische Formel verändert wird. Die Herstellung dieser Produkte erfolgt unter minimalem Aufwand im Labor und erfordert kein besonders ausgeprägtes chemisches Wissen. Durch die Umgehung der verbotenen Drogen ist die neue Substanz solange legal, bis sie in das Suchtgiftgesetz aufgenommen wird, womit sie auch nicht mehr als Designerdroge bezeichnet wird.[38]

Diese Drogen werden ihrer Wirkung nach in stark dämpfend, aufputschend oder halluzinogen unterschieden. Ein großer Teil der synthetischen Drogen werden zur medizinischen Verwendung von der Pharmaindustrie entwickelt, wie z.b. bei der Suche nach neuen schmerzstillenden Mitteln.[39] Seit den 1970ern verbreiten sich in den USA Amphetamine und andere synthetische Drogen zusehends. Nach Europa kamen diese Drogen ab Mitte der 1980er. In den 1990ern erfuhren sie einen erneuten Aufschwung, der im Wesentlichen bis heute anhält. Zu den Hauptkonsumentengruppen von synthetischen Drogen zählen Jugendliche und Anhänger der „Techno"- Musikkultur.[40] Die Popularität der synthetischen Drogen erklärt sich auch aus der günstigen und massenhaften Produktionsweise, wodurch sie sich wiederum günstig verkaufen lassen, was zu einer großen Gewinnspanne führt.

Um die Übersicht über die vielfältigen synthetischen Drogen zu bewahren, werden sie chemisch in fünf Hauptgruppen unterteilt. Dies sind Amphetamine, Tryptamine, Phencyclidine, Prodine und Fentanyle.[41]

Fentanyle sind synthetische Opiate, mit einer vielfach höheren kurzfristig schmerzstillenden, morphinähnlichen Wirkung. Fentanyl kommt aus den USA und wird seit 1968 als Medikament zur Kurzzeitnarkose eingesetzt. Seit den 1980ern ist es am Schwarzmarkt erhältlich. Inzwischen soll es 1200 Fentanylvarianten geben, wobei ca. 30 am Markt erhältlich sind.[42]

Prodine sind ebenfalls chemische Opiate und wirken stark schmerzstillend. Bei der Herstellung von zwei Prodinen, nämlich MPPP (Methylphenyl-propionoxy-piperidin und PEPAOP (Phenetyl-phenyl-acetoxy-piperidin) entsteht häufig das toxische Abfallprodukt MPTP (Methylphenyl-trimetoxy-piperidin). Diese Stoffe schädigen im Gehirn jene Sinneszellen irreversibel, die für die Dopaminproduktion verantwortlich sind. MPPP kam zuerst in Kalifornien auf den Designerdrogen-Markt und spielt in Deutschland bis heute kaum eine Rolle. Die Substanzen tauchen in regelmäßigen Abständen auf, um danach wieder vom Markt zu verschwinden.[43]

Phencyclidin (PCP) wurde in den 1950ern in den USA als starkes Schmerzmittel entwickelt. Doch aufgrund seiner starken halluzinogenen und erregenden Wirkung wurde es bald vom Markt genommen und ab 1965 lediglich in der Tiermedizin zugelassen. Ende der 1960er tauchte es am Schwarzmarkt auf. Es gibt auch von dieser Substanz zahlreiche Variationen. Unter dem Namen „Angel Dust" wurde es in den 1970ern zur meist konsumierten Droge in den USA. Seine günstige Herstellungsweise mag ein Grund für seine Beliebtheit sein. In Europa spielt es keine wesentliche Rolle.[44]

Tryptamine sind mit dem körpereigenen Neurotransmitter Serotonin verwandt und zeigen in erster Linie kurzzeitige halluzinogene Wirkungen. Die vollsynthetischen Suchtstoffe dieser Klassifikation sind DMT (Dimethoxyltryptamin), DET (Dietyhltryptamin), DPT (Dipropyltryptamin) und einige weitere Methoxy-tryptamine. 1931 wurde das temporär wirkende Halluzinogen erstmals synthetisiert. DMT kam in den 1960ern und 1970ern in den USA auf den Schwarzmarkt, verschwand aber nach seinem Verbot und wurde durch die Stoffe DET und DPT ersetzt. Diese waren in Europa in den 1970ern beliebt, sind aber heute in Deutschland kaum zu finden. Aethyltryptamin, eine Tryptaminvariante, wurde bis 1962 als pharmazeutischer Wirkstoff in einem Antidepressivum verwendet und war bis 1992 in der Apotheke erhältlich.[45]

Amphetamine haben eine aufputschende, kommunikationsfördernde und/ oder halluzinogene Wirkung. Sie sind in ihren pharmakologischen Wirkungen mit dem körpereigenen Stoff Adrenalin verwandt. 1887 wurde das Amphetamin erstmals vom Chemiker Edelano synthetisiert. Ab 1932 sind Amphetamine in Nasen-Inhalatoren verwendet worden, da sie die Bronchien erweitern. 1934 kam es zur Synthese des noch stärker stimulierenden und länger wirkenden Methamphetamin, das im Fachjargon „Speed" genannt wird. Im Zweiten Weltkrieg fanden sie bei den Frontsoldaten Verwendung. In dieser Zeit wurde die Substanz von Studenten zur Steigerung ihrer Lernfähigkeit und zur Unterdrückung der Müdigkeit benutzt. Im Leistungssport gelten sie als sehr erfolgreiches Aufputsch- und Dopingmittel. Amphetamine sind derzeit gesellschaftlich akzeptiert und werden entsprechend häufig konsumiert. Sie sind heutzutage in Europa die wichtigsten Grundstoffe für die Designerdrogen-Produktion.[46]

Amphetamine und Amphetaminvarianten sind als Bestandteil in unterschiedlichen Medikamenten enthalten, z.B. in Appetitzüglern, in Grippe- und Asthmamitteln, sowie in Medikamenten zur Behandlung von Aufmerksamkeitsschwäche bei überaktiven Kindern, vor allem in den USA.[47]

Zu den Amphetaminen gehört auch Ecstasy, welches ein Sammelbegriff für verschiedene Substanzen mit ähnlicher Wirkung ist: MDMA (3,4-Methylen-Dioxid-N-Methyl-Amphetamin), MDA (Methylen-Dioxy-Amphetamin), MDE (Methylen-Dioxy-N-Ethylamphetamin) und MBDB (N-Methyl-1-1,3-(Benzo-Dioxol-5-yl)-2-Butamin). Diese vereinen eine aufputschende und halluzinogene Wirkung. MDMA wurde 1889 erstmals synthetisiert und 1914 von der deutschen Pharmafirma patentiert. Es wurde jedoch in den nächsten Jahren kaum beachtet, bis es in den 1950ern von der US-Armee für Verhöre erprobt wurde, jedoch mit geringem Erfolg. Eine Zeitlang wurde es als Appetitzügler eingesetzt. Aufgrund seiner kommunikations- und kontaktfördernden Wirkung wurde MDMA in den USA bis 1985 und in der Schweiz bis 1993 als Medikament in der Psychotherapie verwendet. In den 1970ern wurde MDMA von Hippies und Studenten als Freizeitdroge konsumiert. Anfang der 1980er, als Ecstasy nach Europa kam, etablierte es sich schnell in der Jugend-Musikkultur „Techno", besonders als Party- und Tanzdroge. Mittlerweile findet sie in den verschiedensten Lebensbereichen Verwendung, u.a. auch als Leistungsdroge, daran konnte auch das 1986 international erlassene Verbot kaum etwas ändern.[48]

3.5. Die Mythen um Drogen und deren Kriminalisierung

Seit gegen Drogen „gekämpft" wird, ist die öffentliche Meinung über illegale Drogen zum Teil von diversen Mythen, Übertreibungen und Klischees geprägt. Es gibt heutzutage in unserer reichen und mächtigen Gesellschaft kaum einen Bereich, der auf eine ähnliche Art von Mythen beherrscht wird wie das Drogenthema.[49] In Kombination mit tief verankerten Ängsten, wobei diese Ängste lediglich bedient und nicht erzeugt werden, bekommen diese eine besonders einflussreiche Wirkung. Dadurch können sich die Drogenmythen auch sehr leicht für interessenspolitische und/ oder traditionelle Zwecke verwenden lassen, z.B. im heutigen Kampf gegen illegale Drogen.

Mythen sind Erzählungen von Ereignissen einer Götter-, Schöpfungs-, Vor- oder Frühgeschichte, mit oftmals phantastischen Elementen. Sie sind bildhafte Weltauslegungen und Lebensdeutungen in erzählender Berichtsform, welche Symbole, Visionen und fabulierende Darstellungen enthalten.[50] Mythen können auch allgemeiner als kollektive, irrationale Vorstellung charakterisiert werden, z.B. wenn die göttliche Komponente fehlt und diese Stelle durch den Glauben an etwas Irrationales ersetzt wird.[51] Drogenmythen haben eine symbolische Aussagekraft und dienen zur Reduktion von komplexen Zusammenhängen, wobei das naturgegebene Element unterstrichen wird.[52]

Das Bild vom „Junkie am Karlsplatz" in Wien erzeugt oft eine bedrohliche Vorstellung vom Drogenkonsum, dennoch ist es ein Stereotyp. Es gibt mehrere Varianten von Drogenkonsumenten, nicht jeder ist sozial isoliert, hat ein abhängiges Verhalten und ist unmittelbar von Armut betroffen.[53] Aber das Bild vom herabgekommenen Drogenjunkie lässt sich leicht medial transportieren, weil es plakativ ist, für sich spricht und genauso einfach für diverse Zwecke instrumentalisiert werden kann.

Im Folgenden werde ich einen Drogenmythos aufgreifen und ihn analysieren. Ich will auf den wohl bekanntesten und damit weit verbreiteten Mythos von Cannabis als Einstiegsdroge eingehen. In den 1950ern verbreitete sich die Theorie, dass der Cannabiskonsum unweigerlich zum Konsum von härteren Drogen und am Ende zur Heroinabhängigkeit führe. Als Beweis dienten Untersuchungen, wonach die allermeisten heroinabhängigen Probanden zuvor Cannabis konsumiert hatten. Dem kann entgegnet werden, dass ein noch größerer Prozentsatz an Testpersonen vorher einen starken Alkohol- und/oder Nikotinkonsum aufweisen.[54]

Ich vermute, dass nach der Vorgeschichte von Heroinabhängigen geforscht worden ist und dabei sind die Experten auf Cannabis gestoßen, das anschließend mit Zahlenmaterial dokumentiert wurde. Nach dieser Logik könnten jedoch auch Alkohol oder Nikotin als Vorläufer für Heroinkonsum gesehen werden, denn auch diese Substanzen sind vorher eingenommen worden. Jedenfalls wird somit die Einstiegstheorie von Cannabis widerlegt.

Lediglich ein kleiner Prozentsatz der Cannabiskonsumenten steigt tatsächlich auf Heroin um, wobei die Motive vielmehr mit persönlichen, gesellschaftlichen und situativen Faktoren zusammenhängen. Die meisten, besonders Jugendliche, die Cannabis konsumieren, hören auf, sobald ihre Neugierde gestillt ist.[55]

Nun ein Beispiel für die Kriminalisierung von Cannabis-Konsumenten. In den 1960ern breitete sich der Konsum von Cannabis auf die Mittelklasse und Studenten aus. Das bald darauf folgende Verbot erwies sich als geeignetes Instrument zur Kriminalisierung der subversiven Subkulturen. Zum einen wurden die Protestbewegungen mit illegalen Drogen assoziiert. Das Symptom wird zur Ursache erklärt, um sich nicht mit den tiefer liegenden Ursachen beschäftigen zu müssen. Zum anderen konnten auf sie diverse Feindbilder der herrschenden Leistungsgesellschaft projiziert werden, wie z.B. das Bild eines faulen, unmotivierten eingekifften Jugendlichen. Damit wurde der Jugendbewegung ihre Glaub- und Kritikwürdigkeit in Bezug auf die Hinterfragung des Gesellschaftssystems genommen, sie wurde sozusagen „unschädlich" gemacht und vor allem, in den Augen der Öffentlichkeit, unglaubwürdig. Schließlich kann als Ziel der Kriminalisierung die Kontrolle über die Drogenkonsumenten gesehen werden.[56]

Bei der Betrachtung des Cannabiskonsums stehen Rauschzustände im Blickpunkt des gesellschaftlichen Interesses. Beim Umgang mit alkoholischen Produkten fällt jedoch auf, dass es durchaus eine alternative Umgangsmöglichkeit gibt, denn diese werden in erster Linie als Lebens- und Genussmittel betrachtet. Erst anschließend ist die berauschende Wirkung von Alkohol von Bedeutung, die jedoch größtenteils als sozial kontrolliert gilt. In unserem Kulturkreis lernen wir, wie wir mit Bier, Wein, Kaffee und Tabak umzugehen haben, z.B. indem Kaffee in Maßen genossen und nicht in großen Mengen getrunken wird. Nichts desto trotz möchte ich einräumen, dass die Anzahl der Alkoho-

likerInnen nicht zu verachten ist und es auch im Umgang mit den gesellschaftlich akzeptierten Drogen große Probleme gibt. Wir lernen jedoch mit den positiven wie auch mit den negativen Wirkungen von
Drogen umzugehen. Das bedeutet, dass wir auch für andere Drogen,
die heutzutage bei uns illegalisiert sind, Verhaltensregeln erlernen
könnten.[57] Doch aufgrund der dämonisierten Darstellung und Hand-
habe von illegalen Drogen in z.b. unserem westlichen Kulturkreis,
scheint zurzeit ein Umgang mit ihnen in Form von Lebens- und/ oder
Genussmittel nicht umsetzbar zu sein.

3.6. Gegenwärtige Situation

Drogen bzw. Rauschmittel waren und sind seit Jahrtausenden Bestandteil diverser Kulturen. Sie finden in der Medizin, in der Religion und
im Alltagsleben aus den unterschiedlichsten Intentionen heraus Verwendung. Die Kolonisatoren und die katholische Kirche haben Drogenhandel betrieben, der sicherlich als Vorläufer des uns heute bekannten internationalen Drogenhandels gesehen werden kann.

Eine wichtige Rolle spielen auch Pharmafirmen, die seit dem 20. Jahrhundert die Nachfrage nach Drogen gefördert haben.[58] Infolge der Illegalisierung diverser Substanzen hat zuerst die Pharmaindustrie die
Entwicklung eines neuen Stoffes vorangetrieben, welche den verbotenen ersetzen sollte, doch oft wurde dieser bald darauf erneut unter-
sagt, meist aufgrund der toxischen oder abhängig machenden Wirkung. Doch die Pharmaindustrie fördert auch auf eine andere Weise
den Drogenkonsum. In unserem Kulturkreis ist es weit verbreitet, diverse Pillen und Medikamente gegen nahezu jedes Symptom zu nehmen, das unserem leistungsorientiertem Dasein hinderlich zu sein
scheint, wie ein Blick in z.B. einen Drogeriemarkt zeigt. Eine Krankheit
wird nicht mehr auskuriert, sondern durch die Einnahme von Arznei-
mitteln unterdrückt. Mängeln in der Ernährung wird nicht durch aus-
gewogenes Zuführen von Lebensmitteln entgegengewirkt, sondern sie
werden durch Nahrungsergänzungsmittel behoben. Hinzu kommen
Antidepressiva, Schmerzmittel, Präparate zum Einschlafen, Beruhi-
gungsmittel, Vitamine, usw.; die Liste ist ziemlich lang. Diesbezüglich
vermute ich, dass Pharmafirmen ein gewisses profitmaximierendes Interesse an dieser Entwicklung haben bzw. diese gezielt fördern. Eine
derartige Drogenkultur – im Sinne des Konsums legaler Präparate –,
die in unserem Kulturkreis weit verbreitet ist, scheint der Einnahme
von illegalen Substanzen nicht entgegenzuwirken. Eher verleitet sie
Menschen dazu, illegalisierte Drogen zu konsumieren, weil z.B.
Hemmschwellen wegfallen.

Eine andere Entwicklung trägt auch zur zunehmenden Nachfrage nach Drogen bei. Es ist Teil der neoliberalen Logik, das Menschen produktiv sein müssen und vom Leistungsdenken vereinnahmt werden. Dabei ist diese Denkweise weit verbreitet, besonders in unserem Kulturkreis. Drogen sind diesbezüglich sehr zweckdienlich, um entweder z.b. 24 Stunden durchgehend Leistung und Produktivität zu erbringen, oder um vom Arbeits- und Alltagsleben abschalten und sich entspannen zu können. Die Ware Mensch verkümmert zu einem Produkt, das nur mit Drogen auf die vorgegebene Weise funktionieren kann.

Die gegenwärtige Drogenpolitik in den reichen und mächtigen Industriegesellschaften ist eine antagonistische. Zum einen wird versucht, der steigenden Nachfrage nach illegalen Drogen durch Prohibition zu begegnen, was als gescheitert angesehen werden kann.[59] Dennoch oder gerade dadurch wird der Krieg gegen Drogen legitimiert. Dieser Krieg dient vor allem der Hegemonialmacht USA wiederum als Vorwand, um sich in die innerstaatlichen Angelegenheiten von z.B. diversen lateinamerikanischen Staaten einzuschalten und sich dadurch wirtschaftliche und interessenspolitische Vorteile zu sichern. Das ist nur ein Beispiel der Drogenpolitik als Repressionsinstrument.

Zum anderen wird gerade durch die Prohibition eine florierende illegale Ökonomie kreiert, die von dem Verbot profitiert, indem ein enormer Risikoaufschlag auf die zum Endverkauf bestimmten Drogen hinzukommt, der für große Gewinnspannen sorgt. In der Folge ergeben sich weitere Verschärfungen der Drogenproblematik, wie die Beschaffungskriminalität, die Korruption, die Existenzbedrohung von Bauern und die Gesundheitsgefährdung durch den Mangel an Qualitätskontrollen von Drogen.[60]

Die Kriminalisierung von Drogen führt zu einem Circulus Vitiosus, wonach nämlich strikt verbotene Drogen auch als entsprechend gefährlich eingestuft werden und demzufolge die besonders gefährlichen Substanzen auch hinreichend bestraft werden sollen.[61]

Anmerkungen:

[1] Hippler, Jochen: Drogenhandel in den Nord-Süd-Beziehungen, In: Url: http://www.jochen-hippler.de/Aufsatze/Drogenhandel/drogenhandel.html (2.3.2004).

[2] Klahr, 1998, S.10; Rotpart, 1998, S.90.

[3] Klahr, 1998, S.10f.; Böhm, 2000, S.11ff.

[4] Amendt, 1990, S.23ff.

[5] Klahr, 1998, S.10f.; Böhm, 2000, S.10ff.; Amendt, 1990, S.25f.

[6] Klahr, 1998, S.16f.

[7] Rotpart, 1998, S.93.

[8] Amendt, 1990, S.26f.

[9] Rotpart, 1998, S.92f.; Amendt, 1990, S.40.

[10] Amendt, 1990, S.27.

[11] Klahr, 1998, S.16f.

[12] Ibd.; Amendt, 1990, S.27f.

[13] Rotpart, 1998, S.93f.

[14] Amendt, 1990, S.39.

[15] Das Reich der Inkas erstreckte sich über das heutige Kolumbien, Ecuador, Nordwestargentinien, Peru, Bolivien und Chile.

[16] Rotpart, 1998, S.98; Klahr, 1998, S.13; Hafner, 1988, S.12; Lessmann, 1996, S.11.

[17] Hafner, 1988, S.13f.

[18] Ibd., S.15ff.; Walder/ Amendt, 1997, S.117f.; Lessmann, 1996, S.12f.

[19] Hafner, 1988, S.19ff.; Walder/ Amendt, 1997, S.117f.; Lessmann, 1996, S.12f.; Rotpart, 1998, S.99.

[20] Ein Liter „Coca-Cola" enthielt bis 1903 ca. 250 Milligramm Kokain (Rotpart, 1998, S.100).

[21] Hafner, 1988, S.33ff.; Klahr, 1998, S.17; Lessmann, 1996, S.18f.; Rotpart, 1998, S.99f.; Walder/ Amendt, 1997, S.118f.; Gunkelmann, 1989, S. 359ff.

[22] Hafner, 1988, S.46ff.; Lessmann, 1996, S.18f.; Rotpart, 1998, S.100f.; Walder/ Amendt, 1997, S.119f.; Gunkelmann, 1989, S. 362ff.

[23] Hafner, 1988, S.70ff.; Rotpart, 1998, S.100f.; Walder/ Amendt, 1997, S.119f.; Hess, 1989, S. 468f.

[24] Klahr, 1998, S.13; Walder/ Amendt, 1997, S.109f.; Rotpart, 1998, S.82; Brosch/ Juhnke, 1993, S.117f.

[25] Klahr, 1998, S.13; Brosch/ Juhnke, 1993, S.119; Rotpart, 1998, S.83.

[26] Klahr, 1998, S.17; Brosch/ Juhnke, 1993, S.119; Rotpart, 1998, S.83.

[27] N.n.: Cannabis. Zur Geschichte der Anwendung, In: Url: http://members.kabsi.at/e4161a00/drugsplanet/drugs/cannabis.html (28.1.2005).

[28] Ibd.

[29] Angerer, 1999, S.102f.; N.n.: Cannabis. Zur Geschichte der Anwendung, In: Url: http://members.kabsi.at/e4161a00/drugsplanet/drugs/cannabis.html (28.1.2005).

[30] Angerer, 1999, S.103f.; N.n.: Cannabis. Zur Geschichte der Anwendung, In: Url: http://members.kabsi.at/e4161a00/drugsplanet/drugs/cannabis.html (28.1.2005).

[31] Brosch/ Juhnke, 1993, S.119f.; Rotpart, 1998, S.83f.

[32] THC ist die Abkürzung für Tetrahydrocannabinol, das wiederum der Wirkstoff von Cannabis ist. THC wird aus den weiblichen Pflanzen gewonnen. (Brosch/ Juhnke, 1993, S.117).

[33] N.n.: Cannabis. Zur Geschichte der Anwendung, In: Url: http://members.kabsi.at/e4161a00/drugsplanet/drugs/cannabis.html (28.1.2005).

[34] Brosch/ Juhnke, 1993, S.119f.

[35] N.n.: Die Drogenpolitik der Niederlande, In: Url: http://www.cannabislegal.de/international/nl.htm (28.1.2005).

[36] N.n.: Cannabis. Zur Geschichte der Anwendung, In: Url: http://members.kabsi.at/e4161a00/drugsplanet/drugs/cannabis.html (28.1.2005); N.n.: Drogenpolitik in Frankreich, In: Url: http://www.cannabislegal.de/international/fr.htm (28.1.2005).

[37] Halbsynthetische Drogen sind Substanzen, die ziemlich einfach unter Verwendung von natürlich vorkommenden Stoffen im Labor hergestellt werden können. (N.n.: Synthetische Drogen, In: Url: www.thema-dro-gen.net/Drogen/Syn/Synthetisch.html+synthetische+drogen&hl=de&client =firefox-a%20target=nw (28.1.2005)).

[38] Brosch/ Juhnke, 1993, S.129; Rotpart, 1998, S.108; N.n.: Synthetische Drogen in der Schweiz, Nov. 1999, In: Url: http://www.bap.admin.ch/d/archiv/berichte/vollversiond.pdf (28.1.2005), S.1.

[39] Brosch/ Juhnke, 1993, S.129.

[40] N.n.: Kurzdaten zu Designer-Drogen, In: Url: http://www.jugend-hilft-jugend.de/suchtinfo/dd_kurzdaten.html (31.1.2005); Brosch/ Juhnke, 1993,

S.129; Rotpart, 1998, S.108; Bäuerle, Dietrich: Fachliche Grundlagen, In: Url: http://www.learn-li-ne.nrw.de/angebote/gesundids/medio/SucPrae/SucPrae_data/Band_I/K ap0102.pdf (31.1.2005), S.77.

[41] Brosch/ Juhnke, 1993, S.130ff.; Rotpart, 1998, S.109ff.; Bäuerle, Dietrich: Fachliche Grundlagen, In: Url: http://www.learn-li-ne.nrw.de/angebote/gesundids/medio/SucPrae/SucPrae_data/Band_I/K ap0102.pdf (31.1.2005), S.72ff.

[42] Brosch/ Juhnke, 1993, S.132; N.n.: Fentanyle, In: Url: http://www.jugend-hilft-jugend.de/suchtinfo/fentanyl.html (31.1.2005); Bäuerle, Dietrich: Fachliche Grundlagen, In: Url: http://www.learn-li-ne.nrw.de/angebote/gesundids/medio/SucPrae/SucPrae_data/Band_I/K ap0102.pdf (31.1.2005), S.73.

[43] Brosch/ Juhnke, 1993, S.132f.; N.n.: Prodine, In: Url: http://www.jugend-hilft-jugend.de/suchtinfo/prodine.html (31.1.2005); Bäuerle, Dietrich: Fachliche Grundlagen, In: Url: http://www.learn-li-ne.nrw.de/angebote/gesundids/medio/SucPrae/SucPrae_data/Band_I/K ap0102.pdf (31.1.2005), S.73.

[44] Brosch/ Juhnke, 1993, S.130f.; N.n.: Phencycilidin, In: Url: http://www.jugend-hilft-jugend.de/suchtinfo/pcp.html (31.1.2005); Bäuerle, Dietrich: Fachliche Grundlagen, In: Url: http://www.learn-li-ne.nrw.de/angebote/gesundids/medio/SucPrae/SucPrae_data/Band_I/K ap0102.pdf (31.1.2005), S.73f.

[45] N.n.: Tryptamin, In: Url: http://www.jugend-hilft-jugend.de/suchtinfo/tryptamine.html (31.1.2005); Bäuerle, Dietrich: Fachliche Grundlagen, In: Url: http://www.learn-li-ne.nrw.de/angebote/gesundids/medio/SucPrae/SucPrae_data/Band_I/K ap0102.pdf (31.1.2005), S.74.

[46] Brosch/ Juhnke, 1993, S.133f.; Weiss, 2002, S.73; Rotpart, 1998, S.110f.; Walder/ Amendt, 1997, S.103f.; N.n.: Amphetamin und Mathamphetamin, In: Url: http://www.jugend-hilft-jugend.de/suchtinfo/1012950612439422.shtml (31.1.2005); Bäuerle, Dietrich: Fachliche Grundlagen, In: Url: http://www.learn-li-ne.nrw.de/angebote/gesundids/medio/SucPrae/SucPrae_data/Band_I/K ap0102.pdf (31.1.2005), S.74.

47 N.n.: Amphetamine, In: Url:
http://www.dhs.de/substanzen_amphetamine.html (31.1.2005).

48 Walder/ Amendt, 1997, S.37ff.; N.n.: Amphetamine, In: Url:
http://www.dhs.de/substanzen_amphetamine.html (31.1.2005); Schmidt-
Semisch, 1998, S.136ff.

49 Angerer, 1999, S.93f.

50 N.n.: Mythos - Definition und Bedeutung, In: Url:
http://www.ilexikon.com/Mythos.html (31.1.2005).

51 N.n.: Mythos Bedeutung, Erklärung und Definition, In: Url: http://de.e-
paranoids.com/m/my/mythos.html (31.1.2005).

52 Schneider, Wolfgang: Drogenmythen in Drogenhilfe, Drogenforschung und
Drogenpolitik, In: Url: http://www.indro-online.de/mythen.htm
(10.1.2004).

53 Barsch, 1998, S.167; Schneider, Wolfgang: Drogenmythen in Drogenhilfe, Drogenforschung und Drogenpolitik, In: Url: http://www.indro-
online.de/mythen.htm (10.1.2004); Angerer, 1999, S.94ff.; Quensel, Stephan:
Wende in der Drogenpolitik? Vom Umgang mit Drogen aus historischer,
kulturgeschichtlicher Perspektive. Tagung in Loccum, 17.11.1995, In: Url:
http://www.bisdro.uni-bremen.de/quensel/Drogenkultur.htm (31.1.2205).

54 Seifert, Thomas: Mythen und Fakten. Zehn Positionen zu Drogen, Sucht und
Abhängigkeit, In: Url: http://www.ausweg.de/texte/myt6.htm (31.1.2005);
N.n.: Cannabis. Zur Geschichte der Anwendung, In: Url:
http://members.kabsi.at/e4161a00/drugsplanet/drugs/cannabis.html
(28.1.2005); Quensel, Staephan: Wende in der Drogenpolitik? Vom Umgang
mit Drogen aus historischer, kulturgeschichtlicher Perspektive. Tagung in
Loccum, 17.11.1995, In: Url: http://www.bisdro.uni-
bremen.de/quensel/Drogenkultur.htm (31.1.2205); Schneider, Wolfgang:
Drogenmythen in Drogenhilfe, Drogenforschung und Drogenpolitik, In: Url:
http://www.indro-online.de/mythen.htm (10.1.2004); Angerer, 1999, S.104f.

55 Angerer, 1999, S.105; Seifert, Thomas: Mythen und Fakten. Zehn Positionen zu
Drogen, Sucht und Abhängigkeit, In: Url:
http://www.ausweg.de/texte/myt6.htm (31.1.2005).

56 Angerer, 1999, S.94ff., S.104ff.

57 Quensel, Staephan: Wende in der Drogenpolitik? Vom Umgang mit Drogen aus
historischer, kulturgeschichtlicher Perspektive. Tagung in Loccum,
17.11.1995, In: Url: http://www.bisdro.uni-
bremen.de/quensel/Drogenkultur.htm (31.1.2205).

58 Amendt, 1990, S.253.

59 Die Prohibition führt zu einer Verschärfung der Drogenproblematik, weil hohe
Gewinnspannen für die Drogenunternehmer, Korruption, Gesundheitsge-

fährdung wegen mangelnder Kontrolle der Drogen und die Beschaffungs-kriminalität in stärkerer oder schwächerer Form daraus resultieren.

[60] Choiseul-Praslin, 1996, S.45ff.; Pommerehne/ Hart, 1991, S.71f.

[61] Quensel, Staephan: Wende in der Drogenpolitik? Vom Umgang mit Drogen aus historischer, kulturgeschichtlicher Perspektive. Tagung in Loccum, 17.11.1995, In: Url: http://www.bisdro.uni-bremen.de/quensel/Drogenkultur.htm (31.1.2205).

4. Fallbeispiel: Zu den Auswirkungen des Drogenbusiness auf Staatlichkeit in Lateinamerika anhand des Beispiels Kolumbien

Lateinamerika gilt in der Fachliteratur als „Paradebeispiel" für Verstrickungen von Drogenhandel und Staatlichkeit. Die Korruption in der Politik und der öffentlichen Verwaltung ist in diversen lateinamerikanischen Staaten ein oft beobachtetes Phänomen. Ich möchte die Auswirkungen des Drogenbusiness auf Staatlichkeit in Lateinamerika anhand des Beispiels Kolumbien ausarbeiten. In diesem Kapitel geht es mir darum, zu zeigen, dass in Kolumbien der Drogenhandel und die staatlichen Akteure ineinander verstrickt sind. Dieser Staat ist für mich ein geeignetes Beispiel, um die Verbindungen von Drogenhandel, Guerillas und staatlichen Instanzen bzw. Paramilitärs zu erläutern. Zuerst werde ich die historischen Abläufe des Konfliktes in Kolumbien skizzieren. Anschließend möchte ich mich den Akteuren des Konfliktes widmen. Diese sind die Guerillas, die Drogenhändler, die staatlichen Instanzen, zu denen ich auch paramilitärische Gruppen zähle, sowie die USA. Doch es gibt eine Vielzahl von weiteren Gewaltakteuren, welche Beteiligte des Konfliktes sind und zusammen ein komplexes Beziehungsgefüge ergeben.[1] Als nächstes werde ich auf Auswirkungen des Drogenhandels auf die kolumbianische Staatlichkeit eingehen. Zum Schluss möchte ich erläutern, inwiefern sich diese Auswirkungen auf Westeuropa übertragen lassen.

4.1. Chronologie des Konfliktes

Seit seiner Unabhängigkeit von den spanischen Kolonisatoren im Jahre 1819 gelang es der Republik Groß-Kolumbien[2] nicht, die kolonialen Strukturen zu überwinden. Eine politische und wirtschaftliche Oligarchie trat in die Fußstapfen der ehemaligen Kolonialherren. Im Jahre 1849 entstanden die liberale und konservative Partei, die bis heute die Parteienlandschaft prägen und deren fortwährender Wettbewerb um die Kontrolle des Staatsapparates immer wieder zu innerstaatlichen Konflikten führte.[3] Die Parteienstruktur kann als heterogenes Bündnis regionaler und sozialer Interessensgruppen beschrieben werden.[4]

In Kolumbiens Geschichte gab es viele gewalttätige Konflikte und nationale Bürgerkriege. Einer, der als Beginn für die heutige Situation gesehen werden kann, ist „La Violencia", der von 1948 bis 1957[5] andauerte und an die 200.000 Menschenleben forderte. Eingangs kämpfte die liberale Opposition und kommunistischen Gruppen gegen die konservative Regierung. Dies war ein weiterer Höhepunkt im Rahmen des permanenten Wettbewerbs um die Kontrolle des Staatsapparates, sowie um die Herrschaftsbeziehungen auf dem Land. Eine andere Sichtweise ist die, wonach der zwischenparteiliche Konflikt auf die Infiltration des Kapitalismus in die feudalen Strukturen zurückzuführen ist.[6] Nach einem kurzen Zwischenspiel einer Militärregierung nahmen die Liberalen 1957 ein Amnestieangebot der Regierung an. Beide großen Parteien – die Liberalen und die Konservativen – schlossen sich in der Folge zum „Frente Nacional" zusammen, demgemäß sollte der Bürgerkrieg beendet werden.[7] Doch auf politischer und sozioökonomischer Ebene gab es keine großen Differenzen zwischen den beiden elitär geführten Parteien.[8]

Diese Übereinkunft beider Traditionsparteien sorgte für eine gleichwertige Aufteilung der wichtigsten politischen Ämter auf lokaler, regionaler und nationaler Ebene, z.B. wurde die Zentralregierung alle vier Jahre an die andere Partei übergeben. Es fanden zwar weiterhin de facto Wahlen statt, doch deren Ausgang war im Vorhinein besiegelt. Diese Vereinbarung galt offiziell bis 1974, doch in der Praxis hielt sie bis heute.[9] Von diesem Konflikt profitierten vor allem die politischen Eliten des Landes, dabei sind ca. eine Million Bauern von ihren Grundstücken vertrieben worden und es kam vermehrt zur Landkonzentration von Großgrundbesitzern.[10] Vom Pakt ausgeschlossen blieben jedoch andere Parteien, sowie die ärmeren Schichten auf dem Land und in den Städten.[11]

De Facto wurde das „Frente Nacional" mit der neuen Verfassung von 1991 aufgehoben.[12] Die neue Verfassung setzte Kolumbien als unitaristischen, dezentralistischen, sozialen, partizipativen und pluralistischen Rechtsstaat fest. Die Menschenrechte bekamen in ihr erstmalig einen besonderen Stellenwert. Weiters gibt es zwei Merkmale, zum einen beinhaltet sie zum ersten Mal die Anerkennung der indigenen Rechte und die der ethnischen und kulturellen Vielfalt Kolumbiens. Zum anderen verankert die Verfassung kollektive Rechte, aus denen sich z.B. die Bestrebung einer nachhaltigen Entwicklung ableitet.[13] Kritik zur neuen Verfassung gibt es in Bezug auf die Sonderrechte des Militärs, der Konzentration von Landbesitz bei den Großgrundbesitzern und zu anderen neoliberalen Reformen. Trotz der Modernisierung des kolumbianischen Staates und seiner Wirtschaft hat sich wenig an den politischen und wirtschaftlichen oligopolen Herrschaftsverhältnissen geändert.[14]

4.2. Guerillas

Bedingt durch den Ausschluss im Rahmen des „Frente Nacional" bildeten sich in den 1960ern allerdings neue Widerstandsgruppen gegen die Oligarchie, die heute noch aktiv sind. Durch die kubanische Revolution beflügelt, nahmen sie den Kampf gegen Ungerechtigkeit und für Demokratie auf, wobei sie auch bewaffnete Formen des Kampfes inkludierten, damit trifft auf diese Gruppen die Bezeichnung Gewaltakteure zu.[15]

Von ehemals sieben größeren Guerillagruppen sind heute noch zwei von Bedeutung, die FARC und die ELN, auf welche ich im Folgenden eingehen werde. Ihre anfänglichen Ziele, nämlich die Machtübernahme und die Realisierung eines sozialistischen Staates, wurden im Laufe der Zeit modifiziert und umfassen heute weitreichende politische, soziale und wirtschaftliche Reformen in Bezug auf die Demokratie und die Grundrechte.[16] Die politischen Motive der Guerillas werden aber überlagert von militärischen, territorialen und finanziellen Beweggründen, wie auch von den Resultaten aus jahrzehntelangen isolierten Kämpfen in abgeschiedenen Gebieten.[17]

Dessen ungeachtet überdauerten die Guerillas bisher alle Versuche des militärischen Apparates zur Repression und Aufständischenbekämpfung. Der Schauplatz der Kämpfe verlagerte sich mit der Zeit von den Agrargebieten in die Städte, die nunmehr vermehrt zum Mittelpunkt der Kampfhandlungen werden.[18] Hinzu kommt, dass zwischen den einzelnen Guerillagruppen keine Einigkeit besteht und sie sich somit untereinander bekämpfen.

Als erste kolumbianische Guerillagruppe entstanden 1964 die Revolutionären Streitkräfte Kolumbiens, die Fuerzas Armadas Revolucionarias de Colombia – kurz FARC genannt. Es begannen sich nach den Verschärfungen durch den „Frente Nacional" Angehörige der ländlichen Bevölkerung mit kommunistischer Orientierung zur Selbstverteidigung zu organisieren. In den meist abgeschiedenen und vom kolumbianischen Staat eher vernachlässigten Regionen sorgte die FARC für Recht und Ordnung und für die Interessen tausender kleinerer Bauern, die in diese Gebiete gezogen sind, um durch den Cokaanbau ihr Überleben zu sichern.[19] Mittlerweile haben sich die Bestrebungen der FARC gewandelt, sie sind politisch autonom, stehen also in keinem politischen Zusammenhang mit der kommunistischen Partei. Nunmehr ist das Ziel die Veränderung der politischen Struktur, insbesondere der Ausbau der politischen und ökonomischen Partizipationsmöglichkeiten.[20]

Die FARC ist mit etwa 20.000 bewaffneten Kämpfern die größte Guerillagruppe des Landes. Die Kämpfer verfolgen guerilla- und klassische Strategien gegen politische, ökonomische und militärische Ziele. Dabei schlagen sie zu und ziehen sich schnell zurück und beim Schlusskampf verfolgen sie Taktiken des regulären Krieges mit größeren Truppenkontingenten. Ihre innere Struktur dürfte relativ hierarchisch sein, wobei sich ein siebenköpfiges Zentralsekretariat an ihrer Spitze befindet. In den Medien gibt es Spekulationen, wonach es innerhalb der FARC Spaltungsbestrebungen gibt. Dabei steht die ältere Generation, eher politisch motiviert, der jüngeren, militärisch ausgerichteten, gegenüber. Ihre finanziellen Mittel schöpfen sie aus der Besteuerung, einer Art Mehrwertsteuer, die beim Verkauf der Cokablätter und Paste eingenommen wird, sowie aus Schutzgeldern für Drogenlabors und aus Steuern für Transporte von adäquaten Flugpisten. Wahrscheinlich sind auch einzelne Teile der FARC direkt in Drogenanbau und -handel verwickelt, was sich aber in Grenzen halten dürfte.[21]

Als zweite Guerillagruppe entstand 1965 das Nationale Befreiungsheer, Ejército de Liberación Nacional (ELN), inspiriert von der kubanischen Revolution. Das ELN grenzte sich von der Kommunistischen Partei ab, zu deren Gründern linksgerichtete Arbeiter, Studenten und Intellektuelle gehörten. Ihr Ziel war eine Öffnung und Veränderung des bestehenden politischen Systems. Mit der Zeit zog sich die ELN in die ländlichen Regionen des Nordostens und Südwestens zurück, wo sie auch ihre bewaffneten Kämpfe austrugen. Seit den 1980er Jahren liegt ein Schwerpunkt der Forderungen der ELN auf der Nationalisierung der Bodenschätze, insbesondere der Erdölquellen.[22]

Die Operationsgebiete sind vor allem die Regionen, in denen multinationale Konzerne tätig sind. Derzeit ist die ELN mit ungefähr 5000 Bewaffneten die zweitgrößte Guerillagruppe Kolumbiens. Durch ihren Milizcharakter mit geringer Trennung zwischen militärischem und politischem Flügel, vor allem aber wegen der Erfolge der Paramilitärs, ist die ELN militärisch und politisch geschwächt. Sie fiel bisher wegen spektakulären Lösegeldkidnappings und Anschlägen auf Pipelines auf. Sie finanziert sich größtenteils durch Entführungen und Erpressungen.[23]

Seit Mitte der 1980er eskalierte die Gewalt auf allen Seiten, was sicherlich mit dem stark gestiegenen Drogenhandel bzw. mit den aus dessen Besteuerung resultierenden finanziellen Mitteln zusammenhängt. In den 1990er Jahren wechselten sich Phasen der militärischen Eskalation mit Verhandlungsgesprächen ab. In den letzten Jahren verschärften sich die Positionen, nicht zuletzt aufgrund des „Plan Colombia". Daraufhin haben die Guerillas die Friedensverhandlungen mit der Regierung abgebrochen, um damit gegen die radikale militärische Vorgehensweise zu protestieren. Seit Staatspräsident Álvaro Uribe Vèlez 2002 sein Amt antrat, versprach er ein hartes Vorgehen gegen die Guerillas, woraufhin sämtliche Friedensbemühungen hoffnungslos scheinen.[24]

4.3. Staatliche Instanzen und Paramilitärs

An dieser Stelle möchte ich zuerst auf das kolumbianische Militär eingehen und mich dann mit den Paramilitärs beschäftigen. Zuerst jedoch noch eine kurze Anmerkung, warum ich diesen Abschnitt „Staatliche Instanzen und Paramilitärs" genannt habe. Mir geht es darum, dass ich auf die Verbindungen von Paramilitärs mit den legalen Streitkräften der Armee aufmerksam machen möchte.

Seit der kurzen Militärregierung im Rahmen des „La Violencia" überließ die politische Elite der Armee alle militärischen Aufgabenbereiche und internen Konflikte, woraufhin als Gegenleistung die Nicht-Einmischung in politische Agenden erwartet wurde. Dies führte zu einer zunehmenden Autonomie des Militärs. Damit konnte gegenüber den Guerillas relativ eigenständig vorgegangen werden. Andererseits erkannte das Militär, dass es die Guerillas für seine Privilegien- und Haushaltssicherung, also zur Festigung seiner Position insgesamt, brauchte. Das hatte zur Folge, dass die Effektivität bei der Guerillabekämpfung auf einem gewissen Niveau konstant gehalten wurde, um die eigenen institutionellen Interessen zu wahren.[25] Aus dieser Praxis heraus ergibt sich eine Spirale, denn der kolumbianische Staat musste zur Sicherung seiner Glaubwürdigkeit gegen die Paramilitärs, die eng mit den regulären Streitkräften kooperieren und diese zumindest passiv unterstützen, vorgehen. Diese wiederum bekämpfen die Guerillas, die dagegen vom Militär bekämpft werden.[26] Das bedeutet, das Militär darf und muss sowohl gegen die paramilitärischen Gruppen wie auch gegen die Guerillas kämpfen. Beides ist für die Armee von Nutzen, allerdings ist diese auch an einer Beibehaltung des Status Quo für die Sicherung der Eigeninteressen, im Sinne des Fortbestandes von staatlichen Institutionen, bemüht.

Infolge schwerer Niederlagen des Militärs gegen die Guerillas kam es Ende der 1990er zu einer umfassenden Reform der Armee. Sie wurde neu strukturiert, mobiler gemacht und das Budget wurde aufgestockt. Die Reform wurde im Rahmen des „Plan Colombia" der USA finanziert, wodurch den USA das Bestimmungsrecht über die Art der Verwendung der Gelder zukommt.[27]

In den 1970ern wurden Selbstverteidigungsgruppen unter Aufsicht der Streitkräfte legitimiert, die zur bewaffneten Verteidigung in Gebieten dienten, in denen es kaum staatliche Präsenz gab. Zusätzlich zum Erstarken der Guerillas kam es in den 1980ern zur Bildung neuer illegaler, paramilitärischer Gruppen. An deren Entstehung wirkten Großgrundbesitzer, Drogenhändler und Teile des Militärs mit, wobei sie als Selbstschutz vor den Guerillas gedacht waren. Bald darauf instrumentalisierten die Drogenhändler diese Gruppen für ihre eigenen Zwecke und stellten sie zur Bewachung der Coka-Felder an.[28] Der Terror gegen die Gesellschaft nahm somit immer komplexere Formen an, wobei die Zuordnung der Schuldfrage und der einzelnen Akteure, aufgrund des undurchsichtigen Verstrickungsnetzes, immer schwieriger wird. 1989 wurden diese Selbstverteidigungsgruppen wieder verboten.[29] Dies wirkte sich jedoch nicht auf die Existenz der Paramilitärs aus. Diese operieren seitdem offiziell illegal, doch werden sie weiterhin von den selben Gruppen unterstützt. Wegen dieses Verbotes können sie jedoch noch grausamer und brutaler vorgehen, weil sie offiziell weder staatlichen Instanzen noch der Öffentlichkeit Rechenschaft ablegen müssen.

Die bedeutendste paramilitärische Gruppe wurde im Jahre 1997 als Dachorganisation zur Koordinierung der vielen lokalen Bewegungen gegründet und nennt sich Vereinigte kolumbianische Selbstverteidigung (Autodefensas Unidas de Colombia – AUC). Ihre bewaffnete Stärke beläuft sich auf etwa 13000 Kämpfer. Sie agieren in den von den Guerillas beherrschten Gebieten und verüben, mit dem Ziel der psychischen Zerstörung, an deren Sympathisanten unter der unbewaffneten Zivilbevölkerung, Massaker, Entführungen und Erpressungen. Ungefähr zwei Drittel der Menschrechtsverletzungen in Kolumbien werden den Paramilitärs zugeschrieben. Dessen ungeachtet verfolgt diese Strategie das Ziel, den Gegner an seiner schwächsten Stelle zu treffen. Das Selbstverständnis der AUC beruht auf der Verteidigung des Rechtsstaates, welcher vorerst bei der Bekämpfung der Guerillas versagt. Die AUC können als Joker bei der Umsetzung diverser Interessen von Regierung, Militär, Drogenhandel und transnationalen Konzernen gesehen werden.[30]

Seit den 1990ern erlebten die Paramilitärs einen Aufschwung, der im Zusammenhang mit den florierenden Drogengeschäften steht. In den letzten Jahren konnten sich die AUC in den Medien stärker profilieren und als rechte politische Gruppe positionieren, infolgedessen fordern sie direkte Verhandlungen mit der Regierung, was massive Proteste der FARC zur Folge hatte. Trotzdem kam es zu diesen Verhandlungen, womit die AUC faktisch als eigenständiger politischer Akteur anerkannt wurde. Die Paramilitärs sind durchwegs finanziell unabhängig und beziehen ihre Einkünfte hauptsächlich aus Drogengeschäften, der Besteuerung der Bauern und freiwilligen Zahlungen von privaten Unternehmen, Großgrundbesitzern und Drogenhändlern.[31]

4.4. Drogenhandel

Seit den 1970ern bzw. Mitte der 1980er Jahre sind in Kolumbien zwei komplementäre Prozesse zu beobachten, nämlich Paramilitarismus und Drogenhandel. Nachdem ich zuletzt auf die Paramilitärs eingegangen bin, werde ich in diesem Abschnitt auf den Drogenhandel eingehen.

Kolumbien ist seit den 1970ern in den internationalen Drogenhandel einbezogen. Am Anfang war es die Marihuanaproduktion, in den 1980ern Kokain und seit den 1990ern zunehmend Heroin. Der Wechsel der Drogenarten von Marihuana auf Kokain ist u.a. auf größere Gewinne zurückzuführen.[32] Kolumbien gilt heute, ungeachtet der Bekämpfung des Drogenbusiness, als Mittelpunkt des internationalen Kokainhandels, schließlich werden 80% des weltweit produzierten Kokains in Kolumbien hergestellt. Fast die gesamte Weltproduktion wird in den Andenländern (das sind Bolivien, Peru und Kolumbien) erzeugt. Der größte kolumbianische Absatzmarkt für das Kokain ist die USA. Cokaanbau und -produktion haben seit den 1980ern stetig zugenommen. Bis in die 1990er wurden die Cokablätter aus Bolivien und Peru in Kolumbien weiterverarbeitet und vertrieben. Seit Mitte der 1990er hat der Anbau von Coka in Kolumbien zugenommen. Als Ursache dafür gilt die verstärkte Bekämpfung des Coka-Strauches in Bolivien und Peru.[33]

Ich möchte jetzt auf die Organisation des Drogenhandels in Kolumbien eingehen. Zu Beginn der 1970er bildeten sich kleine Untergrundfirmen, die sich in den kommenden Jahren zu den so genannten Kartellen zusammenschlossen. Die bekanntesten und mächtigsten waren das „Cartell de Medellin" und das „Cartell de Cali". Sie basieren auf freundschaftlichen und familiären Bindungen, die Loyalität und Abhängigkeiten erzeugten, wodurch sich ihre Stärke und Geschlossenheit ergibt. In den 1990ern kam es zur Zerschlagung der beiden, indem viele Führungsmitglieder gefangen genommen oder getötet wurden. Das erfolgreiche Vorgehen gegen die Kartelle hat jedoch kaum etwas am profitablen Drogenhandel geändert.[34]

Die neuen Organisationseinheiten sind kleiner, autonomer, dezentralisiert und weit über Kolumbien zerstreut, die darin verwickelten Personen sind jedoch zumeist dieselben geblieben. Die kleinen Gruppen gehen mit anderen Allianzen ein, um ihre Geschäfte abwickeln zu können. Zum Repertoire gehören zudem Juristen, Finanzexperten und andere qualifizierte Fachleute. Insgesamt sind sie professioneller organisiert und effizienter. Dadurch sind die Gruppen noch viel schwieriger zu lokalisieren und zu bekämpfen. Schätzungen zufolge gibt es mehrere hunderte dieser kriminellen Drogenorganisationen.[35]

Zur inneren Struktur der Drogenunternehmen heute führt Lessmann drei Funktionsebenen an, die Führer, die Statthalter und die Professionellen.[36] Krauthausen unterteilt die Funktionsebenen auf eine ähnliche Art und beschreibt diese als „Statthalter ersten und zweiten Grades", sowie einfache Angestellte und Spezialisten.[37] Auch wenn Lessmann und Krauthausen die unterschiedlichen Ebenen anders benennen, sind die inhaltlichen Zuordnungen dennoch dieselben. Auf der Ebene der Professionellen arbeiten Finanzfachleute, Chemiker, Anwälte, Piloten und Großgrundbesitzer. Diese beschäftigen Gelegenheitsarbeiter für Tätigkeiten wie den Transport und die Verarbeitung, wobei diese am wenigsten Einblick in die Hintergründe des Geschehens haben. Die Statthalter sind als eine Art Privatsekretär oder/ und spezifische Einsatzleiter zu sehen. Lediglich diese und die Ebene der Führer verfügen über die Kontrolle der Transaktionen des illegalen Drogengeschäfts. Dieser Personenkreis wird besonders geschützt und meist liegt eine Freundschafts- oder Verwandtschaftsbeziehung als Vertrauensbasis vor. Zwischen diesen Ebenen gibt es zahlreiche netzwerkartige Verflechtungen. Insofern sind auch die Gewaltapparate aus privaten Sicherheitsfirmen, Paramilitärs und Söldnern zu sehen, denn sie gehören nicht zum illegalen Drogenunternehmertum, sondern sind sozusagen angestelltes Personal. Abgesehen von der Tatsache, dass die Arbeiter nicht so sehr aufgrund ihrer Effizienz, sondern auf Vertrauensbasis angestellt werden, funktioniert das illegale Drogengeschäft wie ein kapitalistisches Wirtschaftsunternehmen im legalen Markt, nur um einiges dreister. Die Struktur des Kokainmarktes lässt sich als eine oligopol-heterogene beschreiben.[38]

Das Geschäft mit den Drogen ist in Kolumbien zu einem zusätzlichen Machtfaktor geworden und spielt bei der Qualifizierung, genauso wie bei der Finanzierung der paramilitärischen Gruppen eine wichtige Rolle. Andererseits ist es im Rahmen der Besteuerung des Cokaanbaus und der –produktion zur Finanzierung der Guerillas wichtig. Ferner kommen die vielfältigen Verbindungen und Verwicklungen der regulären Armee in den Drogenhandel dazu. Diesbezüglich sei anzumerken, dass die Guerillas den Anbau von Coka besteuern, dennoch findet die viel profitablere Verarbeitung in den Regionen statt, die vornehmlich von den Paramilitärs und der Armee kontrolliert werden.[39] Das Drogengeschäft ist oft mit dem Waffenhandel verknüpft und Waffen werden auch von den Guerillas und Paramilitärs gebraucht. Insgesamt haben die finanziellen Mittel aus dem Drogenhandel die Gewalt dynamisiert und eskaliert, dabei gilt das Drogenbusiness nicht als Ursache der Gewalt.[40]

Dazu kommt, dass der kolumbianische Staat erst nach der Etablierung des Drogenbusiness versucht hat, dieses durch Gesetze zu steuern.[41] Meiner Meinung nach war das ein folgenschwerer Fehler, sofern die Intention die Kontrolle des Drogenhandels war. Denn erstmal aufgebaute Infrastrukturen lassen sich unter der Voraussetzung derart hoher Gewinne für die illegalen Akteure kaum zerstören. Die Flexibilität, die schon der illegale Status des Drogenhandels erfordert, ist sehr groß. Dies zeigt sich z.B. an der Verlagerung der Anbauflächen in andere Staaten, wenn der militärische und politische Druck in einem Land zu groß wird. Viel wahrscheinlicher ist allerdings, dass der kolumbianische Staat selber vom Drogenhandel profitiert und ihn deswegen bewusst toleriert (hat).[42]

Der Drogenhandel wurde in Kolumbien in den 1980ern, also zu jener Zeit zu einem eigenständigen Wirtschaftssektor, als ein Vakuum entstand, weil einerseits der traditionelle Modernisierungsstaat verfiel und andererseits die exportorientierte Industrialisierung auf sich warten ließ. Mittlerweile konnte sich der Drogenhandel auf andere Wirtschaftssektoren ausbreiten, da er viele Beschäftigte, Anbauflächen und ein Großteil der kolumbianischen Infrastruktur unter seiner Kontrolle hat. Die kolumbianische Drogenökonomie beeinflusst die nationale Wirtschaft auf indirekte Weise, z.B. durch Devisentransaktionen, die Akkumulation von Reichtum und mittels Importen.[43]

4.5. Zur Rolle der USA

Die Situation in Kolumbien ist durch das Intervenieren der USA wesentlich verschärft worden. Napoleoni ist der Meinung, dass die Zahl der bewaffneten Gruppen infolge des staatlich finanzierten Terrors in Lateinamerika zunahm. Es kam zur Destabilisierung ganzer Regionen und zum Zusammenbruch ihrer Volkswirtschaften, was wiederum als Konsequenz des Eingreifens der Supermächte, allen voran die USA, in die internen Angelegenheiten mancher Staaten betrachtet werden kann.[44]

Unter dem „Plan Colombia" wird von offizieller Seite das Entwicklungsprojekt zur Bekämpfung der Drogenproduktion in Kolumbien, das mit 1,7 Milliarden US-Dollar dotiert ist, verstanden.[45] Viele Kritiker machen jedoch darauf aufmerksam, dass sich dahinter auch US-amerikanische Imperialpolitik verbirgt, welche auf die Ausweitung ihrer Einflusssphäre ausgerichtet ist. Nicht zuletzt hat Kolumbien Vorräte an Erdöl und Kohle, wobei ein freier Zugang dazu für die USA von Vorteil ist. Es geht ebenfalls um die Bekämpfung der Drogenguerilla, was ein Vorwand für die Bekämpfung der Aufständischen zu sein scheint.[46] Doch in den Drogenhandel sind auch die Paramilitärs involviert, die in Kontakt zu den regulären Streitkräften stehen. Weiter macht Chomsky darauf aufmerksam, dass die Regierung und das Militär in Kolumbien entweder in die mit dem Drogenbusiness verbundene Korruption, oder direkt im Drogenhandel involviert sind.[47] Durch die Anschläge vom 11. September 2001 sehen sich die USA quasi legitimiert, den Terrorismus, der nunmehr von den Guerillas und Paramilitärs ausgeht, zu bekämpfen und ihre Militärpräsenz in Kolumbien sowie in anderen lateinamerikanischen Staaten auszudehnen.[48]

Von den 1,7 Milliarden US-Dollar sind Teile für die Justizstärkung, Entwicklungsprojekte und Flüchtlingshilfe vorgesehen. Doch etwa zwei Drittel des Geldes sind ausschließlich für Militärausgaben geplant. Dabei wird einerseits die kolumbianische Armee reformiert, durch US-Streitkräfte mittels modernster Techniken ausgebildet und mit speziellen Hubschraubern ausgestattet, um deren Effektivität zu steigern. Andererseits fließt das Geld in die Ausweitung der US-Militärbestrebungen, wie z.B. den Ausbau von Luftwaffenstützpunkten, raschen Eingreiftruppen, Militär- und Geheimdienstberatern. Indessen wird die Ausweitung des Konfliktes in Kolumbien auf die Nachbarstaaten befürchtet. Die Bekämpfung des Drogenanbaus in Bolivien und Peru führte dazu, dass der Anbau in den letzten Jahren in Kolumbien stieg. Nach den bisherigen Ergebnissen des „Plan Colombia" konnte, trotz des Einsatzes von Pflanzenvernichtungsmitteln mittels Flugzeugen, die Anbaufläche von Coka nicht wesentlich verringert werden. Aus diesem Grund gibt es auch Einwände von Bauernverbänden und Umweltschützern gegen den Plan. Denn die Pestizide zerstören auch die gesamte landwirtschaftliche Produktion und sind gesundheitsschädlich. Außerdem wurde der Cokaanbau auf andere Gebiete verlagert, die nicht von der Aktion betroffen waren.[49]

Durch die militärische Operation beim Phänomen Drogen kam es stets zur Verzerrung der Grenzen zwischen dem Bereich Drogen und dem des bewaffneten Konfliktes. Dies geschah auch beim kolumbianischen Beispiel und den Interventionen der USA.[50] Von der US-Regierung wurden als wichtigste Argumente stets der Drogenkrieg und die Verbindungen der Guerillas zum Drogenhandel als Argumente für die hohe Militärhilfe genannt.[51]

Meiner Einschätzung nach sind die Drogenbekämpfungsmaßnahmen der USA nicht zielführend, sofern das Ziel die Lösung des Drogenproblems ist. Die Sichtweise der USA scheint zu sein, dass sich das Problem durch die Ausrottung der Cokapflanze in den klassischen Anbaustaaten lösen lässt.[52] Ich bin der Meinung, dass sich das Drogenproblem der USA, sowie anderer westeuropäischer Industrienationen, nicht auf die Bekämpfung der Drogenanbauregionen reduzieren lässt. Schließlich befindet sich die Grundlage für die Funktionsfähigkeit und die Existenz der Strukturen des Drogenbusiness in den Industrieländern, denn dort sind die Absatzmärkte.[53] Für mich bleibt die Frage offen, was passieren würde, wenn sämtliche natürlich wachsende Pflanzen, die als illegale Drogen auf den Markt kommen, vernichtet werden könnten? Abgesehen von der Schwierigkeit bei der Umsetzung dieses Vorhabens glaube ich, dass sich die Nachfrage nach illegalen Drogen z.B. von Kokain auf synthetische Drogen verschieben würde, was zum Teil bereits der Fall ist. Wenn ich diesen Sachverhalt aus dem Blickwinkel der Marktlogik betrachte, ändert die Zerstörung des Angebots der natürlichen Drogen nichts an der Nachfrage nach illegalen Drogen allgemein. In der Vergangenheit wurde es praktiziert, dass diverse natürliche Drogen in einer bestimmten Region bekämpft und vernichtet worden sind. In der Folge kam es zur Verlagerung der Produktion in die Nachbarländer.[54]

Ich vermute, dass die gegenwärtige Situation für die USA lediglich ein Mittel zum Zweck, „eine moderne Spielart des Ordnungsanspruches"[55], ist, um erstens der eigenen Rüstungsindustrie Aufträge zu bringen, um zweitens Kolumbien endgültig für die eigenen wirtschaftlichen Interessen zu öffnen, um drittens den Staat wiederum von den Finanzen der USA abhängig zu machen, um viertens Zugang zu den Rohstoffen zu behalten und um fünftens die kolumbianische Souveränität zu untergraben.[56] Die Liste der Eigeninteressen der USA lässt sich weiterführen, wobei sie diesbezüglich ein leichtes Spiel haben. Schließlich sind die wichtigsten Weichenstellungen in Kolumbien vollzogen worden. Dazu zählen die neoliberale Umstrukturierung der Wirtschaft und die ökonomische Abhängigkeit von den Vereinigten Staaten. Im Prinzip geht es bei all den Auflistungen jedoch nur um eines, nämlich um die Ausbreitung des US-amerikanischen Imperialismus.

4.6. Die Auswirkungen des Drogenhandels auf Staatlichkeit – Staatsverfall in Kolumbien

Aufgrund der nicht direkt messbaren Auswirkungen des Drogenhandels auf den Staat in Kolumbien, muss ich über den indirekten Weg an das Thema herangehen. Doch zuerst will ich anmerken, dass es in Kolumbien bereits einen chronischen Staatsverfall gegeben hat, bevor der Drogenhandel aufkam und ebenfalls bevor es zu den bürgerkriegsartigen Konflikten gekommen ist. Der Staat hat bei allen wesentlichen Merkmalen eines Staates versagt. Er ist nicht in der Lage, sein Territorium zu kontrollieren, genauso wird sein Gewaltmonopol von nichtstaatlichen Akteuren untergraben und schließlich ist die Legitimität seiner Herrschaft unter der Bevölkerung nicht gegeben. Darüber hinaus kann der Staat nicht sein Abgabe- und Rechtsmonopol durchsetzen. Er ist nicht in der Lage, seinen BürgerInnnen physische oder ökonomische Sicherheit zu geben. Zudem ist die politische Macht unter einigen wenigen Eliten aufgeteilt, die das politische System bestimmen. Trotz dieses Verfalls des kolumbianischen Staates scheint es kaum wahrscheinlich, dass es zu einem völligen Staatszerfall kommt.[57] Dafür ist die Kontinuität von demokratischen Institutionen wie z.B. Regelmäßigkeit der Wahlen oder die rechtmäßige Besetzung eines Präsidentenamtes ein Mitgrund.[58] Das bedeutet, dass bei der Analyse der Auswirkungen des Drogenhandels auf Staatlichkeit in Kolumbien stets der bereits vorhandene Staatsverfall mit berücksichtigt werden muss.

Ich möchte zunächst auf die Entstehungsbedingungen des aktuellen Stellenwertes des Geschäftes mit Kokain in Kolumbien eingehen. Dabei spielen zwei Dimensionen eine Rolle, die globale und die nationale. Einerseits wird der illegale globale Drogenmarkt heutzutage von den Marktparametern Nachfrage und Angebot bestimmt, wobei beide einer dynamischen Beziehung unterliegen. Die uneingeschränkte Wirkung dieser Gesetze zeigt sich auf vielfältige Weise, z.B. indem in Kolumbien bisher jegliche Versuche, den Drogenmarkt zu kontrollieren und/ oder mit Gewalt zu zerstören, fehlgeschlagen sind. Eine Rolle spielt dabei auch, dass auf der Angebotsseite große Gewinne zu erwarten sind, die sich größtenteils durch die Monopolstellung und Risikoaufschläge ergeben.[59]

Die andere, nationale Dimension ist die Voraussetzung für die Etablierung von Produktions- und Handelsstrukturen des Drogenhandels in Kolumbien. Leal Buitrago formulierte scharfsinnig dazu:

> „The drug trade entered Columbia because of social needs and because of opportunity".[60]

Heidrun Zinecker sieht in ihrer Arbeit die komparativen Kostenvorteile als Schlüssel für die kolumbianische Situation. Ich werde nun einige davon anführen. Ein Kostenvorteil ist die geographische Lage, denn Kolumbien ist zwischen den traditionellen Coka-Anbaugebieten in Bolivien und Peru und nahe genug am Hauptverbraucherland USA gelegen. Eine Rolle spielt auch die Angrenzung an den Altantik und Pazifik, welche aufgrund der vielfältigen Transportmöglichkeiten ideal für den Schmuggel ist.[61]

Ein weiterer Kostenvorteil ist die Schmuggelerfahrung seit der Kolonisation und die damit verbundene Infrastruktur. Ein anderer Nutzen bringt der weit ausgedehnte informelle Sektor, den sich die Drogenökonomie zu Nutze macht. Auch die starken Migrationsbewegungen in die USA seit den 1970ern begünstigen den Drogenhandel. Sie brachten eine einfache Beteiligung der kolumbianischen Drogenhändler am Verkauf des Produktes in den USA und öffneten durch die Geldüberweisungen der Arbeiter an ihre Heimat informelle Schleusen zur Geldwäsche.[62]

Ein Bestandteil der nationalen Dimension sind die politischen Voraussetzungen für die Etablierung von Produktions- und Handelsstrukturen des Drogenhandels in Kolumbien. Die verschiedenen Defizite, welche sich durch den chronischen Verfall des kolumbianischen Staates und der Mangel bei der Durchsetzung der Staatsgewalt ergeben, werde ich im Folgenden nach dem Ursache-Wirkungs-Prinzip darstellen. Die mangelnde Fähigkeit des Staates, sein Gebiet zu kontrollieren, führt zu regionalen Vorherrschaften der Drogenhändler. Die ungenügende Intervention des Staates in die Wirtschaft fördert die Schattenwirtschaft. Die nicht ausreichende Legitimität des Staates begünstigt die Toleranz von illegalen Akteuren und deren Infiltration in legale Institutionen. Die Inkompetenz der Justiz führt zur Straflosigkeit bei illegalen Geschäften und erhöht deren soziale Akzeptanz. Die mangelnde Durchsetzung des Gewaltmonopols bringt eine anhaltende Gewalttradition nicht staatlicher Akteure (wie Paramilitärs, Guerillas und Drogenhändler) mit sich.[63]

Wie ich eingangs gezeigt habe, ist es für die Analyse der Auswirkungen des Drogenhandels auf Staatlichkeit in Kolumbien wichtig, den bereits vorhandenen Staatsverfall mit zu berücksichtigen. Der Drogenhandel und der Staat kommen in erster Linie dort in Berührung, wo es sich um die Illegalität der Ware Droge handelt. Doch mit staatlichen Gesetzen gegen Drogen werden die Produktion und der Handel illegalisiert und es kommt zur Strafverfolgung. Das bedeutet, dass ein Interessenskonflikt zwischen dem Staat und den Drogenhändlern entsteht, wobei letztere sich gegen die Rechtsordnung durchsetzen und dabei in die staatliche Ordnung eingreifen.

Zur Durchsetzung der Interessen der Drogenhändler gegenüber dem Staat gibt es zwei Instrumente. Beide können aufgrund der finanziellen Potenz der Drogenunternehmer zur Überwindung der durch die Illegalität bedingten Beschränkungen ihres wirtschaftlichen Spielraumes und Agierens eingesetzt werden. Dieses Instrument ist zum einen die Korrumpierung von staatlichen Institutionen in den Bereichen Legislative, Judikative und Exekutive sowie der in diesen Bereichen arbeitenden Personen. Zum anderen ist das die Gewaltanwendung, die sich auf dieselben Gebiete wie die Korruption erstreckt und auch Teile der Gesellschaft erfasst.[64] Im Folgenden möchte ich auf beide Machtinstrumente der Drogenhändler eingehen.

Ein wesentlicher Unterschied bei der Betrachtung beider Instrumente ist die Schwierigkeit, Korruption zu quantifizieren, wodurch lediglich Wahrscheinlichkeitsberechnungen und Hochrechnungen von bisherigen Tatbeständen zur Einschätzung ihres Ausmaßes herangezogen werden können. Den Einsatz von finanziellen Mitteln betrachtet Lessmann als eine Art Steuer, mit der die Loyalität des Staatsapparates für einen gewissen Zeitraum erworben werden kann. Dabei dürfte die Androhung von Gewaltanwendung eine motivierende Wirkung haben.[65] In den 1990ern wurde eine Reihe von Korruptionsaffären in Kolumbien aufgedeckt, in die selbst der Staatspräsident Samper (1994-1998) verwickelt war. Ihm wurde vorgeworfen, seinen Wahlkampf mit Geldern des „Cartell de Cali" finanziert zu haben. Er wurde schließlich, trotz des dringenden Tatverdachtes, vom Kongress freigesprochen. Es verstärkte sich daraufhin der Eindruck, dass mehrere Kongressmitglieder in die Korruptionsfälle verwickelt waren.[66] Ein wesentlicher Moment bei der Korruption ist, dass hierbei Sonderinteressen mittels der Finanzkraft oder Gewaltanwendung durchgesetzt werden, was sich negativ auf demokratische und rechtsstaatliche Strukturen auswirkt.[67]

Die Gewaltanwendung als Instrument zur Durchsetzung der Geschäftsinteressen kann als zielgerichtet und beabsichtigt gesehen werden, was wiederum nicht ausschließt, dass es zu wahllosen blindwütigen Mordattacken kommen kann, die sich dann geschäftsschädigend auf die illegalen Drogenhändler auswirken. Doch im illegalen Unternehmertum ist es von großer Bedeutung, so wenig wie möglich aufzufallen, um seine Geschäfte abwickeln zu können. Jedoch spielt es auch eine Rolle, wie sehr Gewaltanwendung Tradition hat und gesellschaftlich toleriert wird, was im Falle von Kolumbien höher sein dürfte als z.B. in Österreich. Drogenunternehmen können sowohl im illegalen wie auch in legalen Gebieten Gewalt anwenden. Ein Beispiel für Gewaltanwendung im legalen Bereich war der Schutz der Großgrundbesitzer durch die Finanzierung von paramilitärischen Gruppen.[68]

Die Gewaltanwendung im illegalen Bereich erstreckt sich beispielsweise auf den gewalttätigen Kampf zwischen Drogenhändlern und dem kolumbianischen Staat von 1984 bis 1991, um die Auslieferung von Drogenhändlern an die USA zu verhindern. Dabei wurden mehrere hunderte Repräsentanten der Regierung, Justiz und des Militärs getötet. Mit der Zerschlagung der großen Kartelle und dem Verzicht auf die Auslieferung von Drogenstraftätern veränderten sich die Bedingungen. Allerdings ist Gewalt zur Verhinderung der Implementierung von Gesetzen immer noch ein bekanntes und bewährtes Mittel.[69]

Die größte Auswirkung des Drogenhandels auf Staatlichkeit dürfte den Bereich der Justiz betreffen, wo der zuvor schon schwache Sektor durch den illegalen Drogenhandel nahezu zusammengebrochen ist. Dabei ist es mittels einer Mischform aus Gewalt(androhung) und Korruption zur Machtsicherung der Kokainunternehmer gekommen.[70] Aus der Vermutung, dass bei der Wahl zwischen Bestechung oder Gewalt, sowohl Richter als auch Drogenhändler das Schmiergeld bevorzugen, lässt sich ableiten, dass das Ausmaß der Korruption weit verbreiteter ist.[71]

In den Drogenhandel in Kolumbien sind sämtliche Akteure, über die ich in diesem Kapitel geschrieben habe, verwickelt und profitieren daraus, entweder direkt oder indirekt. Der Drogenhandel verstärkt den Staatesverfall mittels Korruption und Gewaltanwendung, weil er die Mängel des bereits geschwächten Staates für seine Zwecke missbraucht und ihn somit weiterhin aushöhlt.

4.7. Sind die Auswirkungen des Drogenbusiness in Kolumbien auf westeuropäische Staaten übertragbar?

Bei diesem Punkt geht es mir darum, zu überlegen, inwiefern sich die Auswirkungen des Drogenbusiness auf die kolumbianische Staatlichkeit auch auf westeuropäische Staaten übertragen lassen. Ich vermute, dass die beiden schwerwiegendsten Auswirkungen auf Kolumbien, nämlich Korruption und Gewaltanwendung, auch in Westeuropa zu finden sein werden. Wenngleich diese Effekte nicht in einer derartig dreisten und offensichtlichen Weise von statten gehen dürften. Schließlich ist das wichtigste Milieu der Akteure der illegalen Geschäfte mit Drogen die Unauffälligkeit und die „Unsichtbarkeit". Auffälligkeit würde Aufmerksamkeit, die Zerschlagung des lukrativen Geschäftes und Strafverfolgung mit sich bringen.

Ich gehe davon aus, dass die Korruption von staatlichen Institutionen relativ verbreitet ist, setzt sie doch bei allen Beteiligten Stillschweigen voraus und könnte sich als geeignetes Mittel zur Interessensdurchsetzung herausstellen. Die Gewaltanwendung wird wahrscheinlich im Normalfall lediglich als Drohinstrument eingesetzt und nur im äußersten Notfall dürfte es z.B. zu Morden kommen. Gewalt bringt in der Folge die Aufmerksamkeit der Justiz, der Exekutive, der Medien und der Öffentlichkeit mit sich und ist für die Interessen der Akteure des Drogenbusiness eher nachteilig.

Weiter gehe ich davon aus, dass manche der komparativen Kostenvorteile nach Zinecker[72] auch auf westeuropäische Staaten zutreffen. Demgemäß eignen sich z.B. Hafenstädte ebenfalls als Umschlagplatz für Drogenlieferungen aus den klassischen Anbauländern. Dabei könnte eine langjährige Schmuggelerfahrung bei der Infrastruktur des Drogenhandels eine Rolle spielen. Ein anderer Punkt ist, dass es nach Westeuropa ebenfalls starke Migrationsbewegungen gibt. Ich glaube, dass sich desgleichen durch die Geldüberweisungen der Arbeiter an ihre Familienangehörigen in ihrer Heimat informelle Kanäle ergeben, die zur Geldwäsche besonders beeignet sind. Das Problem bei der Erfassung dieser Mittel ist die mangelnde Quellenlage.

Ich werde diese Beurteilungen im Kapitel über die Auswirkungen des Drogenbusiness auf Staatlichkeit in Westeuropa einbringen und zu überprüfen versuchen.

Anmerkungen:

[1] Bandat, Sabine/ Engelberth, Verena/ Hoffstädterrova, Jana u.a.: Area Studies I: Lateinamerika: Kolumbien, In: Url: http://evakreisky.at/2003-2004/staatkrieg/referat08_a.pdf (2.1.2005), S.4.

[2] Das damalige Groß-Kolumbien umfasste das heutige Kolumbien, Venezuela und Ecuador. Ab 1822 kam Panama dazu. 1830 spalteten sich Venezuela und Ecuador ab, 1903 auch Panama. (N.n.: Großkolumbien, In: Url: de.wikipedia.org/wiki/Großkolumbien (7.2.2005)).

[3] Drekonja-Kornat, 2004, S.149.

[4] N.n.: Kolumbien – Basisdaten, 2003, In: Url: evakreisky.at/2003-2004/staatkrieg/referat08_b.pdf (1.2.2005), S.1ff.

[5] In der Fachliteratur tritt statt der Periode 1948 bis 1957 auch der Zeitraum 1948 bis 1958 auf. Der Unterschied lässt sich damit erklären, dass er von der Fest-

setzung des Kriegsbeginns abhängt, womit es reine Definitionssache zu sein scheint.

[6] Basagic, 2003, S.5.

[7] Krauthausen, 1997, S.100ff.; Drekonja-Kornat, 2003, S.11; Wasserer, 2003, S.1; Ernst, 2000, S.15ff.; Gamboa Lopez, 1995, S.60f.; Kovermann, 2004, S.9f.; Kurtenbach, Sabine: Kolumbien (Violencia), 15.7.2002, In: Url: http://www.sozialwiss.uni-hamburg.de/publish/Ipw/Akuf/kriege/019_kolumbien.htm (2.2.2005).

[8] Krauthausen, 1997, S.101.

[9] Meiner Meinung nach wurde die Übereinkunft des „Frente Nacional" in der Praxis das erste Mal durchbrochen, als der unabhängige Álvaro Uribe Vèlez 2002 zum Präsidenten gewählt wurde.

[10] Basagic, 2003, S.5.

[11] Wasserer, 2003, S.1; Kovermann, 2004, S.9f.; Kurtenbach, Sabine: Kolumbien (Violencia), 15.7.2002, In: Url: http://www.sozialwiss.uni-hamburg.de/publish/Ipw/Akuf/kriege/019_kolumbien.htm (2.2.2005).

[12] Kovermann, 2004, S.10.

[13] Drekonja-Kornat, 2003, S.11f.; N.n.: Kolumbien. Staat und Politik, In: Url: http://www.inwent.org/v-ez/lis/colombia/seite2.htm (7.2.2005).

[14] Drekonja-Kornat, 2003, S.11ff.; Basagic, 2003, S.3f.

[15] Bandat, Sabine/ Engelberth, Verena/ Hoffstädterrova, Jana u.a.: Area Studies I: Lateinamerika: Kolumbien, In: Url: http://evakreisky.at/2003-2004/staat-krieg/referat08_a.pdf (2.1.2005), S.3f.

[16] Basagic, 2003, S.5.

[17] Blumenthal, Hans R.: Kolumbien: Träume vom Frieden, Realitäten des Krieges, International Politics and Society 2/2000, Apr. 2000, In: Url: http://www.fes.de/IPG/ipg2_2000/artblumenthal.html (7.2.2005).

[18] Maaß, 2003, S.22.

[19] Blumenthal, Hans R.: Kolumbien: Träume vom Frieden, Realitäten des Krieges, International Politics and Society 2/2000, Apr. 2000, In: Url: http://www.fes.de/IPG/ipg2_2000/artblumenthal.html (7.2.2005).

[20] Nissen, Astrid: Kolumbien (FARC), 4.2.2003, In: Url: http://www.sozialwiss.uni-hamburg.de/publish/Ipw/Akuf/kriege/019_kolumbien.htm (2.2.2005); Maaß, 2003, S.23f.; Weiss, 2002, S.148f.; Ernst, 2000, S.31ff.

[21] Nissen, Astrid: Kolumbien (FARC), 4.2.2003, In: Url: http://www.sozialwiss.uni-hamburg.de/publish/Ipw/Akuf/kriege/019_kolumbien.htm (2.2.2005); Maaß, 2003, S.23f., S.64f.; Weiss, 2002, S.148f.; Ernst, 2000, S.31ff.; Blumen-

thal, Hans R.: Kolumbien: Träume vom Frieden, Realitäten des Krieges, International Politics and Society 2/2000, Apr. 2000, In: Url: http://www.fes.de/IPG/ipg2_2000/artblumenthal.html (7.2.2005).

[22] Maaß, 2003, S.24; Bandat, Sabine/ Engelberth, Verena/ Hoffstädterrova, Jana u.a.: Area Studies I: Lateinamerika: Kolumbien, In: Url: http://evakreisky.at/2003-2004/staat-krieg/referat08_a.pdf (2.1.2005), S.6; Petermann, Jan-Henrik: Kolumbien (ELN), 13.7.2004, In: Url: http://www.sozialwiss.uni-hamburg.de/publish/Ipw/Akuf/kriege/079ak_kolumbien.htm (2.2.2005); Nissen, Astrid: Kolumbien (ELN), 15.7.2004, In: Url: http://www.sozialwiss.uni-hamburg.de/publish/Ipw/Akuf/kriege/079_kolumbien.htm (2.2.2005); Weiss, 2002, S.150; Ernst, 2000, S.36f.; Blumenthal, Hans R.: Kolumbien: Träume vom Frieden, Realitäten des Krieges, International Politics and Society 2/2000, Apr. 2000, In: Url: http://www.fes.de/IPG/ipg2_2000/artblumenthal.html (7.2.2005).

[23] Ibd.

[24] Scholtys, Britta: Politische Kehrtwende im Kampf gegen die Guerilla?, 22.08.2004, In: Url: http://www.tagesschau.de/aktuell/meldungen/0,1185,OID3538702_REF_NAVSPM3~3547118,00.html (8.2.2005).

[25] Blumenthal, Hans R.: Kolumbien, Bonn, 1999, In: Url: http://library.fes.de/fulltext/stabsabteilung/00823003.htm#LOCE9E3 (7.2.2005); Weiss, 2000, S.140ff.

[26] Weiss, 2000, S.143.

[27] Ibd., S.141ff.; Maaß, 2003, S.26ff.

[28] Weiss, 2000, S.143; N.n.: Kolumbien. Staat und Politik, In: Url: http://www.inwent.org/v-ez/lis/colombia/seite2.htm (7.2.2005); Maaß, 2003, S.25.

[29] Weiss, 2000, S.143.

[30] Blumenthal, Hans R.: Kolumbien, Bonn, 1999, In: Url: http://library.fes.de/fulltext/stabsabteilung/00823003.htm#LOCE9E3 (7.2.2005); Weiss, 2000, S.143ff.; Maaß, 2003, S.25f.; Wasserer, 2003, S.1; Neugschwandtner, 2003, S.8.

[31] Blumenthal, Hans R.: Kolumbien, Bonn, 1999, In: Url: http://library.fes.de/fulltext/stabsabteilung/00823003.htm#LOCE9E3 (7.2.2005); Maaß, 2003, S.26, 70f.; Weiss, 2000, S.145f.; Neugschwandtner, 2003, S.8.

[32] Zinecker, 2004, S.7f.

[33] Mittermayer, 1997, S.43; Krauthausen, 1997, S.110ff.; Lessmann, 2003, S.91f.; N.n.: Kolumbien. Wirtschafts- und Entwicklungszusammenarbeit, In: Url: http://www.inwent.org/v-ez/lis/colombia/seite3.htm (7.2.2005); Daun, 2003, S.104.

[34] Bandat, Sabine/ Engelberth, Verena/ Hoffstädterrova, Jana u.a.: Area Studies I: Lateinamerika: Kolumbien, In: Url: http://evakreisky.at/2003-2004/staat-krieg/referat08_a.pdf (2.1.2005), S.18f; Weiss, 2000, S.103; Ernst, 2000, S.96f.; Ambos, 1996, S.24ff.; Mittermayer, 1997, S.44f.; Lessmann, 1996, S.214f.

[35] Ibd.

[36] Lessmann, 1996, S.213ff.

[37] Krauthausen, 1997, S.169ff.

[38] Lessmann, 1996, S.213ff.; Krauthausen, 1997, S.169ff.

[39] Maaß, 2003, S.68.

[40] Rütsche, Bruno: Kolumbien: Versuch einer Konfliktanalyse, Kolumbien-Monatsbericht, Nr.2/2002, Feb. 2002, In: Url: http://www.kolumbien-aktuell.ch/Publikationen/doku1.html (8.2.2005).

[41] Daun, 2003, S.104.

[42] Ibd., S.104f.

[43] Zinecker, 2004, S.9ff.

[44] Napoleoni, 2004, S.65.

[45] N.n.: Plan Colombia, 2003, In: Url: evakreisky.at/2003-2004/staat-krieg/referat08_b.pdf (1.2.2005), S.14.

[46] Chomsky, Noam: Plan Colombo, Z Magazine, März 2000, In: Url: http://www.chomsky.zmag.de/artikel.php?id=35 (8.2.2005).

[47] Ibd.

[48] Drekonja-Kornat, 2003, S.13ff.; Lessmann, 2003, S.100f.; N.n.: Kolumbien. Staat und Politik, In: Url: http://www.inwent.org/v-ez/lis/colombia/seite2.htm (7.2.2005); N.n.: Plan Colombia, 2003, In: Url: evakreisky.at/2003-2004/staat-krieg/referat08_b.pdf (1.2.2005), S.14.

[49] Feichtinger, 2003, S.38ff.; Lessmann, 2003, S.100ff.; N.n.: Kolumbien. Staat und Politik, In: Url: http://www.inwent.org/v-ez/lis/colombia/seite2.htm (7.2.2005); N.n.: Plan Colombia, 2003, In: Url: evakreisky.at/2003-2004/staat-krieg/referat08_b.pdf (1.2.2005), S.14.

[50] Weiss, 2000, S.174.

[51] Azzellini, Dario: Coca Columbien. War on Drugs, 2002, In: Url: http://www.nadir.org/nadir/initiativ/agp/free/colombia/war_on_drugs.htm (8.2.2005).

[52] Mittermayer, 1997, S.84.

[53] Hippler, Jochen: Gewaltkonflikte, Konfliktprävention und Nationenbildung. Hintergründe eines politischen Konzepts, 2003, In: Url: http://www.jochen-hippler.de/Aufsatze/Nation-Building_Einleitung/nation-building_einleitung.html (2.3.2004).

[54] Daun, 2003, S.103.

[55] Mittermayer, 1997, S.86.

[56] Amendt, 1990, S.251; Lessmann, 2003, S.101.

[57] Feichtinger, 2003, S.41f.; Maaß, 2003, S.51ff.

[58] Basagic, 2003, S.3.

[59] Daun, 2003, S.103.

[60] Zinecker, 2004, S.4, (zit. nach: Leal Buitrago, Francisco: Political Crisis and Drug Trafficking in Colombia. Two Lectures, Papers on Latin America, Nr.21, Columbia, 1991, S.12).

[61] Zinecker, 2004, S.4f.; Feichtinger, 2003, S.40f.

[62] Zinecker, 2004, S.5f.; Daun, 2003, S.105; Lessmann, 1996, S.210; Krauthausen, 1997, S.116ff.; Feichtinger, 2003, S.41f.

[63] Zinecker, 2004, S.6f.

[64] Daun, 2003, S.105ff.; Lessmann, 1996, S.215f.

[65] Lessmann, 1996, S.215.

[66] Daun, 2003, S.106f.

[67] Lessmann, 1996, S.216.

[68] Ibd.

[69] Daun, 2003, S.109.

[70] Ibd., S.109f.

[71] Lessmann, 1996, S.207.

[72] Im Abschnitt 4.6. „Die Auswirkungen des Drogenhandels auf Staatlichkeit – Staatsschwäche in Kolumbien" bin ich auf die komparativen Kostenvorteile von Heidrun Zinecker eingegangen.

5. Charakteristika von westeuropäischen Staatlichkeiten

5.1. Definition von Staatlichkeit

Im Folgenden werde ich als Grundlage für die Betrachtung von Staatlichkeit den modernen Staat, der sich in Europa im Laufe des 16. und 17. Jahrhunderts herausgebildet hat, verwenden.[1] Dieser ist die vorerst letzte Entwicklungsstufe eines langwierigen historischen Prozesses. Den modernen Staat kennzeichnet Souveränität nach innen und nach außen, in deren Folge sich ein System von international souveränen Staaten gebildet hat. Mittlerweile wird jedoch die Gleichwertigkeit der Staaten angezweifelt.[2] Die Herrschaftsausübung des modernen Staates erfolgt mittels politischer Institutionen in der Legislative (Parlamente), der Judikative (Gerichtswesen) und der Exekutive (Polizei und Armee) und umfasst einen staatlichen Verwaltungsapparat.[3] Ich verwende den Begriff Staatlichkeit als Synonym für den modernen Staat, wobei die Begriffe aus stilistischen Gründen variiert werden. Der Mehrzahlbegriff Staatlichkeiten soll ausdrücken, dass es in Westeuropa keine einheitliche Staatlichkeit, sondern verschiedene Ausprägungen gibt. Meine Definition von Staatlichkeit ist die, wonach es ein komplexes Gebilde ist, bei dem die vielfältigen Akteure und Institutionen um die Macht und Herrschaft ringen.

Unter dem Aspekt betrachtet, dass sich in den Wissenschaften, vor allem jedoch in der Politikwissenschaft, kein Konzept von Staatlichkeit durchsetzen konnte, werde ich mich auf den Staatsbegriff von Max Weber stützen, gerade weil er als Vordenker des westlichen Staatsentwurfes gilt. Zusätzlich wird Webers Annäherung an Staatlichkeit von vielen Autoren als Ausgangspunkt verwendet.[4] Jedoch möchte ich in Anlehnung an diese Definition den Begriff von Staat um einige Merkmale erweitern.

Ich möchte zwei Zitate von Max Weber anführen, die sein Staatsverständnis beschreiben. Demnach ist der Staat

> „diejenige menschliche Gemeinschaft, welche innerhalb eines bestimmten Gebietes (...) das Monopol legitimer physischer Gewaltsamkeit für sich (mit Erfolg) beansprucht."[5]

Weiter schreibt Weber:

> „Staat soll ein politischer Anstaltsbetrieb heißen, wenn und insoweit sein Verwaltungsstab erfolgreich das Monopol legitimen

physischen Zwanges für die Durchführung der Ordnung in Anspruch nimmt."[6]

Für die Existenz und Funktionsfähigkeit moderner Staatlichkeit sind folgende drei Merkmale nach Max Weber relevant: Auf dem definierten Staatsterritorium kann der Staat das physische Gewaltmonopol über seine von ihm definierte Gesellschaft durchsetzen. Seine Herrschaft soll legitimiert sein, um Dauerhaftigkeit und Stabilität zu gewährleisten. Dies ist der Idealtypus des Staates.[7]

Nach diesem Verständnis sorgt für Weber nicht die bloße Existenz des Staates für Macht, sondern erst im Rahmen seines Wirkungsbereiches etabliert sich seine Herrschaft.[8] Macht bedeutet für Weber die Fähigkeit zur Durchsetzung des eigenen Willens gegen das Begehren eines anderen und die Bereitschaft, diese Fähigkeit einzusetzen.[9] Herrschaft ist eine spezielle und strukturierte Form von Macht.[10] Dieser Wirkungsbereich des Staates findet auf einem Territorium, wo das Gewaltmonopol erst durch die Legitimität der Herrschaft Berechtigung erlangt, statt.[11] Legitimität betrachtet Weber als wertneutral, ohne ideologische Komponente.[12] In diesem Zusammenhang wird Weber oft ein Vorwurf gemacht, dass er insbesondere dem Gewaltmonopol eine zu zentrale Bedeutung beimisst. Weber schreibt jedoch, dass die physische Gewaltsamkeit nicht das alleinige, aber ein dem Staat spezifisches Mittel ist.[13]

Friederike Maaß ergänzt die genannten Eigenschaften von Staatlichkeit sinnvollerweise um zwei weitere nach Charles Tilly und Norbert Elias, nämlich das Rechtsmonopol, wonach lediglich dem Staat die Befugnis zukommt, verpflichtende Regeln festzulegen, sowie das Abgabemonopol, wobei dem Staat das Privileg der Steuererhebung zukommt.[14]

Zu einem intakten Staat gehört auch die Steuerungsfähigkeit der zentralen Funktionen des Staates. Ich habe mich bei der Wahl der Einteilung der Staatsfunktionen, welche von den unterschiedlichen Autoren different dargestellt werden, für Ulrich Schneckener entschlossen, da mir seine Klassifizierung am plausibelsten erschien. Schneckener führt nach Jennifer Milliken und Keith Krause drei grundlegende Aufgabenbereiche an: Sicherheits-, Wohlfahrts- und Rechtsstaatsfunktion.[15]

Die Herstellung der Sicherheit intern und extern, besonders die öffentliche Sicherheit und Ordnung, sind zentrale Staatsaufgaben im Bereich der Sicherheit. Dabei spielt das Gewaltmonopol bei ihrer Umsetzung eine wichtige Rolle. Daneben wirken die staatlichen Institutionen der Verwaltung zur Kontrolle der Ressourcen und die Exekutive zur Beilegung von Konflikten und Entwaffnung privater Akteure mit.[16]

Die Wohlfahrtsfunktion meint, dass der Staat ein Mindestmaß an sozioökonomischem Wohlstand durch Dienst- und Transferleistungen, sowie die Umverteilung von Ressourcen zugunsten von Benachteiligten erbringt. Alle drei werden zumeist durch Staatseinnahmen finanziert und erstrecken sich auf Staatsbereiche vom Bildungs- bis zum Wirtschaftsbereich.[17]

Im Zentrum der Legitimitäts- und Rechtsstaatsfunktion des Staates stehen die politischen Partizipationsrechte und die Beteiligung an politischen Entscheidungsverfahren, die Qualität des Rechtsstaats, des Justizwesens und der öffentlichen Verwaltung, sowie die Stabilität politischer Institutionen.[18]

Der moderne Staat als ein komplexes Gebilde, wie ich ihn oben charakterisiert habe, hat sich erst in den 1950ern in West- und Nordeuropa, in den 1970ern in Südeuropa (Griechenland, Portugal und Spanien), in den 1990ern in Mittel-, Ost- und Südwesteuropa, vollständig ausgeprägt. Dieses westliche Staatsmodell konnte aber auch in anderen Regionen der Welt expandieren. Dennoch gibt es bei der Organisierung von Staatlichkeit die unterschiedlichsten Ausformungen, womit es trotz aller Gemeinsamkeiten keine allgemeingültige, einheitliche Staatlichkeit gibt, nicht einmal in Westeuropa.[19]

5.2. Typologien von Staatlichkeit

In diesem Abschnitt geht es mir darum, durch die Typologisierung der Staaten ein diffenziertes Bild der Staatlichkeiten zu erhalten und die Abnahme von Stabilität und Leistungsfähigkeit sowie die Unfähigkeit, öffentliche Dienstleistungen bereitzustellen, zu dokumentieren. Hierzu hat Lambach ein Kontinuum graphisch dargestellt[20], wonach an einem Pol die idealtypische, also gefestigte Staatlichkeit nach Weber („strong state") steht und am anderen Pol der zerfallene Staat („failed bzw. collapsed state"). Dazwischen gibt es weitere Ausformungen, wobei Lambach zwei herausgreift. Zum einen ist dies der schwache Staat („weak state"), welcher dem Idealstaat am nächsten ist und zum anderen der versagende oder zerfallende Staat („failing state"), der wiederum näher beim Staatszerfall liegt.[21] Dies sind lediglich zwei Zustände von Staatlichkeit, die exemplarisch aus diesem Kontinuum herausgegriffen worden sind. Wie die Grafik zeigt, ist es schwierig, diese einzelnen Momente genau voneinander abzugrenzen, deswegen ist auch auf die Fixierung der einzelnen Staatentypen mittels Punkten auf der Ebene verzichtet worden. Es wäre zu schwierig, problematisch und vereinfachend, diese festzumachen. Um die Komplexität eines solchen

Musters zu verdeutlichen, sind die Übergänge bewusst fließend gestaltet.

Abbildung 2: Kontinuum der Staatlichkeit[22]

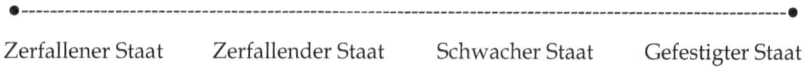

●--●

Zerfallener Staat   Zerfallender Staat   Schwacher Staat   Gefestigter Staat

Diese Einteilung ist in den neueren Forschungsarbeiten vielfach dokumentiert und scheint sich durchgesetzt zu haben, zudem schließe ich mich ihr an. Meiner Meinung nach lassen sich diese Phänomene besser durch die Darstellung auf einer Ebene erklären, als mit einer stufenförmigen Darbietung, welche die Beziehungen der differenten Typen untereinander vernachlässigt und somit vereinfacht wäre. Dennoch gibt es bei der Definition der Begriffe und der Abgrenzung untereinander Uneinigkeit. Ich möchte noch darauf hinweisen, dass diese Typologie nicht als Stadienmodell gedacht ist, wobei die Staaten die einzelnen Etappen zu absolvieren haben.[23] Ein Staat kann also z.B. direkt vom schwachen zum gefestigten Typ übergehen oder andersrum. Ich werde auf jede der Typologien kurz eingehen und sie beschreiben, doch ich möchte mein Hauptaugenmerk auf die gefestigte Staatlichkeit legen, denn diese ist primär für die Themenstellung in diesem Buch von Interesse.

Staatszerfall

Ich möchte mit dem Staatszerfall beginnen. Dieser kann mit einer Negativdefinition, nämlich wenn ein Staat die Merkmale des Idealtypus nach Webers Vorbild nicht erfüllt, erklärt werden.[24] Eine andere Definition, die jedoch inhaltlich dieser ähnelt, ist die, wonach der Staatszerfall ein Prozess ist, an dessen Ende der völlige Zusammenbruch der Staatlichkeit, seiner Strukturen und seiner Legitimität steht. Die Gründe hierfür sind die Unfähigkeit des Staates, seine Funktionen zu erfüllen, öffentliche Güter bereitzustellen und der Verlust des Gewaltmonopols. An seiner Stelle treten nichtstaatliche Akteure, die für Ordnung und Sicherheit sorgen, welche jedoch oft auf Gewaltanwendung zurückzuführen ist. Dies führt allerdings nicht zwangsläufig zur Anarchie. Aktuelle Beispiele für zerfallene Staaten sind Afghanistan, Somalia, Sierra Leone, Liberia und der Irak.[25]

Eine Variante stellt der partielle Staatszerfall dar. Dabei verliert der Staat auf einem gewissen Gebiet seines Territoriums das Gewaltmonopol, seine Integrität und damit seine Legitimität an nichtstaatliche Akteure. Dies ist vor allem in Bürgerkriegsgebieten, wie z.B. im Sudan oder Senegal, zu beobachten.[26] Es gibt jedoch auch Erklärungsansätze, die diese Eigenschaften bereits der Staatsschwäche zuordnen.[27] Eine weitere Variante sind Staaten, die in neue Staaten zerfallen sind. Die neue Staatsbildung kann auch gewaltfrei und auf Verhandlungsbasis vonstatten gehen. Beispiele dafür sind die Sowjetunion oder die Tschechoslowakei. Jugoslawien ist im Gegensatz dazu ein Beispiel für die gewaltsame Staatsbildung.[28]

Die Problematik des Staatszerfalls wird dadurch verschärft, dass nichtstaatliche Akteure im Rahmen des Konfliktes nicht ausschließlich politische Interessen verfolgen, sondern nach Macht und wirtschaftlichem Gewinn streben. Bei den daraus resultierenden privatisierten Kriegen geht es nunmehr um materielle Profite, wie die Waffen- und Drogenökonomie, aber auch die Nutzung der natürlichen Ressourcen wie z.B. Erdöl und Diamanten.[29]

Staatsversagen und Staatsverfall

Der nächst Staatstypus ist der versagende oder zerfallende Staat. Er gilt als abgeschwächte Form des Staatszerfalls und wird gemeinhin als Form beschrieben, in der das Gewaltmonopol, die Sicherheit und andere Funktionen nicht mehr gewährleistet werden können, jedoch gewisse Steuerungsmöglichkeiten intakt sind, womit die Staatlichkeit an sich nicht in Frage gestellt wird.[30] Erdmann führt dazu Trutz von Trotha an, die in diesem Kontext meint, dass nichtstaatliche Akteure teilweise die staatliche Souveränität übernehmen, ohne jedoch den Staat per se zu verdrängen oder ihn in Frage zu stellen.[31] Vielmehr wird ein Teil des Territoriums von nichtstaatlichen Akteuren kontrolliert, wobei in diesem Bereich auch keine staatlichen Leistungen vollbracht werden können. Beispiele dafür sind Kolumbien, Indonesien oder Georgien. Hierbei handelt es sich formal gesehen um demokratische Staaten mit einem hohen Privatisierungs- und Kriminalitätsgrad.[32]

Staatsschwäche

Als nächstes möchte ich auf die Staatsschwäche eingehen. Diese liegt vor, wenn das staatliche Gewaltmonopol existiert und damit die Sicherheitsfunktion gegeben ist. Doch dieser Typus hat ein Defizit bei anderen Staatsfunktionen, nämlich die Wohlfahrtsversorgung und die Legitimitationsbasis. Dies trifft auf z.B. Peru, Venezuela, Albanien, Mazedonien, nahezu alle afrikanische sowie zahlreiche arabisch-islamische Staaten zu. Diese Staaten können ihre Bevölkerung zwar mit den wichtigsten Dienstleistungen versorgen und damit ein Mindestmaß an Stabilität garantieren, jedoch gibt es Legitimitätsprobleme, da sie spärliche rechtsstaatliche Strukturen aufweisen und die Bereitstellung von Wohlfahrtsleistungen für die Bevölkerung fehlt. Dennoch führt dieser Zustand nicht notwendigerweise zu einem zerfallenden oder zerfallenen Staat.[33]

Staatsschwäche wirkt sich insofern aus, als es Schwierigkeiten bei der Aufrechterhaltung der logistischen Infrastruktur, des Gesundheits- und Bildungssystems gibt. Genauso gibt es Implementierungsprobleme bei den Aufgaben des Verwaltungsapparates, die Kriminalität nimmt stark zu und die Korruption ist allgegenwärtig. Diese Effekte werden von der zunehmenden Privatisierung von Sicherheitsfragen begleitet, womit sich das Gewaltmonopol des Staates langsam aufzulösen beginnt.[34]

Der Prozess kommt dadurch zustande, das der Staat versucht, gewisse Bereiche auszugliedern, die einen großen finanziellen Aufwand bedeuten. Einer davon ist der Sicherheitsbereich. Das bedeutet, dass vermehrt private Firmen mit Sicherheitsaufgaben betraut werden, um die Kosten für den Staat zu senken. Zudem stellen auch immer mehr wirtschaftliche Unternehmen private Sicherheitsfirmen an, da sie bzw. ihre Angestellten sich nicht ausreichend von den staatlichen Exekutivapparaten, wie der Polizei, geschützt und sicher fühlen. Doch durch die vermehrte Beanspruchung von privaten Firmen für Sicherheitsfragen beginnt sich auch das staatliche Gewaltmonopol zu verlagern. Der Verlauf geht noch weiter, weil den privaten Unternehmen eine neue Bedeutung zukommt, die bisher ausschließlich in staatlicher Hand war. Es können sich Wirtschaftsbereiche etablieren, die in direktem Zusammenhang mit der neuen Aufgabenverteilung stehen. Damit werden bei Sicherheitsfragen zunehmend wirtschaftliche Interessen von Bedeutung sein und die politischen und wirtschaftlichen Partikularinteressen der Sicherheitsökonomie können sich leichter gegenüber dem Allgemeinwohl durchsetzen.[35]

Gefestigter Staat

Zum Schluss möchte ich den gefestigten, stabilen und idealtypischen Staat beschreiben. Hierbei werden alle wichtigen Funktionen und Merkmale von Staatlichkeit längerfristig erfüllt, wobei sich diese Aufgaben wechselseitig begünstigen und stabilisieren.[36]

Dabei verfügt der Staat über etablierte und differenzierte Machtstrukturen. Die Bevölkerung kann die Träger ihrer Herrschaft bestimmen und verfügt über weitere politische Freiheiten. Die staatlichen Gewalten kontrollieren sich wechselseitig und sichern ihren BürgerInnen gewisse Rechte zu. Die staatlichen Institutionen sind stabil, effektiv und hinreichend akzeptiert. Es bestehen stabile Repräsentationsmuster zur politischen und gesellschaftlichen Integration der BürgerInnen. Ein weiteres Merkmal der stabilen Staatlichkeit ist die marktwirtschaftliche Orientierung. Damit ist die Wettbewerbsfähigkeit der eigenen Ökonomie durch die Schaffung von adäquaten institutionellen Rahmenbedingungen gemeint.[37] Ich werde hierzu im Abschnitt über die Transformation von Staatlichkeit in Westeuropa etwas konkreter werden, denn beide Punkte sind miteinander verflochten. Auf eine allzu detaillierte Beschreibung dieses Typus von Staatlichkeit werde ich verzichten, da es den Rahmen meiner Arbeit überschreiten würde.

Diese gefestigte Staatlichkeit trifft auf alle reiche und mächtige Industrienationen, die OECD-Mitglieder der 1990er Jahre (Polen, Slowakei, Südkorea, Ungarn und die Tschechische Republik) und auf einige Länder, die nicht Mitglied der OECD sind (die baltischen Staaten, Slowenien, Kroatien, Südafrika, Chile, Uruguay und Taiwan) – trotz vereinzelter Krisen – zu.[38]

Die idealtypische Staatlichkeit gibt es zur Zeit nicht, und kann es meiner Meinung nach nicht geben, denn Staatlichkeit ist fortwährend ein Teil eines globalen und komplexen Prozesses. Durch das Zusammentreffen der mannigfaltiger Kräfte bzw. Akteure mit unterschiedlichen Interessen wird eine Dynamik erzeugt, welche die praktische Umsetzung eines theoretischen Idealzustandes unmöglich macht. Ich bin davon überzeugt, dass lediglich eine Annäherung an diesen Idealtypus möglich ist, die auch von einer Anzahl an Staaten erreicht wird. Diese Staaten können als gefestigt und gut funktionierend beschrieben werden.

Eine Eigenheit der gefestigten Staatlichkeiten in Westeuropa ist, dass sie zum einen in sich nicht einheitlich, sondern von Varianzen geprägt sind und zum anderen befinden sie sich in einem Transformationsprozess, auf den ich im nachfolgenden Abschnitt eingehen will. Die Staatlichkeiten in Westeuropa unterscheiden sich hinsichtlich der Gestaltung der Merkmale des Staates sowie der Ausprägung der Staatsfunktionen und der Aufgaben. Ich will im Folgenden auf einige Unterschiede eingehen.

Ein Unterscheidungsmerkmal der Staatlichkeiten in Westeuropa ist die Art, wie die politische Staatsmacht organisiert ist.[39] Zum einen gibt es zentralistische Staaten, bei denen die politischen Kompetenzen im Zentrum konzentriert sind und zu denen z.B. die Französische Republik und Italien gehören.[40] Zum anderen existieren föderalistische Staaten, dabei ist die politische Macht dezentral organisiert. Zu ihnen zählen die Bundesrepublik Deutschland, Belgien und Österreich.[41]

Ein weiterer Unterschied ergibt sich aus der Ausprägung der inneren Rechtsordnung. Es wird zwischen der Rechtssprechung des „common law" und des „droit civil" unterschieden. Das erste wird in der angelsächsischen Welt (z.B. Großbritannien) ausgeübt und meint, dass die Gerichte bei der Interpretation der Gesetze auch die sich verändernden gesellschaftlichen Gegebenheiten berücksichtigen. Das „droit civil" wird überwiegend im restlichen Europa angewendet und sieht vor, dass die Gesetze möglichst unverfälscht umgesetzt werden sollen.[42]

In Bezug auf die Ausformung politischer Demokratie und des politischen Systems ergeben sich wiederum Unterschiede bei den westeuropäischen Staatlichkeiten. Um einige Beispiele zu nennen: Es gibt das parlamentarische oder präsidentielle System, die repräsentative oder direkt-demokratische Demokratie, sowie die Mehrheits- (dabei werden politische Entscheidungen auf Basis des Mehrheitsprinzips getroffen) oder Konkordanzdemokratie (mit Hilfe von arrangierten Kompromissen werden Entscheidungen von Minderheiten im gültigen Einvernehmen getroffen).[43]

Auch hinsichtlich des Wohlfahrtssystems gibt es Differenzen in Westeuropas Staatlichkeiten. Unterschieden wird bei der Gewichtung der zentralen Wohlfahrtsproduzenten, sowie beim Empfängerkreis der Leistungen. Abweichungen gibt es auch bei Zugangsvoraussetzungen zu den Leistungen (z.B. Staatsbürgerschaft, Erwerbsarbeit und Bedürftigkeit), ihrer Finanzierung, dem Leistungsniveau, dem Statuserhalt (z.B. Grundsicherung oder Existenzsicherung) und dem Grad des Zwanges zur Nutzung der eigenen Arbeitskraft. Dabei wird zwischen dem konservativen Wohlfahrtsmodell in Kontinentaleuropa, dem sozialdemokratischen in Skandinavien und dem liberalen in Großbritannien unterschieden.[44] Ich habe lediglich einige Differenzen bei Westeuropas Staatlichkeiten angerissen und die Unterschiede noch nicht erschöpft, weil es den Rahmen des Buches sprengen würde.

Meine Kritik in Bezug auf diese Typologisierung bezieht sich darauf, dass bei der Einteilung gewisse Umstände nicht erfasst werden, die jedoch für die Situation eines Staates von Bedeutung sind. Als Beispiel möchte ich Kolumbien anführen. Dort finden zwar Wahlen statt und politische Ämter werden rechtmäßig besetzt, wie ich im Abschnitt 4.6. über die Auswirkungen des Drogenbusiness auf Staatlichkeit in Kolumbien dargestellt habe. Dies wird mit den Instrumenten dieser Typologisierung erfasst. Ich vermute jedoch, dass diese durch die politischen und wirtschaftlichen Eliten des Staates untergraben werden.

Damit meine ich, dass nach außen hin Demokratie ausgeübt wird, jedoch systemintern Oligarchie vorherrscht und wie zu Zeiten des „Frente Nacional" Wahlen lediglich ein Scheininstrument sind. Solche Vorgänge werden durch diese Typologisierung nicht erfasst. Für Westeuropa gehe ich von ähnlichem aus, denn z.B. die zunehmenden Privatisierungen von Sicherheitsaufgaben sorgen meiner Meinung nach für eine stückweise Durchbrechung des staatlichen Gewaltmonopols und eine anwachsende Verteilung der Gewalt auf private Sicherheitsanbieter. In diesem Sinne möchte ich fragen, ob wirklich von einem gefestigten Staatentypus die Rede sein kann?

5.3. Transformation von Staatlichkeit

Ich gehe nunmehr von der Pluralform Staatlichkeiten zurück auf Staatlichkeit, weil ich ab jetzt Westeuropa als eine Region betrachten und auf seine Transformation hin untersuchen werde. Damit meine ich nicht die Transformation von ehemals autoritären oder durch den Zerfall der Sowjetunion bedingter Staatssysteme zu sogenannten modernen Staaten. Genauso wenig meine ich damit speziell den Wandel von Staatlichkeit im Kontext der Osterweiterung der Europäischen Union. Mit der Transformation von Staatlichkeit meine ich die Veränderung der westeuropäischen Staatlichkeiten durch veränderte politische, wirtschaftliche und gesamtgesellschaftliche Rahmenbedingungen und zwar im Kontext meiner Arbeit, mit dem Fokus auf die Einflussnahme durch das Drogenbusiness. Dieser Prozess der Transformation ist im zeithistorischen Kontext zu sehen, wobei er nur als Momentaufnahme, um aus den historischen Entwicklungen aktuelle Herausforderungen besonders in Bezug auf das Drogenbusiness abzuleiten, gesehen werden kann. Zuerst werde ich allgemein auf die Tendenzen des Wandels von Staatlichkeit in Westeuropa in den letzten Jahrzehnten eingehen. Ich werde diesen Zustand beschreiben, die möglichen Ursachen betrachten und denkbare Konsequenzen analysieren. In einem späteren Kapitel werde ich auch die Rolle des Drogenbusiness einzuschätzen versuchen. Meine Grundüberlegung dabei ist, dass die Grundlage für den Erfolg von staatlicher Seite geschaffen wird und die Transformation von westeuropäischer Staatlichkeit Bedingungen schafft, die für das Drogenbusiness vorteilhaft sind. Umgekehrt kommt meiner Meinung nach dem Drogenbusiness eine verstärkende Rolle beim Wandel von Staatlichkeit zu.

Wodurch kommt es zum Wandel von Staatlichkeit in Westeuropa?

Dieser Frage möchte ich im kommenden Teil nachgehen. Beim „gefestigten Staat" in Westeuropa ist die Tendenz eines Wandels zu erkennen. Ich möchte hier diesen veränderten Zustand beschreiben. Der Beginn des Prozesses wird in der Nachkriegszeit angesiedelt. In der Folge der Krise in den späten 1970er und in den 1980ern kam es zu einer Abkehr des Keynesianisch-korporatistischen Wohlfahrtsstaates. Damit ist die Einbindung von gesellschaftlichen Interessensgruppen in ein regulierendes System gemeint, wodurch die Konsensbildung in sozioökonomischen Fragen gewährleistet wurde. Zentrales Anliegen war dabei die ökonomische Stabilisierung, um Vollbeschäftigung und Wirtschaftswachstum gleichermaßen zu erreichen. Aufgrund von Finanzierungsschwierigkeiten und der Befürchtung eines Produktivitätsrückstandes im Vergleich zu den USA und Japan, wuchs die Sorge um die europäische Wettbewerbsfähigkeit.[45]

Statt des Keynesianischen Wohlfahrtsstaates kam es aufgrund von politischen, ökonomischen und sozialen Wandlungsprozessen zu einem inneren und äußeren Druck, der für eine marktgemäße Modernisierung sorgte. Innerstaatlich, weil die beschriebenen Schwierigkeiten auf die staatlichen Institutionen einwirkten und dies wiederum von außen, durch die internationalen Finanzmärkte und den internationalen Übereinkünften zur Deregulierung, Flexibilisierung und Privatisierung von nationalen Arbeitsmärkten und Sozialsystemen, verstärkt wurde.[46] Dazu muss auch erwähnt werden, dass es die nationalen Regierungen (z.B. die G7 Staaten) waren, die entscheidend an der Initiierung der internationalen Abkommen mitgewirkt haben und somit diesen Prozess ins Rollen brachten. Der Staat selber ist damit an seinem eigenen Funktionswandel beteiligt.[47]

In den 1990ern etablierte sich in Westeuropa eine monetaristische und neoliberale Ausrichtung der Wirtschaftspolitik.[48] Das monetaristische Leitprinzip ist im Gegensatz zum keynesianischen die Angebotsorientierung. Im Falle eines Gewinnrückganges sollen die Kosten gesenkt werden, um eine Steigerung oder eine Stabilisierung des Gewinns zu erreichen. Dabei wird auch vor der Beschneidung von Löhnen nicht Halt gemacht. Im Monetarismus hat die Geldmengenentwicklung und Geldmengensteuerung in einer Volkswirtschaft eine dominierende Bedeutung. Das zentrale Anliegen dieses Modells zum Wirtschaftswachstum ist dabei die Entstaatlichung der Wirtschaft, die Deregulierung des Arbeitsmarktes sowie das Primat der monetären Stabilität. Damit war auch der Umbau der zentralen Funktionen des Staates, besonders im ökonomischen Bereich, verbunden.[49]

Neben der Abkehr vom Keynesianischen Wohlfahrtsstaat gab es zwei weitere Prozesse, die sich ineinander verschränken und verstärken. Zum einen der zunehmende Lobbyismus von transnationalen Unternehmen oder Nichtregierungsorganisationen, die zu einer engeren Kooperation mit der Europäischen Union (besonders der Kommission) führte und dadurch auch deren Legitimationsmechanismen, finanzielle und Wissensressourcen mobilisieren konnte.[50]

Zum anderen das vermehrte Zusammenstreben der verschiedenen Wirtschaftspolitiken in Westeuropa, was vorläufig letztlich in der Schaffung eines gemeinsamen Binnenmarktes und einer Europäischen Währungsunion endete. Somit kann die europäische Integration auch als Teil des neoliberalen Prozesses gesehen werden.[51]

Der politische Wandlungsprozess führte zum Neokonservativismus[52] und die ökonomische Globalisierung zum Neoliberalismus[53]. Dabei kommt es zunehmend zu einer Verquickung der beiden Bereiche. Auf der wirtschaftlichen Ebene hat das Finanzwesen die Produktion als Maxime abgelöst, was zum einen durch die Globalisierung vorangetrieben wurde und zum anderen politische Folgen hatte, indem nämlich die Arbeiterorganisationen an Bedeutung verloren. Das zur Folge hat, dass Gewinne nicht mehr über Produktivität, sondern über Finanzmärkte eingefahren wurden. Das Spielfeld der politischen Auseinandersetzungen verlagerte sich in Richtung Neoliberalismus. Den USA kommt dabei eine besondere Bedeutung zu, da ihr Kapital diesen Prozess beschleunigte.[54] Ich möchte hier bewusst nicht näher auf die Rolle der USA eingehen, sondern sie lediglich andeuten. Ich denke, dass dies die Kapazität meiner Arbeit übersteigen würde und zudem liegt der Fokus dieses Kapitels auf der Transformation von Staatlichkeit in Westeuropa.

Zugleich brachte diese Entwicklung, besonders in den 1990ern, einen Anstieg der sozialen Ungleichheiten. Während die Mehrheit der Bevölkerung der Macht der Märkte unterworfen wurde und die Flexibilisierung der arbeitsrechtlichen Bestimmungen, Lohn- und Leistungsminderungen sowie Langzeitarbeitslosigkeit hinnehmen müssen, bleiben die vergünstigten Konditionen für hochqualifizierte Arbeitskräfte, wohlhabende Leute und für die Konzerne aufrecht. Parallel dazu ist die Spaltung zwischen den Erwerbstätigen und den Erwerbslosen in Westeuropa immanent.[55] Dieser Bruch wird meiner Meinung nach nicht dadurch vollzogen, dass es Erwerbstätige und Arbeitslose gibt, sondern vielmehr durch die Negativ-Bewertung der Erwerbslosen. Der wesentliche Moment dürfte dabei die kapitalistische Disziplinierung der Zivilgesellschaft sein.[56] Das Ziel ist die langfristige Profiterhöhung der oligopolischen Konzerne.

Welche Erscheinungsform hat die Transformation von Staatlichkeit in Westeuropa?

Die Veränderung des Nationalstaates:

An dieser Stelle möchte ich auf eine weitere Veränderung eingehen, nämlich den Bedeutungsverfall des Nationalstaates in Westeuropa, der ebenfalls im Zusammenhang mit den ökonomischen Machtverhältnissen zu sehen ist und an der Transformation von Staatlichkeit mitbeteiligt ist.[57]

Durch veränderte ökonomische Machtverhältnisse im Rahmen der Globalisierung und der Europäischen Union kam es zu einem Bedeutungsverlust nationalstaatlicher Entscheidungsmacht. Der Begriff Nation ist äußerst umstritten und hat demgemäß vielerlei, mitunter äußerst konträre Definitionen.[58] Ich will jedoch mit dem Gedanken an meine Forschungsfrage die Begriffsklärung von Nation beschränken. Voigt versteht Nation als einen natürlichen oder im Laufe der Geschichte beliebigen und deswegen künstlichen Rahmen für das Zusammenleben von Menschen. Für ihn ist zur Gemeinschaftswerdung einer Nation mehr als ethnische Zusammengehörigkeit, die gleiche Sprache und die selbe Kultur notwendig. Voigt führt zum einen äußere Einflüsse wie die Bedrohung von außen und zum anderen die ideologische Absicherung, um längerfristig Machtverhältnisse festzuschreiben, an. Erst dadurch wird das Verhalten der Menschen kalkulierbar und verlässlich. Diese ideologische Komponente kann als Voraussetzung für die Symbolisierung des Wir-Gefühls gesehen werden.[59] Beides gilt als Voraussetzung für eine Nation und beides besorgt den Zusammenhalt oder das Zusammengehörigkeitsgefühl von Menschen z.B. auf einem bestimmten Staatsgebiet, was dann als Nationalstaat zu benennen ist.[60] Den Massenmedien kommt in der heutigen Zeit die bedeutende Rolle des Übermittlers der jeweiligen Ideologien und des Wir-Gefühls zu.[61]

Wie ich bereits erwähnt habe, setzt der moderne Staat Souveränität nach innen und nach außen voraus.[62] Diese Souveränität des Nationalstaates, hier im Besonderen in Westeuropa, nach innen wird durch die Globalisierung beschnitten. Dies kommt dadurch zustande, dass es zunehmend schwierig bis unmöglich wird, frei und ohne Bindungen über die eigenen Angelegenheiten zu bestimmen und für die eigene Zukunft der festgelegten Gesellschaft des Staates zu sorgen. Der Grund hierfür liegt in den Verflechtungen von Nationalstaaten mit der globalen Wirtschaft, mit internationalen Organisationen, mit supranationalen Institutionen und internationalen Militärbündnissen. Besonders die Verlagerung der wirtschaftlichen Entscheidungsmacht von der nationalstaatlichen auf die supra- und internationalen Ebene ist von zentraler Bedeutung. Dies zeigt sich z.B. daran, dass die Politik nationaler Regierungen kaum Einfluss auf die Politik multinationaler Konzerne hat.[63]

Andere Autoren, wie Parnreiter, gehen davon aus, dass durch die Globalisierung die Organisationsstruktur der globalen Wirtschaft von einer internationalen Form in eine transnationale verändert wurde. Damit meint er die Abkehr von zwischenstaatlichen wirtschaftlichen Aktivitäten und der Bedeutungsgewinn der Überschreitung nationaler Grenzen. Dies zeigt auch die Tatsache, dass laut UNCTAD[64] zwei Drittel des Welthandels von transnationalen Konzernen besorgt werden. Parnreiter verweist darauf, dass Nationalstaaten kaum mehr als Einheiten wirtschaftlicher und sozialer Entwicklung verstanden werden können. So verkommen vor allem sogenannte „Entwicklungsländer" zu Exportproduktionszentren, wobei Halbfertigprodukte in einen bestimmten Staat importiert, billig verarbeitet und anschließend ebenso günstig reexportiert werden.[65]

Die Souveränität des Nationalstaates in Westeuropa nach außen wird durch die teilweise Übertragung der Gesetzgebungskompetenz an die Europäische Union unterbunden und bewirkt schließlich einen Souveränitätsverlust des Nationalstaates. Dies wurde endgültig mit dem Maastrichter Vertrag festgeschrieben und realisiert, weil von da an ihre Mitgliedsstaaten nicht mehr ausschließlich zum Träger der Souveränität auf ihrem Staatsgebiet erklärt wurden.[66] Mit diesen beiden Entwicklungen habe ich versucht, den Bedeutungsverfall des Nationalstaates aus zwei Entwicklungen heraus zu erklären. Ich werde in diesem Abschnitt weiter unten noch näher auf beides, sowohl die Folgen der Globalisierung, als auch auf die Veränderungen durch die Europäische Union, eingehen.

Die Transformationsdynamik von Staatlichkeit in Westeuropa ist für Stephen Gill in drei Tendenzen verwirklicht, wobei ich mich im Nachfolgenden damit beschäftigen werde. Die politische Ökonomie ist für ihn in einem „disziplinierenden Neoliberalismus" realisiert worden, den transnationalen staatlichen Regulationsmodus beschreibt er als „neuen Konstitutionalismus" und die gesellschaftliche Ausprägung nennt er „Kultur des Marktes". Bei den drei Dimensionen spielen die Elemente Zwang und Konsens, genauso wie die globale politische Ökonomie eine wichtige Rolle.[67]

Der „disziplinierende Neoliberalismus":

In Folge der verschärfenden Entwicklungen im Zeichen des Neoliberalismus und des daraus resultierten Wettbewerbdruckes kam es zu einer Verknappung der zu verteilenden Ressourcen. Hiervon waren viele Politikfelder betroffen und die Disziplinierung hat sich auf den öffentlichen Sektor niedergeschlagen, genauso wie auf das jeweilige soziale Sicherungssystem, auf die sozialpolitische Regulation und auf die Tarifpolitik. Schließlich hat sich der Anpassungsdruck auf die Löhne und Sozialleistungen strukturell erhöht, da die sozialen Absicherungen wie z.B. Arbeitslosengeld zunehmend gestrichen werden.[68] Hiermit kann die strukturelle Macht des mobilen Finanzkapitals unbestreitbar durchgesetzt werden.[69]

Ein weiterer Aspekt bei diesem Prozess ist die kompetitive Deregulierung. In Gang gesetzt wurde sie durch die zunehmende Globalisierung von Waren- und Kapitalströmen sowie der verstärkten Standortkonkurrenz. Bis heute ist die Harmonisierung durch die Anpassung ersetzt worden, speziell durch die wechselseitige Anerkennung von nationalen Produkt- und Produktionsnormen. Die Anpassung der existenten Regulationsmechanismen an die Bedürfnisse des Marktes erstreckt sich nicht nur auf die hergestellten Produkte, sondern erfasst über den zunehmenden Wettbewerbsdruck auch die wohlfahrtsstaatlichen Regulationssysteme und die industriellen Beziehungen.[70]

Der nächste Punkt soll ebenfalls zeigen, wie die politische Ökonomie Europas durch die neoliberale Modernisierung verändert wurde. Dieser meint die Disziplinierung durch die Aktien- und Finanzmärkte insgesamt in Westeuropa. Sie konnte durch die Integration der Finanzmärkte und die Förderung von Risikokapital erreicht werden. Die EU hat diesen Prozess dadurch begünstigt, als sie ihn vorantrieb. Es konnten EU-weit verbesserte Bedingungen der Kapitalakkumulation geschaffen werden, die wiederum zur Erhöhung des Eigenkapitals der Unternehmen und zur Erweiterung derer Investitions- und Anlagemöglichkeiten führten.[71]

Die Konsequenzen aus den Entwicklungen der kompetitiven Deregulierung sind die wachsende Bedeutung von feindlichen Übernahmen, die Zurückdrängung der Produktionsinteressen, sowie die zunehmende Disziplinierung der Politik durch die Finanzmärkte. Diese Prozesse führen dazu, dass die Konkurrenz unter den nationalen Regierungen in Bezug auf die Standortsicherung zunimmt.[72]

Stephen Gill meint, dass ein „disziplinierender Neoliberalismus" zu einer Neudefinition von Politik führt. Im Wesentlichen können die Regierungen ihre Glaubwürdigkeit (Credibility) gegenüber den Finanzmärkten dadurch unter Beweis stellen, dass sie eine konsequente Politik (Consistency) ausüben und diese mit dem Vertrauen und der Sicherheit der Investoren (Confidence) in Einklang bringen. Dabei geht es darum, dass die Investoren ihre Unsicherheit durch die Ausübung und Sicherung von staatlichem Recht und staatlicher Ordnung, sowie durch die Eigentumsrechte und die Freiheit der Investoren, verkleinern. Der Staat und die Arbeit werden dabei der Disziplin des Marktes unterworfen.[73] Die Unsicherheit kommt dadurch zustande, dass das Agieren auf den Finanzmärkten sehr risikoreich ist und deswegen nach Absicherungsmöglichkeiten gesucht wird. Diese sollen durch eine adäquate staatliche Politik erbracht werden.

Der „neue Konstitutionalismus":

Als nächstes möchte ich auf den „neuen Konstitutionalismus" eingehen. Er ist die politisch-rechtliche Ausformung des „disziplinierenden Neoliberalismus". Eine entscheidende Bedeutung kommt dem „neuen Konstitutionalismus" insofern zu, als er die Macht des Kapitals langfristig und damit schwer zu verändern in den Staat einzuschreiben versucht. Dieser Einschreibprozess wird durch rechtliche Vereinbarungen, konstitutionelle Veränderungen und Institutionalisierung von Standards vollzogen. Er manifestiert sich sowohl national als auch transnational. Somit kommt es in ganz Europa zu einer zusammenhängenden liberalen, konstitutionellen Struktur der politischen Ökonomie und zu einer globalen Wirtschaftsverfassung, welche die neoliberale Neugestaltung zum Ziel hat.[74]

Im Gegensatz zu der oft angenommenen Selbstregulierung des Marktes, basiert die Disziplinierung der neoliberalen Konzepte auch auf starken politischen Entscheidungen. Besonders solche, wie sie von den transnationalen Netzwerken und Institutionen wie der G-7, der OECD, der Weltbank, der Welthandelsorganisation und dem Internationalen Währungsfonds in Bezug auf den Handel, die Finanzmärkte, die Investitionen und die Marktfreiheiten getroffen werden.[75] Diese transnationalen Netzwerke entziehen sich weitestgehend der demokratischen und institutionell legitimierten Verantwortlichkeit und sorgen somit für die Durchsetzung der neoliberalen Reformen, ohne auf nationalstaatliche Legitimationsprobleme achten zu müssen. Die getroffenen

Abmachungen wirken disziplinierend auf die nationalen Staatlichkeiten ein. Dabei werden Anpassungszwänge sozusagen institutionalisiert. Als Beispiel ist der Europäische Binnenmarkt zu nennen, der unter seinen Mitgliedern zum Konkurrenzdruck führte und für die Disziplinierung der nationalen Gewerkschaften sorgte.[76]

Ebenfalls sind transnationale Wirtschaftsakteure (z.B. Großbanken, transnationale Konzerne, Internationale Versicherungen) an diesem Prozess beteiligt. Ihnen scheint jene Rolle zuzukommen, die nationalen Regierungen zur Ausweitung und Absicherung der „Herrschaft des Zwanges" zu treiben und zwar institutionell, vertraglich und regulativ.[77]

Genauso sind die nationalen Eliten in diesen Prozess involviert, indem die Exekutivorgane sukzessiv von der direkten demokratischen Kontrolle ausgeschlossen werden. Dieser konstitutionelle Hintergrund dient als Legitimation und zur Durchsetzung der aus den internationalen Verpflichtungen resultierenden politischen Maßnahmen gegenüber der nationalen Bevölkerung.[78]

Immer mehr staatliche Bereiche werden zudem ausgegliedert, also privatisiert. Dies hat längerfristig negative Konsequenzen für den Staat, denn laut geleisteter Definition gehört es zu seinen Funktionen, seiner Bevölkerung gewisse Dienstleistungen bereitzustellen. Wenn diese Dienstleistungen zunehmend von privaten Firmen oder direkt vom Staat beauftragten Unternehmen erbracht werden, besteht die Gefahr, dass diese mit fortschreitender Zeit nicht adäquat ausgeführt werden können. Schließlich ist heutzutage das Interesse nahezu eines jeden Betriebes, einen möglichst großen Gewinn zu erwirtschaften. Doch dazu werden an allen Ecken und Enden Einsparungen vollzogen, was sich wiederum oftmals nachteilig auf die Qualität der Dienstleistungen auswirkt. Damit will ich sagen, dass private Betriebe zwar effizient Dienstleistungen erbringen können, doch alleine der Staat kann einen gewissen Qualitätsanspruch gewährleisten.

In den letzten Jahren ist zunehmend die Tendenz zu erkennen, dass es in den Bereichen des Sicherheitssektors und der Wohlfahrtsaufgaben des Staates zu Privatisierungen, also die Übertragung der staatlichen Funktionen an private Akteure, kommt. Damit geht jedoch auch ein Rückzug des Staates aus diesen Gebieten einher.[79] Ich gehe davon aus, dass dadurch Lücken entstehen, die nunmehr lediglich von privaten Akteuren gefüllt werden können, wobei es für mich fraglich ist, ob diese im Sinne des Allgemeinwohls operieren.

Die Transformation der Funktionen von Staatlichkeit wird auf zweifache Weise vollzogen. Einerseits werden bestimmte Staatsaufgaben mittels der transnationalen Netzwerke und Institutionen ausgelagert und neu definiert. Es geht vor allem um die Ausweitung und Absicherung der Handlungsmöglichkeiten des transnationalen Finanzkapitals.[80]

Ein Beispiel dafür ist die Europäische Union, welche eine besonders ausgeprägte Form von abgesicherter, neoliberaler Staatlichkeit darstellt. Demokratische Kontrollmöglichkeiten sind dabei beschränkt, die privaten Eigentumsrechte werden beschützt und ein Rahmen für die „neoliberale Disziplinierung" wird geschaffen, indem die Prinzipien des Freihandels und der Wettbewerbsfähigkeit strukturell verankert werden.[81]

Andererseits wird die Transformation von Staatlichkeit durch die tiefgreifende Reorganisation der staatlichen Regulation durchgeführt. Anlässlich des Machtzuwachses des transnationalen Finanzkapitals kommt es zu einer Verschiebung der Gewichte der staatlichen Institutionen. Durch die neoliberale Ausrichtung der internationalen Wettbewerbsfähigkeit werden manche Institutionen, besonders diejenigen, die in den internationalen Finanzkreislauf integriert sind, bedeutender. Währenddessen verlieren manche Institutionen in Bezug auf den Spielraum bei der Sozialpolitik an Einfluss. Dieser Prozess erstreckt sich auch auf die Zivilgesellschaft. Es kommt in der Folge zu einer Veränderung des Systems der politischen Repräsentation, die sich in der sinkenden Wahlbeteiligung und der verstärkten einheitlichen Ausrichtung der Politik zeigt. Mit der zunehmenden Marktanbindung der Politik kommt es schließlich zu einer Veränderung der Kriterien und Arten der staatlichen Interventionen. Dies wirkt sich so aus, dass der Staat seine Regulationen marktnahe und flexibel gestaltet und die Gestaltungsmöglichkeiten für marktkorrigierende Steuerungsmaßnahmen verringert.[82]

Die „Kultur des Marktes":

Die gesellschaftliche Ausprägung der Transformation des Staates nennt Gill die „Kultur des Marktes".[83] Der „disziplinierende Neoliberalismus" und der „neue Konstitutionalismus" können sich nur aufgrund der Tatsache, dass die Zivilgesellschaft in den Prozess durch die „Kultur des Marktes" eingebunden ist, erfolgreich behaupten. Dies zeigen der Machtzuwachs und die zunehmende Transnationalisierung der Kultur- und Medienindustrie, der globalen Finanzmärkte, der Glaube an die Gewinnmaximierung und Effektivität, sowie die negativen Komponenten dazu, nämlich das wachsende Misstrauen in staatliche Institutionen und der Vorwurf der staatlichen Steuergeldverschwendung.[84]

Die fortschreitende Vermarktung bzw. Privatisierung des öffentlichen Sektors machte nur vor einigen Bereichen halt. Sie erstreckt sich über das Gebiet der Kranken- und Pensionssicherung, des Rundfunks und Fernsehens, der Post, der Bahn und anderer Betriebe, an denen der Staat zumindest beteiligt war. Die Grenzen zwischen Staat und Markt verschwimmen immer mehr und die Prinzipien der Effizienz und Gewinnmaximierung breiten sich zusehends aus. Die zunehmende Kommerzialisierung zeigt sich z.B. im Freizeit- und Sportbereich.[85]

Der neue Konsumismus, welcher die ideologische Rechtfertigung für die Dynamik der Privatisierung und Ökonomisierung der staatlichen Institutionen ist, zeigt sich in drei Ausformungen. Diese drei Gestaltungen können sich auf dem Terrain eines umfassenden und globalen kapitalistischen Strukturwandels entfalten.[86]

Einerseits durch die Aufwertung der medialen Inszenierung des Konsums in Form von Bildern und Wunschvorstellungen, die gewisse neoliberale Werte wie Abenteuer, Fitness und Schönheit vermitteln. Die Bereiche Konsum, Kultur und Marketing sind kaum noch voneinander zu trennen, womit von einer Kommerzialisierung der Kultur die Rede sein kann. Dabei kann auch beobachtet werden, dass die Images von Idolen, auf welche gewisse Wunschvorstellungen übertragen wurden, zunehmend die Alltagskultur prägen.[87]

Weiters kommt der kulturell hegemonialen Fraktion der Mittelklasse, die in den Bereichen der Medien, Kunst, Mode, sowie der Werbung angesiedelt ist, eine neue wichtige Rolle zu. Sie prägen über ihre symbolisch-kreative Arbeit und ihre Lebensstile haben Einfluss auf differente Bedürfnisse und ästhetische Trends. Diese werden von der übrigen Gesellschaft größtenteils aufgenommen, da die Mittelklasse die Vermarktung und den Konsum der kulturellen Symbole organisiert.[88] Meiner Meinung nach ist dies zwar schlüssig argumentiert, jedoch wäre ich bei einer derartigen Einschätzung der Bedeutung der Mittelklasse vorsichtig. Ich halte es für wahrscheinlicher, dass jene zwar die ausführenden Arbeiten übernehmen. Im Hintergrund halten sich jedoch vermutlich die finanziell mächtigen Eliten, welche eher in höheren Schichten als der Mittelklasse anzutreffen sind und das Sagen in Bezug auf die Inhalte der Vermarktung und den neuen Konsumismus haben.

Als nächste Entwicklung ist die Ausbreitung der Ästhetisierung von Konsum und Kultur auf die soziale und politische Dimension der Individuen zu nennen. Dabei wird die Identität dezentralisiert und individualisiert und zugleich kommt es zu einer Abkehr von zukunftsorientierten Lebensvorstellungen sowie zu deren Entmoralisierung. In der Folge löst sich die Integration in den gesellschaftlichen Ordnungszusammenhängen auf und es kommt zu einer Abtrennung vom regelge-leiteten Verhaltenskodex. Die neuen Lebensentwürfe sind nunmehr von der Konsumkultur, die auf eine Vereinnahmung durch Marken-produkte, Symbole und der Idole abzielt, geprägt.[89] Unter einer Ab-kehr von zukunftsorientierten Lebensvorstellungen fällt z.B. die Pensi-on in Österreich. Für viele jüngere Menschen scheint es zu einer nicht-umkehrbaren Tatsache geworden zu sein, dass es für sie keine ausrei-chende staatliche Pensionsleistung geben wird. Vielmehr dürfte für diese die private Pensionsvorsorge von Bedeutung sein. Dieser letzte Punkt wurde in den vergangenen Jahren besonders von den Regie-rungsparteien, der Wirtschaft und den Massenmedien als Übermittler der Botschaften forciert.

Im Rahmen der Transformation von Staatlichkeit in Westeuropa liegt die neue Schwerpunktsetzung des Staates für Ulrich Brand und Mar-kus Wissen bei der Herstellung internationaler Wettbewerbsfähigkeit und der Geldwertstabilität. Diese bezieht sich nicht nur auf die Stand-ortpolitik, sondern umfasst sämtliche Politikbereiche wie z.B. die Ge-sundheits- und Bildungspolitik.[90]

Bieling und Steinhilber formulieren die neoliberale Restrukturierung folgendermaßen: Die Basis, auf der das Finanzkapital eine stabile Machtposition formieren konnte, ist der neoliberale Konsens von De-regulierung, Flexibilisierung, Privatisierung und Monetarismus. Daran sind die transnationalen Akteure wie z.B. Banken, Versicherungen und transnationalen Unternehmen, genauso wie die staatlichen Akteure, nämlich Regierungen, Arbeiterverbände und Zentralbanken, betei-ligt.[91]

Welche Konsequenzen sind durch die Transformation von Staatlichkeit in Westeuropa zu erwarten?

Die neoliberale Ausrichtung der Politik und Ökonomie hat Auswir-kungen auf die Transformation von Staatlichkeit in Westeuropa in Form von institutionellen Rahmenbedingungen, der neoliberalen Stra-tegie und des internationalen Druckes.[92] Es können mindestens drei Veränderungsprozesse beschrieben werden, die Entstaatlichung, die Entnationalisierung und die Internationalisierung, welche unter dem Aspekt der Dezentralisierung von Macht zu einer Neudefinition von Staatlichkeit führen.[93] Andere Autoren, wie z.B. Arthur Benz beschrei-ben fünf Entwicklungen, wobei er die Internationalisierung um die Globalisierung, die Regionalisierung, die Individualisierung und Plu-ralisierung erweitert.[94] Ich verwende im Folgenden die Einteilung von Patrick Ziltener, da sie meiner Meinung nach wesentlich mehr Aussagekraft in Bezug auf das Drogenbusiness hat. Dennoch möchte ich anmerken, dass diese drei Begriffe nicht die Palette an Auswirkungen, die in Folge der neoliberalen Globalisierung zu beobachten sind, abdecken. Der Ausdruck Internationalisierung kann z.B. durch Entgrenzung, Entterritorialisierung oder Transnationalisierung erweitert werden. Zudem setzt der Begriff Entnationalisierung eine Nationalisierung voraus, was jedoch zumindest für viele Staaten bezweifelt werden kann. Insofern wäre der Ausdruck Entnationalstaatlichung adäquater, weil sie diese eine Art der Auswirkungen infolge der Transformation von Staatlichkeit besser beschreiben kann.

Die Entnationalisierung führt zu der Aushöhlung nationalstaatlicher Apparate. Dabei wird die staatliche Gestaltungsfähigkeit durch die Aufwertung der supranationalen und subnationalen Ebene reorganisiert und zugleich eingeschränkt. Die supranationale Ebene meint die Übertragung von normsetzender und/ oder nationalstaatlicher Entscheidungsmacht auf internationale Netzwerke und Institutionen wie z.B. die EU. Die subnationale Ebene meint die Förderung lokaler und regionaler Ökonomien als Ausgleich für den Verlust von Verantwortung auf nationalstaatlicher Ebene. Das bedeutet für den Staat eine Machteinbuße auf der internationalen Ebene und zugleich die zunehmende Notwendigkeit, auf regionaler und lokaler Ebene effektiv zu handeln, um mit den ökonomischen Ansprüchen mithalten zu können. Neu dabei ist die Kooperation von staatlichen Instanzen auf subnationaler Ebene mit regionalen bzw. lokalen Unternehmen. Ebenfalls neu sind Verflechtungen von Staaten auf transnationaler Ebene. Daraus resultieren differenzierte und vielfältige Strategien bei den staatlichen Interventionsmöglichkeiten.[95]

Die Entstaatlichung meint in diesem Kontext nicht unbedingt ein weniger an Staatlichkeit, sondern lediglich weniger Sozialstaat, weniger ökologischen Staat und geringere staatliche Umverteilung.[96] Die Entstaatlichung beschreibt die Veränderung der zentralen Rolle der staatlichen Instanzen bei der Erfüllung ihrer ökonomischen und sozialen Aufgaben hin zu differenten Formen der Partnerschaft zwischen staatlichen, transnationalen und privaten Organisationen.[97] Sie meint die zunehmende Einschränkung des staatlichen Handlungsspielraumes durch die Verlagerung der Entscheidungsfunktionen bezüglich der Privatisierung, Deregulierung und Liberalisierung auf transnationale Netzwerke und Institutionen.[98] Von zentraler Bedeutung ist das Primat der Wettbewerbsfähigkeit, um diese zu gewährleisten werden in sämtlichen Bereichen Einbußen hingenommen.

Die Internationalisierung meint zum einen die verstärkte strategische Bedeutung von internationalen Zusammenhängen für innenpolitische Entscheidungen und zum anderen bezieht sie sich auf die Erweiterung innenpolitischer Kontexte auf transnationale Prozesse. Dabei verdrängt die internationale Wettbewerbsfähigkeit die Ziele der Vollbeschäftigung und der Umverteilungspolitiken. Die Konsequenzen für den Staat liegen in der Beeinträchtigung der Erfüllung seiner Funktionen, wie z.b. durch die Arbeitsmarktflexibilisierung. Dies führt zu einem Bedeutungsverlust des Staates.[99]

Als Folge davon stehen die einzelnen Staaten vermehrt unter Druck, miteinander auf internationaler Ebene zu kooperieren. Die EU kann als eine derartige Form des Zusammenwirkens gesehen werden. Andererseits unterstützt gerade sie die europäischen kapitalistischen Akkumulationsbestrebungen und wird durch den „neuen Konstitutionalismus" dem „disziplinierenden Neoliberalismus" unterworfen.[100] Dies stellt an sich einen Widerspruch dar, der hierbei auch zentral ist, denn die EU übt einerseits auf ihre Mitgliedsstaaten permanenten Druck im Kontext des Neoliberalismus aus. Andererseits dient die EU als Kooperationsebene für ihre Mitglieder, mit dem idealen Ziel der Wiedererlangung der volkswirtschaftlichen Kontrolle auf nationalstaatlicher Ebene. Meiner Einschätzung nach kann dieser Kontrast nicht nebeneinander bestehen.

Eine andere Möglichkeit zur Kooperation ist diesbezüglich die Bildung von Netzwerken zwischen staatlichen und anderen – also privaten – Akteuren, wie z.B. transnationale Unternehmen oder Nichtregierungsorganisationen. Dabei kommt es jedoch wiederum zu einer Entstaatlichung und Privatisierung der Politik. Diese neuartige Einbindung von privaten Akteuren in die staatliche Politik hat Konsequenzen bezüglich der demokratischen Gestaltung der westeuropäischen Staaten. Diese privaten Akteure sollten in irgendeiner Form demokratisch verantwortlich sein, um ihre Legitimität darzulegen, denn sonst kommt es zu einer systematischen Unterhöhlung von demokratischer Politik an sich.[101]

An dieser Stelle möchte ich auf das Dreisektorenmodell von Peter Lock eingehen, weil ich besonders die Informalisierung für einen weiteren, wichtigen Veränderungsprozess halte. Lock beschreibt als Konsequenz der neoliberalen Globalisierungsdynamik drei unterschiedliche Sphären, die jedoch alle miteinander verwoben sind. Diese Dynamik sorgt für Reichtum und Wachstum einerseits und andererseits für Armut und sozialen Ausschluss. Das Zusammenspiel der drei Sektoren, der reguläre, der informelle und der kriminelle, ist durch asymmetrische Tauschbeziehungen geprägt.[102]

Der reguläre Sektor der globalen Ökonomie ist durch eine rechtliche Ordnung charakterisiert. Die rechtlichen Rahmenbedingungen sorgen für berechenbare Transaktionen zwischen den Marktteilnehmern. Diese ist die einzige der drei Sphären, in der Steuern eingenommen werden können, die den Staat reproduzieren. Doch als Folge der globalen, neoliberalen Vorherrschaft gerät die Einzelstaatliche Souveränität zunehmend unter die Abhängigkeit des globalen Finanzkapitals. Dies zeigt sich am Beispiel der Abnahme staatlicher Besteuerung infolge weltweiter Standort- bzw. Wettbewerbskonkurrenz. Auf die regulären Ökonomien wird fortwährend mittels korruptiver Angriffe von wirtschaftskriminellen Akteuren versucht, ihre Produkte und Geldflüsse in den regulären Waren- und Finanzkreislauf einzuschleusen.[103]

Im informellen Sektor der Ökonomie haben rechtsstaatliche Regelungen weitgehend eine sehr geringe Bedeutung und demgemäß kann der Staat keine direkten Steuern entrichten. Das besagt, dass dieser Sektor nicht an der Reproduktion des Staates beteiligt ist. Dagegen ist diese Sphäre von asymmetrischen Machtstrukturen geprägt und weist einen gewissen Grad an Selbstorganisation auf. Trotz dessen gibt es ein weltweites dynamisches Netzwerk. Gewalt ersetzt hierbei die rechtlichen Rahmenbedingungen, da Rechtsstaatlichkeit diesen Bereich nicht erfassen kann. Dennoch besorgt im informellen Sektor die Mehrheit der erwerbstätigen Menschen ihr Überleben, was wiederum rechtliche und physische Unsicherheit bedeutet. Das staatliche Gewaltmonopol greift hier nicht, weil die Menschen außerhalb des staatlichen Handlungsfeldes leben. Das bezieht sich auch auf seinen Sicherheitsbereich, der nunmehr privat organisiert werden muss. Gleichzeitig wächst diese Sphäre in Bezug auf die Teilnehmerzahl am schnellsten. Es liegt in der Logik des neoliberalen Systems, dass die Mehrheit der Bevölkerung nicht oder unzureichend mit öffentlichen Gütern versorgt wird, denn ohne Steuern kann kein Staat reproduziert werden und ohne Staat können keine öffentlichen Güter bereitgestellt werden.[104]

Auf der anderen Seite trägt der informelle Sektor durch billige Dienstleistungen zur individuellen Wohlfahrt in der regulären Wirtschaft bei. In den reichen und mächtigen Industriestaaten zeigt sich dies durch Schwarzarbeit, welche zumeist von illegalen MigrantInnen in den Bereichen Haus, Krankenpflege, Landwirtschaft, Gastronomie und Bauindustrie, verrichtet wird. Auch im Bereich der Schwarzarbeit spielt Gewalt eine gewisse Rolle, da sie die Funktion der Rechtsstaatlichkeit übernehmen kann, die hierbei nicht greift. Das bedeutet, die Menschen in diesem Sektor laufen Gefahr, von gewaltkriminellen Akteuren kontrolliert oder ausgebeutet zu werden.[105]

Der dritte Sektor meint die offen kriminelle Ökonomie, die vermutlich bezüglich Profite und Umsätze die größten Wachstumsraten aufweist. Sie ist ein globales Netzwerk, bei dem Gewaltverhältnisse die Geschäftsgrundlagen prägen. Steuern zur Reproduktion des Staates werden von diesen Akteuren nicht entrichtet. In manchen „Entwicklungsländern" übernehmen kriminelle Akteure öffentliche Infrastrukturen oder ein Staatsorgan, um ihre Geschäfte effizienter abwickeln zu können. Andererseits ist diese Sphäre, die Lock als „parasitäres Gebilde" beschreibt, darauf angewiesen, dass es in der regulären Ökonomie funktionierende Tauschmöglichkeiten gibt. Deswegen bildet der globale, diffuse Finanzmarkt die Grundlage für das gewinnträchtige Operieren dieses Sektors. Das bedeutet, dass kriminelle Akteure in die reguläre und informelle Ökonomie eindringen und sich mit diesen verknüpfen. Das erklärt auch das ständige Bestreben der kriminellen Akteure, ihre Profite in die legale Ökonomie einzuschleusen, was wiederum wie ein korrupter Dauerangriff auf diese zu sehen ist. Dadurch gibt es auch definitorische Abgrenzungsprobleme.[106]

Diesen Vorgang machen sich auch die Drogenhändler[107] zu Nutze. Hingegen ist das Drogenbusiness in seiner derartigen Ausformung auch von den reichen und mächtigen Industriestaaten abhängig. Zum einen, weil in diesen die gewinnträchtigsten Absatzmärkte zu finden sind. Zum anderen, weil die Prohibition speziell in diesen Staaten dazu beiträgt, dass derartig hohe Gewinne eingefahren werden können. Drogenrepression und illegaler Handel mit Drogen sind auf diese Weise symbiotisch miteinander verbunden und bilden komplexe globale Netzwerke mit einer immensen Dynamik.[108]

Anmerkungen:

[1] Schneckener, 2004, S.9.

[2] Löffler, 2004, S.6.

[3] Wondratschke, 2004, S7.

[4] Lambach, 2005, S.2.

[5] Weber, 1966, S.27.

[6] Weber, 1972, S.29.

[7] Maaß, 2003, S.9; Daun, 2003, S.71.

[8] Rath, 1998, S.30.

[9] Weber, 1972, S.28.

[10] Lambach, Daniel: Max Webers Staatstheorie, In: Url: www.staff.uni-marburg.de/~lambach/Lit20041018.pdf (3.2.2005), S.1.

[11] Weber, 1966, S.27.

[12] Rath, 1998, S.15.

[13] Weber, 1966, S.27.

[14] Maaß, 2003, S.9.

[15] Schneckener, 2004, S.12.

[16] Ibd., S.13; Wondratschke, 2004, S.8; Bendel/ Krennerich, 2003, S.11.

[17] Schneckener, 2004, S.13; Maaß, 2003, S.9; Bendel/ Krennerich, 2003, S.11.

[18] Schneckener, 2004, S.13f.; Bendel/ Krennerich, 2003, S.16f.

[19] Schneckener, 2004, S.10f.

[20] Siehe Abbildung 2.

[21] Lambach, 2005, S.3.

[22] Vgl. Abbildung aus: Lambach, 2005, S.3.

[23] Schneckener, 2004, S.16f.

[24] Maaß, 2003, S.9f.

[25] Erdmann, 2003, S.271f.; Schneckener, 2004, S.16; Wondratschke, 2004, S10f.

[26] Erdmann, 2003, S.272.

[27] Maaß, 2003, S.10.

[28] Schneckener, 2004, S.16.

[29] Farah/ Huber/ Ilic u.a., 2003, S.2ff.

[30] Schneckener, 2004, S.16.

[31] Erdmann, 2003, S.271.

[32] Schneckener, 2004, S.16.

[33] Ibd., S.15; Wondratschke, 2004, S10f.

[34] Erdmann, 2003, S.271; Wondratschke, 2004, S11.

[35] Farah/ Huber/ Ilic u.a., 2003, S.13f.

[36] Schneckener, 2004, S.15.

[37] Roehder, 2004, S.11ff.

[38] Schneckener, 2004, S.15.

[39] N.n.: Forschungsprogramm. Staatlichkeit im Wandel. Dimensionen der Staatlichkeit, Bremen, 2003, In: Url: http://www.staatlichkeit.uni-bremen.de/pages/forForprogrammDimensionen.php?SPRACHE=de&STOP=1 (29.4.2004).

[40] N.n.: Föderalismus, 25.1.2005, In: Url: http://de.wikipedia.org/wiki/F%C3%B6deralismus (21.2.2005).

[41] Ibd.

[42] N.n.: Forschungsprogramm. Staatlichkeit im Wandel. Dimensionen der Staatlichkeit, Bremen, 2003, In: Url: http://www.staatlichkeit.uni-bremen.de/pages/forForprogrammDimensionen.php?SPRACHE=de&STOP=1 (29.4.2004).

[43] Ibd.

[44] Ibd.

[45] Tajalli, Erik: Zur Verwendung von Staatlichkeit in Europa – Tendenzen der Entstaatlichung, Seminararbeit, Wien, In: Url: http://evakreisky.at/onlinetexte/Staatszerfall-Entstaatlichung.pdf (17.11.2004), S.6f.

[46] Bieling, Hans-Jürgen: Transnationale Vergesellschaftung und die „neue Sozialdemokratie", In: Das Argument. Zeitschrift für Philosophie und Sozialwissenschaft, 2001, In: Url: http://www.linkeliste.de/unabhaengige-linke-fu-berlin/Service/Studium/europe/bieling.htm (22.2.2005).

[47] Tajalli, Erik: Zur Verwendung von Staatlichkeit in Europa – Tendenzen der Entstaatlichung, Seminararbeit, Wien, In: Url: http://evakreisky.at/onlinetexte/Staatszerfall-Entstaatlichung.pdf (17.11.2004), S.16.

[48] Bieling, Hans-Jürgen: Transnationale Vergesellschaftung und die „neue Sozialdemokratie", In: Das Argument. Zeitschrift für Philosophie und Sozialwissenschaft, 2001, In: Url: http://www.linkeliste.de/unabhaengige-linke-fu-berlin/Service/Studium/europe/bieling.htm (22.2.2005).

[49] Tajalli, Erik: Zur Verwendung von Staatlichkeit in Europa – Tendenzen der Entstaatlichung, Seminararbeit, Wien, In: Url: http://evakreisky.at/onlinetexte/Staatszerfall-Entstaatlichung.pdf (17.11.2004), S.6f.

[50] Brand, Ulrich/ Wissen, Markus: Neoliberale Globalisierung, Staat und die Internationalisierung von Protest. Anmerkungen zu einigen Spannungsfeldern linker Politik, In: Url: http://www.alhambra.de/zeitung/novem2000/neolib.htm (15.2.2005).

[51] Tajalli, Erik: Zur Verwendung von Staatlichkeit in Europa – Tendenzen der Entstaatlichung, Seminararbeit, Wien, In: Url: http://evakreisky.at/onlinetexte/Staatszerfall-Entstaatlichung.pdf (17.11.2004), S.7ff.

[52] Eine Definition für den Neokonservativismus ist, dass er sich aus dem Neoliberalismus, dem moralischen Konservatismus und Elementen des Rechtsextremismus ergeben hat. Von zentraler Bedeutung ist die staatliche Abwesenheit in gewissen Bereichen und gleichzeitig die durchaus weitläufige staatliche Regulierung und Kontrolle. (Bachmann / Pavlic / Bebek, 2004, S.6).

[53] Auch zum Neoliberalismus möchte ich eine Definition anführen. Er bedeutet für mich die marktorientierte Deregulierung, Privatisierung, Liberalisierung der Märkte und Flexibilisierung der verschiedenen Staatstätigkeiten.

[54] Gill, 2000, S.40.

[55] Ibd.

[56] Ibd.

[57] Voigt, 1996, S.194.

[58] N.n.: Nation, 1.4.2005, In: Url: http://de.wikipedia.org/wiki/Nation (16.4.2005).

[59] Voigt, 1996, S.194ff.

[60] N.n.: Nation, 1.4.2005, In: Url: http://de.wikipedia.org/wiki/Nation (16.4.2005).

[61] Voigt, 1996, S.196.

[62] Löffler, 2004, S.6.

[63] Voigt, 1996, S.197f.

[64] UNCTAD steht für United Nations Conference on Trade and Development und ist zu deutsch die Welthandelskonferenz (N.n.: United Nations Conference on Trade and Development, 11.2.2005, In: Url: http://de.wikipedia.org/wiki/UNCTAD (10.5.2005)).

[65] Parnreiter, 2004, S.26.

[66] Voigt, 1996, S.198.

[67] Gill, 2000, S.39ff.

[68] Bieling, Hans-Jürgen: Transnationale Vergesellschaftung und die „neue Sozialdemokratie", In: Das Argument. Zeitschrift für Philosophie und Sozialwissenschaft, 2001, In: Url: http://www.linkeliste.de/unabhaengige-linke-fu-berlin/Service/Studium/europe/bieling.htm (22.2.2005); Gill, 2000, S.43.

[69] Gill, 2000, S.43.

[70] Bieling, Hans-Jürgen: Transnationale Vergesellschaftung und die „neue Sozialdemokratie", In: Das Argument. Zeitschrift für Philosophie und Sozialwissenschaft, 2001, In: Url: http://www.linkeliste.de/unabhaengige-

senschaft, 2001, In: Url: http://www.linkeliste.de/unabhaengige-linke-fu-berlin/Service/Studium/europe/bieling.htm (22.2.2005).

[71] Ibd.

[72] Ibd.

[73] Gill, 2000, S.42f.

[74] Ibd., S.44.

[75] Bieling, Hans-Jürgen: Transnationale Vergesellschaftung und die „neue Sozial-demokratie", In: Das Argument. Zeitschrift für Philosophie und Sozialwissenschaft, 2001, In: Url: http://www.linkeliste.de/unabhaengige-linke-fu-berlin/Service/Studium/europe/bieling.htm (22.2.2005).

[76] Gill, 2000, S.43f.; Brand, Ulrich/ Wissen, Markus: Neoliberale Globalisierung, Staat und die Internationalisierung von Protest. Anmerkungen zu einigen Spannungsfeldern linker Politik, In: Url: http://www.alhambra.de/zeitung/novem2000/neolib.htm (15.2.2005).

[77] Bieling, Hans-Jürgen: Transnationale Vergesellschaftung und die „neue Sozial-demokratie", In: Das Argument. Zeitschrift für Philosophie und Sozialwissenschaft, 2001, In: Url: http://www.linkeliste.de/unabhaengige-linke-fu-berlin/Service/Studium/europe/bieling.htm (22.2.2005).

[78] Ibd.

[79] Tajalli, Erik: Zur Verwendung von Staatlichkeit in Europa – Tendenzen der Ent-staatlichung, Seminararbeit, Wien, In: Url: http://evakreisky.at/onlinetexte/Staatszerfall-Entstaatlichung.pdf (17.11.2004), S.2.

[80] Bieling, Hans-Jürgen: Transnationale Vergesellschaftung und die „neue Sozial-demokratie", In: Das Argument. Zeitschrift für Philosophie und Sozialwissenschaft, 2001, In: Url: http://www.linkeliste.de/unabhaengige-linke-fu-berlin/Service/Studium/europe/bieling.htm (22.2.2005).

[81] Gill, 2000, S.45; Brand, Ulrich/ Wissen, Markus: Neoliberale Globalisierung, Staat und die Internationalisierung von Protest. Anmerkungen zu einigen Spannungsfeldern linker Politik, In: Url: http://www.alhambra.de/zeitung/novem2000/neolib.htm (15.2.2005).

[82] Bieling, Hans-Jürgen: Transnationale Vergesellschaftung und die „neue Sozial-demokratie", In: Das Argument. Zeitschrift für Philosophie und Sozialwissenschaft, 2001, In: Url: http://www.linkeliste.de/unabhaengige-linke-fu-berlin/Service/Studium/europe/bieling.htm (22.2.2005).

[83] Gill, 2000, S.45.

[84] Bieling, Hans-Jürgen: Transnationale Vergesellschaftung und die „neue Sozial-demokratie", In: Das Argument. Zeitschrift für Philosophie und Sozialwissenschaft, 2001, In: Url: http://www.linkeliste.de/unabhaengige-linke-fu-berlin/Service/Studium/europe/bieling.htm (22.2.2005).

[85] Ibd.

[86] Ibd.

[87] Ibd.

[88] Ibd.

[89] Ibd.

[90] Brand, Ulrich/ Wissen, Markus: Neoliberale Globalisierung, Staat und die Internationalisierung von Protest. Anmerkungen zu einigen Spannungsfeldern linker Politik, In: Url:
http://www.alhambra.de/zeitung/novem2000/neolib.htm (15.2.2005).

[91] Bieling/ Steinhilber, 2000, S.15.

[92] Tajalli, Erik: Zur Verwendung von Staatlichkeit in Europa – Tendenzen der Entstaatlichung, Seminararbeit, Wien, In: Url:
http://evakreisky.at/onlinetexte/Staatszerfall-Entstaatlichung.pdf
(17.11.2004), S.16.

[93] Ziltener, 1999, S.56f.; Ziltener, 2000, S.75.

[94] Benz, 2001, S.223ff.

[95] Ziltener, 1999, S.56; Ziltener, 2000, S.75.

[96] Tajalli, Erik: Zur Verwendung von Staatlichkeit in Europa – Tendenzen der Entstaatlichung, Seminararbeit, Wien, In: Url:
http://evakreisky.at/onlinetexte/Staatszerfall-Entstaatlichung.pdf
(17.11.2004), S.17.

[97] Ziltener, 1999, S.56f.; Ziltener, 2000, S.75.

[98] Tajalli, Erik: Zur Verwendung von Staatlichkeit in Europa – Tendenzen der Entstaatlichung, Seminararbeit, Wien, In: Url:
http://evakreisky.at/onlinetexte/Staatszerfall-Entstaatlichung.pdf
(17.11.2004), S.17.

[99] Ziltener, 1999, S.57; Ziltener, 2000, S.75.

[100] Tajalli, Erik: Zur Verwendung von Staatlichkeit in Europa – Tendenzen der Entstaatlichung, Seminararbeit, Wien, In: Url:
http://evakreisky.at/onlinetexte/Staatszerfall-Entstaatlichung.pdf
(17.11.2004), S.17.

[101] Ibd., S.18.

[102] Lock, 2003, S.108f.; Lock, Peter: Gibt es ökonomische Strukturen, die Gewalt und Terror hervorbringen?, 25.9.2002, In: Url: http://www.peter-lock.de/txt/loccumt.html (4.4.2005); Lock, Peter: Ökonomien des Krieges, In: Url: http://www.peter-lock.de/txt/Kriegs%9Akonomien2.html (12.1.2005).

[103] Lock, 2003, S.109; Lock, Peter: Gibt es ökonomische Strukturen, die Gewalt und Terror hervorbringen?, 25.9.2002, In: Url: http://www.peter-lock.de/txt/loccumt.html (4.4.2005); Lock, Peter: Ökonomien des Krieges, In: Url: http://www.peter-lock.de/txt/Kriegs%9Akonomien2.html (12.1.2005).

[104] Lock, 2003, S.110f.; Lock, Peter: Gibt es ökonomische Strukturen, die Gewalt und Terror hervorbringen?, 25.9.2002, In: Url: http://www.peter-lock.de/txt/loccumt.html (4.4.2005); Lock, Peter: Ökonomien des Krieges, In: Url: http://www.peter-lock.de/txt/Kriegs%9Akonomien2.html (12.1.2005).

[105] Ibd.

[106] Lock, 2003, S.111f.; Lock, Peter: Gibt es ökonomische Strukturen, die Gewalt und Terror hervorbringen?, 25.9.2002, In: Url: http://www.peter-lock.de/txt/loccumt.html (4.4.2005); Lock, Peter: Ökonomien des Krieges, In: Url: http://www.peter-lock.de/txt/Kriegs%9Akonomien2.html (12.1.2005).

[107] Siehe Kapitel 6, Abschnitt 6.4. „Der Handel".

[108] Lock, 2003, S.112f.; Lock, Peter: Gibt es ökonomische Strukturen, die Gewalt und Terror hervorbringen?, 25.9.2002, In: Url: http://www.peter-lock.de/txt/loccumt.html (4.4.2005); Lock, Peter: Ökonomien des Krieges, In: Url: http://www.peter-lock.de/txt/Kriegs%9Akonomien2.html (12.1.2005).

6. Über die Akteure des Drogenbusiness in Westeuropa

In diesem Kapitel geht es mir darum, das globale Drogenbusiness und seine Akteure ein wenig einzuschränken, nämlich auf Westeuropa, um meinem Forschungsthema nachkommen zu können. Diese Eingrenzung ist andererseits nicht einfach, da das Drogengeschäft nicht auf territoriale Staatsgrenzen oder auf Begrenzungen von Regionen achtet. Hinzu kommt, dass die jeweiligen Akteure nicht direkt fassbar sind und authentische Daten schwer zu bekommen sind, da es sich hierbei um einen illegalen Wirtschaftsbereich handelt. Außerdem ist das Drogenbusiness lediglich eine Ausformung von verschiedenen illegalen, globalen Netzwerken. Andere Varianten sind der Waffen-, der Diamanten-, der Menschenhandel und der Terrorismus. Diese bedingen sich untereinander und können jeweils zur gegenseitigen Finanzierung beitragen. Zwei oder mehrere dieser Ausformungen können miteinander verbunden sein, oder auch einzeln operieren. Die unterschiedlichen illegalen Handelsvarianten können auch untereinander kooperieren, indem die bestehende illegale Infrastruktur vielfältig genutzt wird. Es können aber auch mehrere Bereiche von den selben Akteuren betrieben werden, wie z.B. der Drogenhandel und der Waffenhandel. Jedenfalls zählen sie zu den dominanten ökonomischen Akteuren der Schattenwirtschaft.

Die nächste Frage ist, nach welchen Aspekten erfasse ich die Akteursebene des Drogenbusiness? Eine Voraussetzung ist, dass es sich um die mächtigen und einflussreichen Beteiligten, bezogen auf ihre Finanzkraft, handeln soll. Weniger von Bedeutung sind z.B. kleine Dealer und dergleichen. Ein anderes Kriterium, oder besser ein Faktum ist, dass es sowohl kriminelle, weil illegale, als auch legale Akteure im Drogengeschäft gibt. Das lässt sich damit erklären, dass z.B. die illegalen Akteure des Drogengeschäfts in legale Unternehmen investieren oder legale Geschäfte betreiben. Die Konsequenz daraus ist, dass beide Bereiche zunehmend verflochten sind und sich beide daraus folgend schwer voneinander trennen lassen. Ein weiteres Kriterium ist die Aufteilung des Drogenbusiness in drei verschiedene Bereiche, nämlich die Produktion, den Handel und den Konsum von illegalen Drogen. Dem möchte ich den Akteur Staat voranstellen, denn er ist die übergeordnete Ebene, die zu einer gewissen Zeit die Weichenstellungen für die heutige Ausformung der drei Bereiche gelegt hat.

Ein anderer Aspekt ist, dass die dominierende Politik der Globalisierung und des Neoliberalismus auch auf das Geschäft mit den Drogen Auswirkungen hat und zwar dieselben, wie auf einen legalen Wirtschaftsbereich. Dies geht in folgender Weise vor sich, dass sich dadurch nämlich auf globalem Terrain Schleusen für z.B. Kapitalflüsse und Handelsrouten für transnationale Konzerne öffnen, welche wiederum von den Akteuren des Drogenbusiness genutzt werden. Hinzu kommt natürlich die Einschränkung, dass vieles nicht in der Öffentlichkeit ausgehandelt und verrichtet wird. Dabei stellt sich für mich die Frage, inwiefern etwas oder wie viel von legalen Unternehmen an die Öffentlichkeit dringt. Auch hierbei werden zumeist nur teilweise Informationen an die Öffentlichkeit durchgelassen. Ein Unterschied ist jedoch, dass das Drogenbusiness, solange es sich um illegale Sphären handelt, auf absolute Geheimhaltung angewiesen ist. Hierbei kommen die netzwerkartigen Organisationsmuster und die freundschaftlichen oder familiären Beziehungsmuster ins Spiel, da sie diese Geheimhaltung gewährleisten können.

Ich möchte an dieser Stelle auf das nachstehende Kapitel verweisen, bei dem ich mich intensiver mit dem Zusammenhang zwischen Drogenbusiness, Neoliberalismus und Globalisierung auseinander setze. Dazu möchte ich nur andeuten, dass Freihandel, Deregulierung, Privatisierung und Flexibilisierung diverser Bereiche nicht nur im Interesse von legalen multinationalen Unternehmen sind, sondern in einer logischen Konsequenz auch dem globalen Drogenbusiness von Nutzen sind.

Schließlich möchte ich die Akteursebene im Hinblick auf das nächste Kapitel, das von den Auswirkungen des Drogenbusiness auf westeuropäische Staatlichkeiten handelt, betrachten. Das soll bedeuten, dass ich unter Anbetracht der erwähnten Kriterien die Akteure analysieren will. Bei der Literaturrecherche ist mir besonders aufgefallen, dass es sich äußerst schwierig gestaltet, adäquate Literatur zu den Akteuren des Drogenbusiness in Westeuropa zu finden. Es dürfte sich hierbei um eine Forschungslücke handeln. Die Suche nach den Akteuren findet in der Literatur nahezu ausschließlich bei den ehemaligen klassischen Produzentenländern statt. Dass es in Westeuropa jedoch auch Akteure gibt, wird nicht beachtet. Allgemein gibt es die Auffassung, dass Drogenkartelle nicht in Westeuropa angesiedelt sind und deswegen hier keine mächtigen Akteure zu finden sind. Für mich bedeutet dies, dass ich die Möglichkeit habe, einen übergangenen Bereich auszuarbeiten. Kemmesies verweist auf die Problematik, dass z.B. die Forschungsaktivitäten zum Drogenhandel auf den Bereich rund um den Konsum angesiedelt sind, was sich dadurch erklären lässt, dass die ForscherInnen hierzu leichter Zugang finden, als zu den höheren Handelsebenen wie den Großhandel mit Drogen. Eine Rolle spielt auch der öffentliche Fokus, der genau diesen Straßenszenenbereich umfasst.[1] Ich werde in diesem Kapitel allgemein auf den Staat, den Konsum, die Produktion und den Handel eingehen, um dabei die jeweiligen Akteure ausfindig zu machen.

Ich will hier darauf hinweisen, dass ich Zahlenmaterial sehr vorsichtig verwende. Zahlen und Statistiken über das illegale Geschäft mit den Drogen sind sehr divergent und aufgrund der Illegalität des Bereiches auch schwierig zu erheben. Zudem werden die vorhandenen Bezifferungen oft interessenspolitisch eingesetzt, was sich auch auf die Erhebungsmethoden auswirken kann. Ganz allgemein kann aber davon ausgegangen werden, dass die Umsätze im Drogenbusiness mit denen eines anderen globalen und florierenden Wirtschaftsbereiches vergleichbar sind, wie ich bereits zu Beginn der Arbeit zeigen konnte.

6.1. Der Staat

Der Staat ist für mich in diesem Kapitel der Akteur, der die rechtlichen Rahmenbedingungen für den Drogenmarkt festlegt. Er entscheidet schließlich, ob es sich um einen legalen oder illegalen Markt handeln soll. Illegale Märkte sind als direkte Folge der mangelnden staatlichen Regulierung von wirtschaftlichen Bereichen zu sehen. Zur Zeit ist der illegale Drogenmarkt weitestgehend das Resultat einer strikten staatlichen Prohibitionspolitik. Eine Ausnahme des Verbotes stellt die Verabreichung und Forschung für medizinische Zwecke dar. Das Drogenverbot findet mittlerweile auf globaler Ebene, nämlich aufgrund von nationalstaatlichen, internationalen und supranationalen Beschlüssen, Anwendung. Das soll heißen, dass die Nationalstaaten ursprünglich für die Illegalität des Drogengeschäftes gesorgt haben.

Um die Rolle des Akteurs Staat adäquat beschreiben zu können, möchte ich zunächst auf die Charakteristika von legalen und illegalen Märkten eingehen. Dabei spielen die Mechanismen Nachfrage und Angebot eine wichtige Rolle. Schließlich will ich zeigen, dass der Staat dadurch, dass er illegale Rahmenbedingungen für den Drogenmarkt geschaffen hat, für bestimmte Voraussetzungen für den heutigen Zustand des Drogenbusiness gesorgt hat. Zudem kommt, dass an der Beibehaltung des illegalen Zustandes bestimmte Interessen des Staates und seines Apparates geknüpft sind, die ich erörtern werde. Zum Abschluss möchte ich eine zur heutigen Prohibition alternative Lösung anhand eines Konzeptes von Mathias Erlei diskutieren.

Charakteristika eines legalen Drogenmarktes

Die Geschäftsinteressen der Anbieter von Drogen sind primär hohe Gewinne einzufahren.[2] Ein legaler Drogenmarkt bedeutet, dass Produktion, Handel und Konsum nicht strafrechtlich verfolgt werden. Ein legaler Markt bedeutet aber auch, dass diese Gewinnerzielung durch den Wettbewerbsdruck blockiert wird.[3] Für die Angebotsseite hat dies zur Folge, dass viele Anbieter miteinander konkurrieren, oder anders ausgedrückt, das Angebot ist elastisch. Anreize, um in das legale Drogengeschäft einzusteigen, sind ein niedriges Eigenkapital, die Möglichkeit jederzeit auszusteigen und die Tatsache, dass die Grundstoffe (Drogen) reichlich vorhanden sind.[4] Die Anbieter von Drogen verhalten sich ähnlich, wie die Anbieter von Kaffee oder Alkohol. Mit steigendem Preis treten mehrere Anbieter am Markt auf.[5]

Für die Konsumenten bedeutet ein legaler Markt, dass sie niedrigere Preise zahlen müssen, die Marktransparenz wäre erhöht und die Qualität der Drogen wäre besser.[6] Das besagt auch, dass die Nachfrageseite begrenzt unelastisch ist. Eine Begrenzung folgt durch soziale Hemmschwellen, durch die Angst vor der Abhängigkeit und durch das Gesundheitsbewusstsein der Konsumenten. Die Inelastizität ergibt sich aus dem relativ hohen Suchtpotential mancher Drogen. Grundsätzlich besteht aber die Möglichkeit der Ausweitung des Drogenkonsums, wobei das Drogengeschäft stets bemüht ist, durch Anreize wie die Entwicklung neuer Drogen, ihr Geschäft auszuweiten. Doch dies ist sowohl bei legalen, als auch bei illegalen Märkten zu beobachten.[7]

Bei einem legalen Markt kommt es im Idealfall dazu, dass die Gewinne durch Marktleistung und nicht durch Marktkonzentration erwirtschaftet werden. Der Wettbewerb unter den Anbietern bringt zudem Konkurrenz mit sich, die zu einer erhöhten Qualität des Produktes führen soll. Der Staat schafft die institutionellen Rahmenbedingungen, indem Gesetze und spezielle Ämter, wie z.B. das Kartellamt, dafür sorgen, dass die Konkurrenzprozesse wirken. Dadurch soll verhindert werden, dass Gewinne durch Betrug, Täuschung oder die Verletzung der Informationspflicht erzielt werden.[8] In der Praxis zeigt sich heutzutage jedoch oftmals, dass dieses Vorhaben nicht oder nicht gänzlich umgesetzt werden kann und die bestehenden Gesetze und Exekutivorgane Marktmacht zulassen müssen.[9]

Ein umstrittener Bereich ist das Nachfrageverhalten auf legalen Märkten. Einerseits wäre der Preis für Drogen durch die Legalität wesentlich niedriger, andererseits stellt sich die Frage, ob der Drogenkonsum deswegen wesentlich zunehmen würde. Vermutlich spielt der Preis für Drogen nicht eine derart entscheidende Rolle, wie oft angenommen wird. Auf jeden Fall sind die bereits erwähnten sozialen und kulturellen Gründe als Faktoren, die gegen den Drogenkonsum sprechen, relevant. In der Literatur und meiner Meinung nach sollte es bei legalen Marktverhältnissen längerfristig gesehen zu keiner wesentlichen Erhöhung der Nachfrage kommen. Mit kurzfristigen mengenmäßigen Zunahmen kann vermutlich gerechnet werde. Doch durch Qualitätskontrollen würden etliche negative Folgewirkungen vermieden werden.[10]

Bei einem legalen Drogenmarkt greift der Staat regulativ ein und ist präsent. Er beaufsichtigt die Produktion und den Handel. Den Konsumenten können ebenfalls gewisse Anforderungen auferlegt werden. Zwischen einer totalen Freigabe von Drogen und einer absoluten Prohibition gibt es mehrere Abstufungen. Ich werde weiter unten auf das Thema zurückkommen.

Charakteristika eines illegalen Drogenmarktes

Bei einem illegalen Markt überlässt der Staat den Anbietern völlig das Marktgeschehen, ohne weitere Rahmenbedingungen zu schaffen. Das führt dazu, dass sich Oligopole bilden und Preisabsprachen getroffen werden. Aufgrund dessen können die Anbieter den Verkaufspreis soweit ausreizen, wie die Kunden bzw. Konsumenten gerade noch bereit sind zu zahlen. Auf diese Weise ist es möglich, einen maximalen Gewinn bei relativ niedrigen Anschaffungskosten zu erzielen.[11] Beim illegalen Markt sind die Händler zudem einem höheren Risiko durch Strafandrohung und –verfolgung ausgesetzt. Deswegen wird auf den Preis für Drogen ein hoher Risikoaufschlag zu dem eigentlichen Preis hinzugerechnet. Angebotsseitig werden durch die Illegalität alle Interessenten aus dem Markt gedrängt, die sich nicht diesem Risiko aussetzen wollen. Der illegale Markt ist jedoch für diejenigen interessant, die nichts zu verlieren haben und/ oder, jene, die bereits wissen, wie ein illegaler Markt funktioniert, wie z.B. das organisierte Verbrechen. Es entsteht ein Markt mit wenigen Anbietern, welches wiederum zu einer Monopolstellung der Anbieter führt. Insgesamt ist beim illegalen Markt eine kleinere Absatzmenge bei einem wesentlich höheren Schwarzmarktpreis festzustellen.[12]

Durch die hohe Gewinnspanne strebt die Angebotsseite natürlich danach, neue Nachfragepotentiale zu erschließen. Auf der Ebene der Kleinhändler gibt es dazu folgende Herangehensweisen. Zum einen gibt es die Methode neue Konsumenten anzuwerben, indem experimentierfreudige und pubertierende Jugendliche angesprochen werden. Sie stellen eine leicht zu erreichende Zielgruppe dar. Zum anderen werden die Drogen mit allen möglichen, mitunter auch toxischen Stoffen gestreckt. Die Tatsache, dass viele der Kleinhändler selber süchtig sind und den Drogenhandel mitunter zur Erhaltung ihres Konsums betreiben, spricht für sich und trägt zu einer Verschärfung der Drogenproblematik bei.[13]

Eine andere Möglichkeit, neue Nachfragepotentiale zu erschließen bzw. die bestehenden zu festigen ist die, wonach Konsumenten, um ihren Konsum finanzieren zu können, selber zu dealen beginnen.[14] Das bedeutet, dass es zu einer Verwandlung von Konsumenten in Kleinhändler kommt.[15] Schließlich sind Kleinhändler kaum mehr von den Konsumenten zu unterscheiden, wobei gerade diese Trennung eine Strategie der aktuellen Drogenpolitik ist. Eine weitere Variante neue Anreize zu schaffen, ist, dass neue Drogen auf den Markt gebracht werden. Dadurch können bereits gesättigte Konsumenten versorgt und potentielle Klienten angezogen werden.

Wie ist die Preispolitik auf dem Drogenmarkt? Die Preisbestimmung ist ein sehr sensibler und zugleich ein Schlüsselbereich des Marktes. Ein wesentlicher Moment ist die Legalität oder Illegalität der Drogen. Die Nachfrage nach Drogen ist unelastisch, das bedeutet, dass die süchtigen Konsumenten nicht ihren illegalen Drogenkonsum verlagern können, dies trifft vermutlich gerade auf Konsumenten sogenannter harter Drogen wie z.B. Heroin zu. Ein legaler Markt erlaubt z.B. bei einem Preisanstieg von Birnen auf die günstigeren Äpfel zu wechseln. Bei einem illegalen Markt ist der Süchtige in der Illegalität gefangen und kann nicht z.B. auf Alkohol ausweichen. Diese Konsumenten sind bereit, den maximal finanzierbaren Preis zu zahlen. Lediglich Gelegenheitskonsumenten bzw. nicht süchtige werden bei zu starken Preiserhöhungen auf andere Drogen umsteigen oder darauf verzichten. Dieser Mechanismus lässt sich durch die individuelle Preisanpassung an die Konsumenten umgehen. Die Anbieter profitieren maximal daraus, ohne nennenswerte Nachfrageeinbußen hinnehmen zu müssen.[16]

Bei einem illegalen Markt gibt es einen größeren Spielraum für die Anbieter. Der Preis wird dabei so festgelegt, dass die Konsumenten sich gerade noch die Drogen leisten können. Der Endverbraucherpreis wird von den Kleinhändlern und Straßendealern bestimmt und an die Einschätzung des jeweiligen Kunden bzw. an seine finanziellen Möglichkeiten angepasst. Die Paradoxie und gleichzeitig die Logik des illegalen Drogenmarktes bestehen darin, dass zahlreiche Konsumenten bereit sind, das weit überteuerte Produkt Droge zu kaufen. In dem Fall, dass sie es sich nicht mehr leisten können, wandeln sie sich in Verkäufer und werben neue Kunden an um damit ihren Konsum zu finanzieren. Preise lassen sich auf diese Weise bis zu einem gewissen Grad steigern, nicht nur, indem der Preis effektiv gesteigert wird, sondern auch, indem eine geringere Menge als zuvor für dasselbe Geld verkauft wird. Dadurch bekommen die Kleinhändler einen gewissen Spielraum, den sie auch bei taktischen Überlegungen einsetzen können. Z.B. in Zeiten, in denen von den Strafverfolgungsbehörden größere Mengen an Drogen beschlagnahmt werden, können die Händler mithilfe der beschriebenen Methode die Preise dennoch für die Konsumenten scheinbar senken, ohne in Wirklichkeit jedoch ein Verlustgeschäft zu machen. Dieses Phänomen ist nicht auf dem legalen, sondern lediglich auf dem illegalen Markt zu finden.[17]

Die Prohibition des Drogenmarktes ist der Versuch des Staates, diesen Markt durch ein strafrechtliches Verbot auf allen Bereichen zu unterbinden. Die Logik der Repression ist, die Kosten-Nutzen-Rechnung der Anbieter und Nachfrager so zu beeinflussen, dass mittels Kostenbelastungen die Preise der Anbieter die Kaufkraft der Konsumenten übersteigen, womit es zu keiner Transaktion kommen soll. Dass dieses Modell in der Praxis nicht umzusetzen ist, werde ich nun zu zeigen versuchen. Immerhin gibt es gewisse Akteure im Drogenbusiness, die diese staatlichen Anreize zu umgehen versuchen. Ein entscheidender Moment dabei ist die Professionalisierung dieser Akteure in Bezug auf die Herstellung, den Export, den Transport und den Import der illegalen Ware Droge. Um das umsetzen zu können, sind die Unternehmen wesentlich kleiner als bei legalen Wirtschaftsbereichen. Hinzu kommt, dass diese zur Abwicklung ihrer Geschäfte nicht auf rechtsstaatliche Instrumente wie Verträge zurückgreifen können, sondern andere Mechanismen entwickelt haben, wie Freundschaft, Verwandtschaft oder Gewalt. Für die Konsumenten hat dies hohe Preise zur Folge, die ab einem gewissen intensiven Konsumgrad und einem nicht adäquaten Einkommen zu Folgeproblemen führen. Als solche Probleme sind die Beschaffungskriminalität, die Prostitution und das Wechseln der Marktseite vom Süchtigen zum Klein- oder Straßendealer zu nennen. Auf dieser Kleinhandelsebene sind keine besonderen Fähigkeiten erforderlich, bis auf die arbeits- und zeitintensive Kommunikation mit den Kunden.[18]

Der illegale Drogenmarkt weist aufgrund der Prohibition mehrere Besonderheiten auf, wobei ich auf zwei eingehen will. Zum einen, wie die Wertsteigerungskette in der Abbildung zeigt, kommt es am Ende der Kette zu einem deutlichen Preisanstieg. Die größten Gewinne werden zwischen den Drogengroßhändlern und den Konsumenten eingefahren. Dafür dürften eine Erhöhung der Produktions- und Verteilungskosten, der Anstieg der Transaktionskosten infolge der illegalen Betätigung und der Risikoaufschlag verantwortlich sein. Der Marktwert der Drogen steigt also erst nach der Einfuhr in das Bestimmungsland derart stark an. Im Endverbraucherland ist eine Wertsteigerung von 80% bis 90% zu verzeichnen.[19] Auf diese Weise hat der Staat mit seiner Prohibitionspolitik das eigentlich billige Produkt Droge zu einem Millionen- bzw. Milliardengeschäft werden lassen und so einen nicht kontrollierbaren illegalen Markt geschaffen.[20]

Abbildung 3: Wertsteigerung eines Kilos Kokain[21]

WERTSTEIGERUNG EINES KILOS KOKAIN

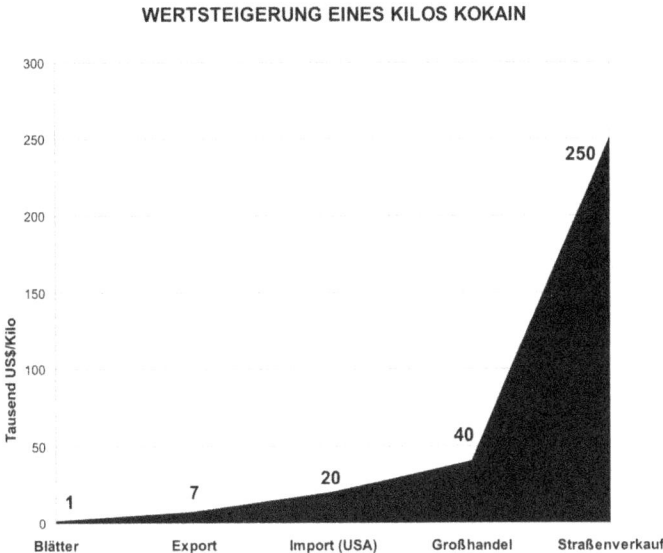

© M.T.

Als andere Besonderheiten sind die schlechte Markttransparenz und in direkter Folge davon die schlechte Qualität der Drogen zu nennen. Die staatliche Repression verhindert einerseits den Verbraucherschutz von seiten des Staates. Andererseits verwehrt sie das Qualitätsmanagement innerhalb von legalen Wirtschaftssektoren, wobei durch die Steigerung der Qualität des Produktes Kunden gehalten oder neu angeworben werden sollten, wie es in legalen Bereichen der Fall ist. Diese beiden Qualitätssicherungsmethoden können unter illegalen Bedingungen nicht angewendet werden. Eher das Gegenteil ist der Fall, denn die Strafandrohung motiviert die Anbieter ihr Geschäft so anonym wie möglich abzuwickeln. Die Konsequenzen infolge der Beimischungen von qualitativ minderwertigen oder toxischen Drogen, haben die Kunden zu tragen. Diese Risiken für die Kunden sind also nicht der illegalen Droge zuzurechnen, sondern den illegalen Bedingungen.[22]

Wie aus diesen Umständen ersichtlich ist, kann die bisherige repressive Drogenpolitik den illegalen Drogenhandel nicht verhindern. Die Prohibition führt zu einer Ausdehnung des illegalen Marktes und damit immer weniger zum angestrebten Ziel, diesen nämlich zu verhindern. Andererseits wird der Drogenmarkt gezielt an die prohibitive Politik angepasst und als neue Kraft eingesetzt, wie etwa die Risikoerhöhung infolge von Strafandrohung.

Folgende Konsequenzen der Repression können festgestellt werden: Sie schafft für organisierte Anbieter ein gewinnträchtiges Geschäftsfeld. Die Prohibition destabilisiert demokratische Gesellschaften, indem sie Korruption und Gewaltanwendung fördert, sowie die Bauern in ihrer Existenzgrundlage bedroht. Weiters verleugnet sie jeglichen verantwortungsbewussten und kontrollierten Konsum von Drogen und untergräbt die Konsumentensouveränität. Dazu kommt, dass Repression und Schadensbegrenzung in einem konzeptionellen Widerspruch zueinander stehen.[23]

Die Prohibition verfehlt ihr Ziel, denn die Jugendlichen sind aufgrund ihrer Experimentierfreudigkeit eine lukrative Zielgruppe, die durch Anreize wie Gratiskonsum von diversen Drogen relativ leicht zugänglich ist. Schließlich belastet die Prohibition nicht nur die Konsumenten, sondern auch die Mitglieder der Gesellschaft, die Opfer von Beschaffungskriminalität werden. Es kommt auch zu einer Auslastung der Kapazitäten von Polizei, Justiz und Gefängnissen, wodurch andere Bereiche der Kriminalität weniger intensiv verfolgt werden können.[24] Ich habe versucht, zu zeigen, dass die staatliche Prohibition derartig erfolglos ist, dass die Nachteile die Vorteile bei weitem überschreiten. In der Folge der Repression zieht es die Seite der Anbieter wie die Seite der Nachfrager vor, ihre freiwilligen Tauschhandlungen in der Illegalität durchzuführen. Dabei nehmen sie, um die staatlichen Regulierungsmaßnahmen zu umgehen, auch zusätzliche Kosten in Kauf. Ein Resultat daraus ist, dass der Drogenmarkt durch die staatlichen, repressiven Rahmenbedingungen faktisch dereguliert wird.[25]

Interessen des Staates und seines Apparates an der Prohibition

Dass die Prohibition dem illegalen Drogenbusiness von Nutzen ist, konnte ich oben zeigen. Daraus folgernd, vermute ich, dass diese Akteure nicht an einer Legalisierung von Drogen interessiert sein dürften.

Auf der anderen Seite des Spektrums steht der Staat, der die grundlegenden Rahmenbedingungen für den Drogenmarkt festlegt. Aufgrund des Scheiterns der Prohibition sollte logischerweise zumindest teilweise eine Freigabe von bisher illegalen Drogen erfolgen. Nachdem das nicht geschieht, stelle ich mir nun die Frage, inwiefern das Drogenverbot dem Staat und seinem Apparat in Westeuropa zugute kommt? Eventuell dient die Prohibition auch zur Durchsetzung bestimmter Interessen.[26] Dies will ich in diesem Abschnitt erörtern.

An erster Stelle werfe ich die Frage nach den finanziellen Interessen des Staates auf. Dieser Aspekt kann nur mit widersprüchlichen Fakten beantwortet werden. Einerseits fallen beträchtliche Kosten infolge des problematischen Drogenkonsums für den Staat an.[27] Größere Summen an Geldern werden für die gesundheitsschädlichen Folgen, für Therapie und Beratung, für die Strafverfolgung, für die Überwachung und Exekution ausgegeben.[28] Andererseits profitiert der Staat durch Investitionen von Drogengeldern in legale Wirtschaftsbereiche, durch die Schaffung von Arbeitsplätzen in den genannten Bereichen, durch Steuereinnahmen und durch die Steigerung der Kaufkraft von den Personen, die ihr Einkommen aus den Drogengeschäften beziehen. Das bedeutet, es gibt finanzielle Kosten und Nutzen infolge der Drogenprohibitionspolitik für den Staat. Es scheint also eine Machtfrage zu sein, wer die Problematik definieren darf. Schließlich stützen sich die Interessen gegenseitig.[29]

Als nächstes möchte ich auf die Interessen von staatlichen Institutionen eingehen. Das Drogenverbot spielt sowohl für die Einzelinteressen im institutionellen Bereich, als auch für die Aufrechterhaltung des Status Quo eine Rolle. Meiner Meinung nach ist der Staat für das Allgemeinwohl zuständig, aber schließlich sind Menschen mit der Umsetzung dieser Aufgabe betraut. Diese können unter gewissen Umständen eher dazu geneigt sein, ihre Einzel- anstatt die Allgemeininteressen zu vertreten. Hinzu kommt die aktuelle Entwicklung, dass das vorrangige Prinzip im wirtschaftlichen Handlungsbereich die Durchsetzung des eigenen Vorteils ist. Es wäre also nicht verwunderlich, wenn dieses Leitprinzip auch im Staatsapparat Anwendung finden würde.[30]

Ein Merkmal von Bürokratie ist nach Frey die ausgebildete Tendenz zum Wachstum und zur künstlichen Schaffung von Aufgaben.[31] Staatliche Behörden streben danach, ihre Macht auszuweiten, genauso wie ihr Einkommen und nach einer Maximierung des ihnen zur Verfügung stehenden Budgets.[32] Wird also eine Behörde mit einem Aufgabenfeld, wie z.B. die Umsetzung der Drogenprohibition auf der Ebene der Exekutive betraut, dann ist es ihr immanentes, institutionelles Interesse möglichst alleinig dafür zuständig zu sein, die eigene Kompetenz zu erweitern und Erfolge nachzuweisen.[33] Ein gutes Beispiel für Erfolge solcher Art sind die medienwirksamen Großrazzien mit Beschlagnahmungen von mehreren (hunderten) Kilogramm Kokain, Cannabis oder Heroin. Aus einer gesamtgesellschaftlichen Perspektive haben solche „Erfolge" jedoch keinerlei Auswirkungen auf den Markt in dem Sinne einer Verknappung des Angebotes. Der einzige Effekt im negativen Sinne ist, dass die Drogen zusätzlich gestreckt werden, um die Nachfrage zu decken.

Das bedeutet weiter, dass die Zuständigkeit einer Behörde für die Prohibition von Drogen zu einer tendenziellen Ausweitung des Problems und zur Beibehaltung der Illegalisierung führt. Denn nur so kann die Notwendigkeit der Existenz einer Behörde über einen längeren Zeitraum hindurch gerechtfertigt werden.[34] Doch die Aufdeckung bestimmter Straftaten und die vermehrte Anzahl an Verdächtigen geht auch mit einer Erhöhung der Beamten zu ihrer Bekämpfung einher.[35] Das wirkt sich wiederum insofern aus, als dass der staatliche Repressionsapparat in den reichen und mächtigen Industriegesellschaften ausgeweitet worden ist.[36] Die steigende Anzahl an Verdächtigen wird jedoch auch gerne zur Legitimation für die Ausweitung des Apparates zur Drogenbekämpfung verwendet.[37] Dies wird dadurch verstärkt, dass den Behörden eine wichtige Rolle in Bezug auf die Organisationsfähigkeit und die Durchsetzungsfähigkeit bei Gesetzgebungsverfahren zukommt.[38] Für den Fall einer Änderung der repressiven Drogenpolitik würde das den personellen Abbau und die Umstrukturierung der betreffenden Behörden bedeuten. Folglich ist es nicht im Interesse der staatlichen Behörden, an der Prohibition etwas zu ändern.[39]

Diese Tendenzen von Bürokratien auf nationalstaatlicher Ebene sind auch auf die transnationale und supranationale Ebene übertragbar, wie z.B. die UNO oder die EU. Diese haben sogar einen größeren Entscheidungsspielraum und unterliegen geringeren Kontrollmechanismen. Die wachsende Bedeutung diverser Einrichtungen zur Drogenbekämpfung, wie z.B. der UNODC oder EMCDDA, ist auch unter dem beschriebenen Gesichtspunkt und nicht nur als Auswirkung des Drogenmarktes zu sehen.[40]

Schließlich ermöglicht die Drogenprohibition, dass gegen bestimmte gesellschaftliche Gruppen vorgegangen wird und zwar unter dem Vorwand der Drogenbekämpfung. Das bedeutet, dass die Drogen als Mittel (in Form einer zu bekämpfenden Bedrohung) zum Zweck (der bewussten Delegitimation, Kontrolle und zum Ausschluss bestimmter Bevölkerungsgruppen) eingesetzt wurden und werden. Ein Beispiel ist die aus der Studentenbewegung der 1960er und 1970er hervorgegangene sogenannte Drogenwelle. Durch den gezielten Aufbau des Bildes der Bedrohung der Jugendlichen durch Drogen konnte in Wirklichkeit die Veränderungsbewegung kriminalisiert und dadurch größtenteils unterdrückt werden. Daran wirkten verschiedene staatliche Gruppen und Institutionen mit. Diese waren z.B. der staatliche Repressionsapparat und konservative Parteien.[41]

Der Staat sorgt mit seiner Prohibitionspolitik auch im Zusammenhang mit der Delegitimation, Kontrolle und dem Ausschluss bestimmter Bevölkerungsgruppen dafür, dass seine Gesellschaft trotz sozialer Brüche und Ungleichheiten, sowie Interessensunterschieden als einigermaßen stabile Ordnung zusammengehalten wird. Dafür muss die Drogenproblematik herhalten. Durch diverse Formen der öffentlichen Entrüstung werden einerseits die dominanten gesellschaftlichen Normen und Wertvorstellungen gefestigt. Andererseits wird dadurch Exklusion und Inklusion betrieben. Der Ausschluss bestimmter Gruppen, zumeist Minderheiten oder subversive Jugendliche, ermöglicht die Formung und Festigung der Wir-Gruppe, welche die Mehrheit der Bevölkerung ausmacht. Der Ausschluss erfolgt über ein kreiertes Feind- bzw. Gefahrenbild.[42]

Dieser „nützliche Feind", wie es Christie und Bruun[43] nannten, dient gewissen Zwecken. Drogen sind ein solcher „nützlicher Feind". Auf einige dieser Bedingungen möchte ich eingehen. Ein Feindbild wird erst dann zum „nützlichen Feind", wenn es als eine lang andauernde Bedrohung wahrgenommen wird und es zu entsprechenden sozialen Ausformungen, wie Stereotypen, kommt. Wenn es anschließend zu einer Institutionalisierung dieses Feindbildes kommt, lässt es sich kaum mehr aufbrechen. Dies zeigte sich z.B. als, infolge der Auflösung der US-Alkoholprohibition, sofort eine neue Bedrohung durch Cannabis „gefunden" wurde.[44]

Dieses Feindbild kann dann besonders wirkungsvoll zum Einsatz kommen, wenn es gut sichtbar ist und die Masse der Bevölkerung nicht über ein differenziertes Wissen zum jeweiligen Thema verfügt. Dadurch kann das Halb-Wissen leicht für die Auffüllung des Themas mit Ängsten eingesetzt werden. Auch dies gilt im besonderen Maße für Drogenkonsum. Wissen ist insofern Macht, als dass dadurch die Ängste aufgelöst werden können. Dazu passt sehr gut, dass es zu einer Vermischung von Problemen, die durch Drogenkonsum verursacht werden und solchen, die als Folge der Illegalität zu nennen sind, kommt. Dadurch werden alle Probleme im Zusammenhang mit Drogen gesehen, was verfälschte Konsequenzen und eine Verzerrung der öffentlichen Wahrnehmung zu Folge hat.[45]

Der Konsum von Drogen bewirkt oft eine abweichende Sicht der Realität und damit ändern die Drogen das Verständnis von Realität. Die zentralen Werte in den reichen und mächtigen Industriegesellschaften, nämlich Leistung und Effizienz, können durch den Konsum gewisser Drogen in Frage gestellt werden und werden deswegen als Bedrohung wahrgenommen. Durch den Kampf gegen das Feindbild Drogen bekommen die Institutionen wie selbstverständlich gewisse Sonderrechte, z.B. den „Lauschangriff", zugesprochen. Eine Variante ist, dass die normalen gesellschaftlichen Kontrollinstrumente außer Kraft gesetzt werden, wie z.B. die Beschneidung der bürgerlichen Freiheiten und Schutzrechte. Der „nützliche Feind" hat umfassend bekämpft zu werden und deswegen ist er immanent böse. Das Feindbild kommt dann gut zur Geltung, wenn es das Gegenteil vom Guten und Wahren symbolisiert. Die illegalen Drogen decken diese Anforderung sehr gut ab, denn sie stehen für das Schlechte. Hinzu kommt, dass alle negativ besetzten Bilder in Drogen hineinprojiziert werden können.[46] Dieses Feindbild-Konzept geht sehr gut auf und kann stets neu generiert werden. Je nach Bedarf kann der „Feind" anders definiert werden. Dies birgt auch eine große Gefahr.

Eine Alternative

Aufgrund der gesellschaftlichen Nachfrage bzw. deren grundlegendem Bedürfnis nach Drogen einerseits und dem Versagen der Prohibition andererseits, wäre ein alternativer Ansatz zur Handhabung der Drogenproblematik notwendig. Zwischen einer totalen Freigabe von allen Drogen und einer absoluten Prohibition gibt es mehrere Abstufungen.[47] Ich möchte im Folgenden ein solches Konzept erörtern, das mir weitgehend sinnvoll erscheint und sich innerhalb dieses Spektrums befindet. Das grundlegende Prinzip dabei ist, dass der Staat den Drogenmarkt direkt reguliert. Der Staat bekämpft die Marktmechanismen nicht mehr, sondern er nutzt sie. Das Monopol der derzeitigen Anbieter, das ihnen maximale Gewinne bringt, soll aufgebrochen werden, indem der Staat als zusätzlicher Anbieter am Markt auftritt.[48] Repressive und präventive Maßnahmen werden an das Suchtproblem angepasst und Probleme wie die Kriminalisierung, die als Folge der Prohibition entstehen, sollen durch entsprechende Abänderungen in der Handlungsweise des Staates verhindert werden.

Das Konzept, das ich als nächstes skizzieren werde, basiert auf dem Vorschlag von Mathias Erlei. Der Drogenmarkt wird dabei nach folgenden Kriterien geteilt. Auf der Seite der Anbieter tritt im Vergleich zur kontemporären Situation der Staat als zusätzlicher Akteur neben den illegalen Drogenunternehmern auf. Dieser kann die Drogen an süchtige Menschen besonders kostengünstig abgeben, da er legal auftritt und sämtliche Kosten für die Aufrechterhaltung des illegalen Netzwerkes und die Risikokosten hinfällig werden. Der Verkauf von Drogen an nicht-süchtige Personen bleibt weiterhin strafrechtlich verboten. Nicht-süchtige Personen sind hierbei alle Menschen, die nicht unter die staatliche Regelung der „Süchtigen" fallen und damit nicht vom Staat mit Drogen versorgt werden. Auf der Seite der Nachfrager werden demzufolge die abhängigen Personen mit kostengünstigen Drogen vom Staat versorgt. Für die restliche Bevölkerung bleibt das derzeitige Verbot aufrecht.[49]

Durch die Involvierung des Staates als begrenzter Anbieter wird die Marktstruktur grundlegend modifiziert. Der Staat bietet Drogen legal und günstig den Abhängigen an, die wiederum einen großen Teil des Geschäftes ausmachen. Dadurch werden die Gewinnmöglichkeiten für die illegal agierenden Akteure und ihre monopolistische Preissetzung gemindert, woraufhin die Ausdehnungsdynamik des Marktes verkleinert wird. Das illegale Drogenbusiness bleibt auf diese Weise zwar erhalten, doch es kann nur mehr die Erstkonsumenten und die Menschen mit illegalen Drogen versorgen, welche die Anonymität bevorzugen. Erlei führt an, dass die beiden Nischenmärkte relativ klein und weniger rentabel sind, da das staatliche Angebot für die Konsumenten zu reizvoll sei. Weiter geht er davon aus, dass die Preise für den Erstkonsum steigen werden und die Zahl der Anbieter mit der Zeit sinken wird.[50]

Erlei führt zwei weitere Voraussetzungen an, damit dieses Konzept sinnvoll umgesetzt werden kann. Zum einen sollen die staatlich erworbenen Drogen unter der Beaufsichtigung von Arzt oder Apotheker gleich eingenommen werden. Zum anderen sollte der Konsum von Drogen prinzipiell straflos gehalten werden, denn nur auf diese Weise können sich die Konsumenten dem staatlichen Angebot zuwenden und Folgewirkungen der Prohibition vermieden werden. Der Verkauf und der Besitz, im Sinne der Möglichkeit zum Verkauf und die nicht genehmigte Herstellung sollen weiterhin unter Strafe gestellt werden.[51]

Neben diesen Voraussetzungen gibt es einige ungeklärte Probleme mit dieser Teilliberalisierung. Wenn solche Vorhaben national umgesetzt werden, dürften erfahrungsgemäß Drogenkonsumenten aus anderen Ländern, wie es z.B. in den Niederlanden geschah, angezogen werden.[52] Das bedeutet, dass eine internationale Lösung erstrebenswert wäre, oder zumindest eine EU-interne. Einen nationalen Alleingang halte ich für wenig sinnvoll und eventuell sogar destruktiv, weil dadurch vermutlich viele süchtige Menschen aus anderen Staaten angezogen werden würden.

Schließlich sollen durch dieses Modell auch externe Kosten gesenkt werden. Die niedrigen Preise für die staatlich abgegebenen Drogen sollen die Beschaffungskriminalität und die damit einhergehende Prostitution senken, womit sich die Lebensbedingungen für Abhängige verbessern sollten. Davon würde auch die nicht-süchtige Bevölkerung profitieren, die oft das Opfer der Beschaffungskriminalität ist. Durch die kontrollierte Drogenzufuhr kann auch die Krankheits- und Seuchenübertragung unter den Abhängigen deutlich gesenkt werden. Diese drei Vorteile können jedoch nicht alle externen Kosten beseitigen. Folgewirkungen, wie die Herabsenkung der Reizschwelle und die negativen Auswirkungen auf ungeborene Babies lassen sich auch durch dieses Konzept nicht verhindern.[53]

Zunächst können solche Änderungen in der Drogenpolitik nur durch die Mehrheit der wahlberechtigten Bevölkerung legitimiert werden. Der Staat kann nicht als Vormund seiner BürgerInnen agieren. Er kann aber durch eine adäquate Aufklärungspolitik die Voraussetzungen dafür schaffen, dass die Bevölkerung bei einer derartigen Abstimmung mit einer gewissen Wahrscheinlichkeit positiv votiert. Ein Problem ist aber die politische Durchsetzbarkeit eines solchen Vorschlages, der seitens des Staates einiges an Vorarbeit verlangen würde. Der Staat kann nach erfolgreicher Umsetzung eines solchen Konzeptes auch eine rechtliche Trennung von sogenannten weichen (z.B. Cannabis) und harten Drogen (z.B. Heroin) vornehmen.[54]

Ich will nun einige Kritikpunkte in Bezug auf das vorgestellte Modell anführen. Ich sehe ein Problem bei der kontrollierten Abgabe von Drogen nur an Abhängige darin, dass die Souveränität und das Selbstbestimmungsrecht von Personen, die zwar Drogen konsumieren, jedoch nicht süchtig sind, verletzt werden. Dieser Teil der Bevölkerung wird weiterhin kriminalisiert. Der Konsum von Alkohol ist hierzu ein guter Vergleich, denn es gibt eine Menge Leute, die Alkohol (regelmäßig) konsumieren, ohne abhängig zu sein. Eine andere Problematik, die an dieses Problem grenzt, ist, dass es eine Definitions- und damit eine Machtfrage ist, wer über die Abhängigkeit wie bestimmt. Daran knüpft auch das Problem der Trennung zwischen Besitz von Drogen und ihrem Konsum an, da genau hierbei auch die Trennlinie zwischen Legalität und Kriminalisierung gezogen wird. Wer Drogen konsumiert, besitzt zwangsläufig auch welche, außer diese Person nimmt sie unter

Aufsicht einer Ärztin bzw. eines Arztes oder einer Apothekerin bzw. eines Apothekers ein.

Süchtige Menschen brauchen meiner Meinung nach eine Nachbetreuung. Es genügt nicht, ihnen kontrolliert Drogen zu geben. Die Gefahr dabei ist jedoch, dass Süchtige nur in Verbindung mit einer Therapie Drogen bekommen, was ich für problematisch halte. Meine Besorgnis bezieht sich auf die Verpflichtung des Abhängigen, eine Therapie einzugehen, um die Drogen legal zu erhalten. Das würde meiner Meinung nach an der aktuellen Situation wenig ändern. Ich plädiere dafür, dass Drogenabhängige, genauso wie Alkoholsüchtige, selber über ihre Therapierung bestimmen und nicht einer Zwangsbehandlung unterworfen werden. Dennoch bin ich von der Unerlässlichkeit einer freiwilligen Nachbetreuung überzeugt. Diese sollte nach dem Prinzip der Hilfe zur Selbsthilfe angelegt sein und wesentliche Bestandteile wie Beratung, freiwillige Behandlung und Resozialisierung beinhalten.[55]

Ein anderer Kritikpunkt ist, dass Erlei davon ausgeht, dass sich lediglich Menschen, welche die Anonymität bevorzugen, mit illegalen Drogen versorgen. Ich bin dabei eher vorsichtig, da nicht jede Entscheidung für die Anonymität auf Freiwilligkeit basiert. Oftmals gibt es äußere Zwänge, die einen Menschen dazu veranlassen, anonym Drogen zu kaufen und zu konsumieren. Ein Vergleich dazu ist die Wahlmöglichkeit bei einer Psychotherapie. Entweder man/ frau zahlt größtenteils selber, oder man/ frau bekommt sie von der Krankenkasse unter Berufung auf eine medizinische Notwendigkeit, welche minimal jedoch eine leichte Depression wäre, bezahlt. Ein solcher Eintrag bei der Krankenkasse könnte bei einem Arbeitgeber negativ gewertet werden, wodurch man/ frau eventuell z.B. einen bestimmten Job nicht bekommt. Ähnliches lässt sich auf die staatliche Drogenabgabe übertragen.

Ein weiteres Manko bei dem Konzept von Erlei ist, dass Jugendliche nicht erfasst werden. Er begnügt sich damit, dass sie als Nischenmarkt nicht interessant, weil zu wenig lukrativ, sind. Dies muss aber nicht der Fall sein, denn, wenn den illegalen Drogenunternehmern keine anderen Marktsegmente zur Verfügung stehen, werden sie sich wahrscheinlich zumindest eine Zeit lang besonders intensiv um die verbliebenen Nischenmärkte am illegalen Drogenmarkt kümmern. Bekanntermaßen bedeutet der Einstieg des Staates in den Markt nicht zwangsläufig, dass der bisherige Monopolist sich gänzlich vom Marktgeschehen zurückzieht. Es bedeutet lediglich eine Konkurrenz für den bisherigen Anbieter. Dieser wiederum wird durch verschiedene Anreize für die Konsumenten, wie z.B. eine deutliche Preissenkung oder das Angebot neuer Drogen, versuchen, diese für sich zu gewinnen. Das bedeutet für mich auch, dass die illegalen Netzwerke sich verstärkt anderen illegalen Bereichen widmen werden. Dabei ist bereits heutzutage die Tendenz zu erkennen, dass diese illegalen Organisationseinheiten nicht nur mit Drogen, sondern auch mit Waffen oder Menschen handeln. Fällt ein Bereich weg, wird Kapazität für einen anderen frei, woraufhin z.B. intensiver Diamanten gehandelt werden können.

Schließlich ist der Punkt der steigenden Nachfrage nicht behandelt worden. Durch dieses Konzept von Erlei werden zwar die Süchtigen aus dem illegalen Bereich herausgenommen, doch die allgemeine Nachfrage bleibt unangetastet. Es gilt meiner Meinung nach zu klären, wieso ein steigender Trend zum Konsum von Drogen in der Bevölkerung verzeichnet wird. Bei den Jugendlichen besteht meiner Meinung nach besonderer Handlungsbedarf. Es ist verantwortungslos, sie dem Marktgeschehen in der Hoffnung, dass sie nicht ausreichend zahlungskräftig sind, zu überlassen, wie es Erlei betont. Ich möchte die betreffende Stelle zitieren:

> „Der Markt für Erstkonsumenten, insbesondere der für zahlungsschwache jugendliche (!!) Erstkonsumenten, dürfte kaum noch rentabel sein, da die Gefahr einer Abwanderung zum staatlichen Angebot sehr groß ist".[56]

Ich will darauf hinweisen, dass Jugendliche durchaus sehr zahlungskräftig sind, auch ohne dass sie über ein eigenes Einkommen verfügen, wie anhand von Platten- oder Kleidungseinkäufen zu erkennen ist. Zudem kommt, worauf ich bereits eingegangen bin, wie die Gruppe der Abhängigen definiert wird, die vom Staat kostengünstig Drogen erhalten. Ich hoffe, durch diese Begründungen die Aussage von Erlei widerlegt zu haben. Jedoch will ich anmerken, dass ich aufgrund meiner Kritik eine stärkere Involvierung des Staates in den Drogenmarkt für sinnvoll halte, z.B. im Bereich der Arbeit mit Jugendlichen.

Ohne über genauere medizinische Kenntnisse zu verfügen, vermute ich, dass das Nachfragepotential einerseits aus den Jugendlichen und andererseits aus Patienten, die regelmäßig Medikamente einnehmen, gespeist wird. Wie ich bereits im Kapitel über den historischen Kontext herausarbeiten konnte, scheint es bei Pharmafirmen aus Gewinngründen an der Tagenordnung zu stehen, dass ein Medikament den Patienten verabreicht wird, welches sich Jahre später als abhängig machend oder toxisch erweist, das wiederum durch ein Mittel ersetzt wird, bei dem erneut nach Jahren festgestellt wird, dass die Patienten danach süchtig sind. Meiner Meinung nach sind dies die Ansatzpunkte für die steigende Nachfrage, welchen im Zusammenhang mit den aktuellen gesellschaftlichen Veränderungen nachgegangen werden sollte. Dabei sollte verstärkt auf präventive und aufklärende Maßnahmen gesetzt werden. Die Dämonisierung von Drogen halte ich im Speziellen für kontraproduktiv, weil dadurch besonders pubertierende bzw. rebellische Jugendliche angesprochen werden.

6.2. Der Konsum

Zuerst möchte ich kurz auf die Entwicklungen des Drogenkonsums in Westeuropa eingehen. Folgende Tendenzen in der EU-Drogenszene zeichnen sich laut EU-Drogenbeobachtungsstelle ab. Cannabis bleibt weiterhin in allen EU-Ländern die am meisten konsumierte illegale Droge. Ferner nehmen immer mehr junge Menschen, sowie Personen aus dem städtischen Raum Cannabis zu sich. Ein neuer problematischer Trend ist, dass eine relativ kleine Gruppe diese Droge regelmäßig und intensiv konsumiert. Allgemein ist festzustellen, dass Europa den weltweit größten Cannabismarkt aufweist.[57] Doch es können auch europaweit regionale Unterschiede festgestellt werden. So konsumieren in den Niederlanden, Spanien und Großbritannien prozentuell doppelt so viele Menschen Cannabis wie in Finnland oder Schweden.[58] Die Statistiken bezüglich der Niederlande sind meiner Meinung nach vorsichtig zu betrachten. Bei den Konsumenten sollte hinterfragt werden, ob es sich lediglich um die Bevölkerungszahl des Staates handelt, oder ob auch UrlauberInnen mitgezählt werden und die betreffenden Statistiken somit verfälscht werden.

Der Amphetamin- und Ecstasykonsum, also der Konsum synthetischer Drogen, sowie deren Herstellung sind in Europa weiterhin sehr verbreitet, dessen ungeachtet gibt es keine Anzeichen für einen Anstieg in der Allgemeinbevölkerung. Es zeichnet sich auch eine Stabilisierung beim hohen Konsum der städtischen Jugend ab. Beim Kokainkonsum ist jedoch europaweit eine Zunahme zu erkennen. Vor allem in den größeren Städten ist dieser weit verbreitet. Auch die Zahl der Sicherstellungen ist gestiegen.[59]

Bei der Hälfte oder gar bei drei Viertel der Therapieneuzugänge in der EU sind Opiate, besonders Heroin, die Hauptdroge. Heroin verursacht auch die meisten drogenbedingten Probleme wie z.B. Kriminalität und Infektionskrankheiten.[60] Jährlich gibt es an die 8000 Drogentote, wobei die Hauptursachen eine Überdosierung und das Mischen von verschiedenen Drogen sind. Eine weitere Ursache ist die Einnahme von Substitutionsmitteln. Dem durchschnittlichen Drogentoten, welcher an die 30 Jahre alt ist, geht ein jahrelanger Drogenkonsum voraus.[61] Allerdings ist die Tendenz bei den Leuten, die eine Therapie wegen Heroin beantragen, fallend und bei Personen, die Cannabis- und Kokainprobleme aufweisen, steigend. Die sozialen Bedingungen von Konsumenten, die eine Drogentherapie beantragen, scheinen sich in Bezug auf die Bildungs- und Beschäftigungssituation, zu verschlechtern.[62] Das bedeutet in unserer neoliberalen, westlichen Welt eine zunehmende Verschärfung der sozialen Ungleichheiten beim problematischen Drogenkonsum.

Der problematische Drogenkonsum ist in den meisten Ländern durch einen chronischen Opiatkonsum gekennzeichnet, außer in Finnland und Schweden, wo Amphetamine mehr ins Gewicht fallen. Die meisten Fälle sind in Italien, Luxemburg, Portugal und dem Vereinigten Königreich verzeichnet worden. Deutschland, die Niederlande und Österreich weisen die niedrigsten Zahlen auf. Schätzungen des problematischen Drogenkonsums sind nicht sehr genau und nur teilweise vergleichbar. Deswegen ist es schwierig, Trends zu erkennen. Jedoch konnte seit Mitte der 1990er ein Anstieg des problematischen Drogenkonsums in den europäischen Staaten verzeichnet werden. Circa 60 Prozent entfallen dabei auf aktive injizierende Konsumenten, die einer immens höheren Gefahr einer HIV-, sowie Hepatitis-C Infektion ausgesetzt sind.[63]

Drogen bzw. deren Kriminalisierung verursachen vielschichtige Probleme, wobei angemerkt werden soll, dass gewisse Probleme erst zum Drogenkonsum führen. Jedenfalls verlangen diese beiden Problemgruppen nach genauso ausgetüftelten und komplexen Abhilfemaßnahmen im Rahmen von koordinierten langfristigen Strategien, die zum einen kontinentaleuropäisch und zum anderen global angesiedelt sein sollten. Dennoch ist es wichtig auf regionale und kulturelle Unterschiede einzugehen. Dabei ist das Drogenproblem in einem umfassenden, multidisziplinären, integrierten und ausgewogenen Ansatz anzugehen. Viele westeuropäische Staaten arbeiten besonders im Rahmen der EU enger zusammen, wobei z.B. im Laufe der letzten Jahre ein nationaler Strategie-Plan über die jeweiligen Absichten in der Drogenpolitik von vielen Staaten verabschiedet worden ist. Hinzu kommen Erweiterungen der rechtlichen Befugnisse zur Überwachung und eine verstärkte Kontrolle der Daten und Telekommunikation.[64]

Der Konsum von Drogen kann in Bezug auf die Akteursfrage lediglich unter dem Blickwinkel der Nachfrager betrachtet werden. In meinem Kontext spielt der Konsum aber auch eine Rolle als Motivator, wobei jene bei Bedarf zu Kleindealern oder Straßenhändlern werden. Andererseits ist gerade der Drogenkonsum der ausschlaggebende Moment für den finanziellen Erfolg der gesamten Branche. Ohne die zahlende Klientel, die Konsumenten, würde es kein illegales Drogenbusiness geben. Ohne die Nachfrage in den zahlungskräftigen, reichen und mächtigen Industrieländern würde die Problematik eine andere, weniger relevante Dimension einnehmen. Diese (steigende) Nachfrage, die natürlich auch von der Seite der Drogenhändler durch neue Anreize zumindest stabil gehalten wird, ist der Kern des Drogenbusiness. Sie ist der entscheidende Moment dafür, dass die Produktion von Drogen aller Art zunimmt und der Handel mit den legalen wie illegalen Drogen sehr gewinnbringend ist. Drogen werden im Normalfall den Menschen in Westeuropa nicht aufgezwungen, sie bestimmen selber über ihren Konsum, wenngleich es gewisse Umstände gibt, die zum Drogenkonsum verleiten. Gleichzeitig möchte ich darauf hinweisen, dass die Nachfrage einer der Bereiche des Drogengeschäftes ist, der in der Literatur sehr vernachlässigt wird. Die Konsumenten werden zumeist als Opfer gesehen. Beim Konsum stehen auch die gesundheitlichen Aspekte im Vordergrund, genauso wie die Reduzierung der Angebote. Besonders staatliche Maßnahmen zur Senkung der Nachfrage sind im Vergleich zur Zerstörung der Angebote kaum vorhanden.[65] Eine differenzierte Sichtweise, die kritische Fragen aufwirft, ist selten zu finden. Ich vermisse es, dass hinterfragt wird, warum sich immer mehr Menschen für Drogen entscheiden.

Wie ich bereits im Abschnitt über den Staat als Akteur des Drogenbusiness in Westeuropa erwähnt habe, ist die Nachfrage nach Drogen begrenzt unelastisch. Die süchtigen Konsumenten haben bei ihrer Kaufentscheidung so gut wie keinen Entscheidungsspielraum und sind bereit, für ihre Sucht den Preis zu zahlen, den sie sich gerade noch auf irgendeine Art und Weise leisten können. Währenddessen die sporadischen und regelmäßigen, aber nicht-süchtigen Nachfrager Ausweichmöglichkeiten haben. Sie können ihren Konsum bei erhöhten Preisen entweder beschränken oder auch auf billigere, wie z.B. synthetische Drogen ausweichen.[66]

Der Zusammenhang zwischen dem Konsum und der staatlichen Prohibition gestaltet sich schwierig. In vielerlei Hinsicht sollte der Konsum von differenten Drogen unterschieden werden. Der Konsum von Heroin lässt sich nicht mit dem von Cannabis gleichstellen, schließlich sind andere Konsequenzen zu erwarten. Auch können nicht alle Konsumenten und Süchtige als Drogenspritzer abgestempelt werden. Es gibt zudem unterschiedliche Formen des Konsums. Neben den Süchtigen, bei denen eine Abhängigkeit zu einer bestimmten Droge festzustellen ist, gibt es auch Konsumenten, die von der oder den Drogen, die sie einnehmen, nicht abhängig sind. Hierbei möchte ich festhalten, dass diese Personen völlig sozial integriert sind, ihrer Arbeit nachgehen und sonst ebenfalls an die Gesellschaft angepasst sind und zwar im gleichen Maße, wie es Personen sind, die z.B. ausschlließlich Zigaretten konsumieren. Aus dieser Perspektive ist eine Trennung von sogenannten weichen und harten Drogen sinnvoll.[67]

Ich will nun auf die Nachfrage von Drogen eingehen. Sie ist weltweit in unterschiedlichem Maße steigend und wird von regionalen Marktsättigungen begleitet. Heutzutage gibt es zudem keine klassenspezifische Nachfrage mehr. Ein anderer Trend ist, dass die Konsumenten nicht mehr ausschließlich eine Art von Drogen zu sich nehmen, sondern zunehmend verschiedene. Entweder werden sie gleichzeitig oder jedoch allmählich hintereinander eingenommen. Hinzu kommt, dass sogenannte reine Drogen, wie z.B. Kokain oder Marihuana, immer öfter mit billigen und oftmals giftigen Substanzen gestreckt werden.[68] Auf diese Weise lassen sich z.B. „Fahndungserfolge", die zu einem kurzfristigen Angebotsmangel führen können, ausgleichen oder die Gewinne erhöhen. Im Falle einer Marktsättigung werden die Konsumenten mit neuen Anreizen zum Kauf motiviert. Ein Beispiel ist die Erfindung von Crack, welches vermutlich nicht von der Pharmaindustrie, sondern von den Drogenhändlern kreiert worden ist, wie ich bereits im Kapitel über den historischen Kontext erläutert habe. Eine andere Möglichkeit, neue Anreize zu schaffen, ist, dass verschiedene Drogen auf unterschiedlichem Wege konsumiert werden können, wie z.B. bei Heroin, dass sowohl gespritzt, als auch inhaliert werden kann.[69]

Eine besondere Art, die Konsumentenkreise zu erweitern bzw. die bestehenden Abnehmer zu versorgen ist, indem jeder Musikstilrichtung ihre eigenen Drogen zugeschrieben werden.[70] Ich will jedoch darauf hinweisen, dass dieser Prozess nicht allein durch die Drogenunternehmer von statten gehen kann. Meiner Meinung nach sind sie eher die Nutznießer einer solchen Entwicklung. Derartige Zuschreibungen erfolgen auf eine äußerst komplexe Art und Weise. Dazu tragen schließlich die Plattenfirmen, deren Aushängeschilder, also die MusikerInnen und die Medien, im Besonderen die Massenmedien als Übermittler bei. Schließlich wirkt auch der Staat mit seiner repressiven Drogenpolitik begünstigend auf diesen Prozess.

Mein Erklärungsversuch ist, dass die Plattenfirmen an maximalen Gewinnen interessiert sind. Dies erreichen sie, indem ihre KünstlerInnen, also die MusikerInnen, viele Alben und CD`s verkaufen. Dies kann wiederum durch eine adäquate Darstellung in den Medien erreicht werden. Doch was bedeutet adäquat? Das heißt für mich, dass die

Käufer sich mit den MusikerInnen stark identifizieren können. Dies geschieht, indem MusikerInnen zu Stars gemacht werden und auf ihr Image gewisse Wunschvorstellungen übertragen werden, die zum Kauf der Alben anregen sollen und vermehrt die Konsumenten prägen.[71] Ein derartiges Wunschbild sind die Drogen bzw. das was sie vermitteln sollen, wie z.B. Entspanntheit, Coolness, Stärke, Erhabenheit, Abenteuer, Relaxtheit. Drogen dienen demnach als Transporteur von gewissen anzustrebenden neoliberalen Werten. Durch die mediale Inszenierung wird dies umgesetzt und der Konsum von Drogen erfährt eine Aufwertung.

Dass jeder Musikrichtung ihre eigenen Drogen zugeschrieben werden, ist ein nachgeordneter Effekt. Von primärem Interesse ist der Aufbau dieses beschriebenen Mechanismus, wobei Musikhören mit Drogenkonsum verbunden wird. Es ist lediglich ein zusätzlicher Anreiz, der eventuell auch dazu dient, um sich von anderen Stilrichtungen und anderen Gruppen von Menschen abzugrenzen und um das eigene Zugehörigkeitsgefühl zu intensivieren. Durch die differente Zuschreibung können zudem verschiedene Drogen abgesetzt werden. Ein Konzept, dass also für alle Beteiligten von Nutzen ist.

Der Staat hat auch hierbei die Rolle, die Rahmenbedingungen festzulegen. Er ist präsent, ohne für die Gesellschaft wirklich greifbar zu sein. Beispielsweise beschließt er die Gesetze und besorgt ihre Ausübung. In diesem Fall bedeutet es, dass er diesem Mechanismus zuträglich ist, indem er durch die Drogenprohibition ermöglicht, dass man/ frau eine Gegenposition einnehmen kann. Eine bei der man/ frau subversiv, rebellisch, aufmüpfig sein kann. Erst durch die Illegalisierung greift die Zuschreibung von Wunschvorstellungen, die durch Drogen vermittelt werden, auf das Image von MusikerInnen und deren mediale Inszenierung, die schließlich bei den Konsumenten Anklang findet. Damit meine ich, dass das Verbot von Drogen ein wichtiges Element für diese Maschinerie darstellt, weil es die Verlockung enthält, dagegen zu verstoßen.

6.3. Die Produktion

Auch bei der Produktion möchte ich kurz einige globale und für Westeuropa relevante Tendenzen anführen. Dabei nimmt die UNO eine Aufteilung der Drogen in folgende vier Gruppen vor: Die weltweite Produktion von Opium und Heroin bestimmen Afghanistan, Myanmar und Laos. Nachdem 2001 ein Rückgang der Produktion, wegen des von dem Talibanregime verhängten Verbotes verzeichnet wurde, stieg sie 2002 wieder aufgrund der Wiederaufnahme der Bebauung in Afghanistan.[72] Auch das von Präsident Karzai verhängte Verbot für den Anbau blieb wirkungslos. Afghanistan eignet sich für den Anbau dieser Droge besonders, da er über gute klimatische Bedingungen verfügt.[73] Die in die EU importierten Opiate kommen primär aus diesem Staat und werden vorwiegend über den Iran, die Türkei und über den Balkan auf dem Binnenweg nach Europa geschmuggelt. Daneben gibt es auch eine EU-interne Opiumproduktion, die aber nur in der östlichen EU angesiedelt ist und vermehrt durch Importe ersetzt wird.[74]

Die globale Coka-Produktion besorgen zu fast neunzig Prozent Kolumbien, Peru und Bolivien. Dabei ist deutlich zu sehen, dass durch die Reduzierung des Anbaus in Kolumbien die Produktion in Bolivien gestiegen ist.[75] Die größte Menge an Kokain, das in Europa sichergestellt werden konnte, gelangt über die Karibik oder über Zentral- oder Lateinamerika, besonders jedoch Venezuela, Brasilien und Ecuador, auf den europäischen Markt. Das Kokain kann über den Seeweg oder auf dem Luftweg direkt oder über Transitstaaten nach Europa geliefert werden.[76] In Europa sind besonders die Hafenstädte von Italien, Portugal, Spanien und den Niederlanden als Transitrouten interessant. In geringerem Maße auch Frankreich und Großbritannien.[77] Doch diesen Staaten kommt keine besondere Bedeutung zu, da der europäische Kokainmarkt als ein einheitlicher gesehen werden kann. Sie haben als Einfuhrländer lediglich einen untergeordneten Stellenwert, da der Transport innerhalb der EU keinen größeren Aufwand erfordert.[78] Dies ist deswegen so, weil durch das Schengen-Abkommen und anderen Vereinbarungen zur Erleichterung des Grenzverkehrs eine Art westeuropäischer Handelsraum geschaffen wurde, innerhalb dessen nur sporadisch Kontrollen stattfinden.[79] Das bedeutet, dass der für legale Waren offene westeuropäische Handelsraum auch für illegale Waren wie Drogenlieferungen genutzt wird. Hierbei die Handelsgüter in legal und illegal zu trennen ist nahezu unmöglich. Auf diese Weise profitiert auch das Drogenbusiness vom Fall der Grenzkontrollen für Handelswaren.

Synthetische Drogen sind simpel und günstig herzustellen und haben deswegen auch eine große Gewinnspanne. Die Produktionsmöglichkeiten richten sich nach der Verfügbarkeit von Labors und den benötigten Chemikalien, wobei besonders Gesetzeslücken genutzt werden. Die Produktion dieser Drogen kann also gänzlich unabhängig von gewissen Anbauregionen erfolgen.[80] Von Vorteil sind auch Produktionsstätten nahe am Konsumenten, wodurch die Transportkosten gesenkt, hohe Gewinne erzielt und die Preise für Nachfrager niedrig gehalten werden können.[81] In der Produktion führen die Niederlande und die

Vereinigten Staaten, wobei mittel- und osteuropäische Staaten, wie Belgien, Großbritannien und Polen am Aufholen sind.[82] Während die Produktion synthetischer Drogen in Asien und Nordamerika vorwiegend für den eigenen Binnenmarkt stattfindet, werden die in Europa hergestellten Mengen weltweit verbreitet. Eine herausragende Rolle spielen die Niederlande. Die dort produzierten synthetischen Drogen landen auf dem europäischen, dem nordamerikanischen und dem australischen Markt.[83]

Die Produktion von Cannabis erfordert keine allzu spezifischen klimatischen und geographischen Bedingungen außer Licht und Wärme und ist deswegen weit verbreitet. Geographische Konzentrationen treten jedoch in Mexiko, Marokko, den Vereinigten Staaten und im Libanon auf.[84] In Europa wird hauptsächlich in Albanien und in den Niederlanden Cannabis produziert. Durch das albanische Cannabis werden die Märkte auf dem Balkan, in Griechenland, Italien, Österreich und Schweden versorgt.[85] Die niederländischen Produktionen decken vermutlich teilweise den Bedarf der Niederlande und der benachbarten Staaten. Ein Großteil der Nachfrage wird aber von dem Cannabis, das aus Marokko stammt, gedeckt.[86] Im Report der UNO über Global Illicit Drug Trend 2003 wird Spanien als weiterer Produzent von Cannabis angeführt. Die beiden bedeutendsten Verteilungszentren in Europa sind ebenfalls die Niederlande und Spanien.[87]

Resümierend kann man/ frau einen Rückgang bei der Opium- und Coka-Produktion erkennen, während Cannabis und synthetische Drogen am Wachsen sind.[88]

In Bezug auf die Akteure des Drogengeschäftes möchte ich auf der Seite der Produktion eine Trennung zwischen den Produzenten von natürlichen und synthetischen Drogen vornehmen. In Westeuropa fällt unter die natürlichen Drogen lediglich die Züchtung von Cannabis. Als Ursache dafür sind die fehlenden klimatischen Voraussetzungen und die dichte Besiedelung zu nennen. Die Produktion von synthetischen Drogen ist hingegen weit fortgeschritten, wobei die Niederlande besonders auffällig sind.

Ein Grund dafür liegt darin, dass die Chemikalien legal und günstig zu erwerben sind, sowie dass sie technisch einfach herzustellen sind.[89] Ein anderer Grund ist, dass die synthetischen Drogen mit den Chemikalien vor Ort erzeugt werden können. Das bedeutet, dass die Drogen nicht erst lange Transportrouten hinter sich bringen müssen, bevor sie an die Konsumenten verkauft werden können. Das macht sie zudem billig für den Verkauf und ermöglicht große Gewinnspannen.[90]

Die Produzenten von natürlichen Drogen in anderen Regionen der Welt sind die Pflanzer und Bauern. Sie bekommen für den Verkauf z.B. der Blätter des Coka-Strauches deutlich mehr als durch den Anbau legaler Pflanzen. Die Größenordnung reicht beim Coka von doppelt so viel bis zum Fünfzigfachen von dem, was sie für legale Anbauprodukte bekommen würden! Dennoch sind diese Einkünfte im Vergleich zu denen der Händler lediglich Trinkgelder. Die Bauern, die einst von ihren Großgrundbesitzern abhängig waren, sind es heute gegenüber dem internationalen Drogenkapital.[91] Sonst wären sie wahrscheinlich von dem Kapital und dem Wohlwollen der Weltbank und des IWF abhängig. Eventuell spielen auch die kolonialen Strukturen der Abhängigkeiten, die über Jahrhunderte gefestigt worden sind und das Leben der ärmeren Bevölkerung geprägt haben, eine Rolle bei der erfolgreichen Abwicklung dieses Anbaus.

Die vielfach propagierte Substitution von Drogenpflanzen durch alternative Pflanzen stößt auch auf die Schwierigkeit, dass auf die volkswirtschaftlich wichtige Einnahmequelle verzichtet werden müsste. Alternativen werden durch Agrarprotektion seitens der EU oder der USA behindert. Ein Beispiel dafür ist die Streitigkeit um die Einfuhr von lateinamerikanischen Bananen in die EU gewesen. Die Preise für legale Anbauprodukte können trotz Förderungen nicht annähernd so lukrativ für die Bauern sein, wie die Erlöse aus Drogenpflanzen. Außerdem erschwert die Behinderung der Importe in die nachfragenden Staaten die Situation und es wird praktisch unmöglich, für die legalen Waren gute Preise zu erzielen. Auch die Zerstörung der Anbaufelder erweist sich als nicht wirksam. Zum einen, weil der Boden durch die Chemikalien derart angegriffen wird, dass der Anbau von anderen Pflanzen erschwert möglich ist. Zum anderen, weil die Anbauflächen für bestimmte Drogen in andere Regionen verlagert werden.[92]

6.4. Der Handel

Wie bei den anderen Bereichen auch, möchte ich zuerst auf die aktuelle Situation des Drogenhandels eingehen und einige Entwicklungstendenzen beschreiben. Laut einem Bericht der UNO stammen die größten Mengen an beschlagnahmten Drogen des Cannabis-Krautes aus Mexiko, gefolgt vom Cannabis-Harz aus Spanien. Die weltweit drittgrößte beschlagnahmte Menge von illegalen Drogen ist jenes Kokain, welches überwiegend in den Vereinigten Staaten und Kolumbien sichergestellt werden konnte. Die meisten Opiate wurden im Iran konfisziert. Die größte Beschlagnahmung von Heroin fand in China statt. Bei den synthetischen Drogen wurde in Thailand die größte Menge sichergestellt, wobei aber die größten Mengen an Ecstasy in den Niederlanden und den Vereinigten Staaten konfisziert worden sind. Allgemein ist ein großer Anstieg bei den synthetischen Drogen zu verzeichnen.[93]

Auch beim Handel will ich die Akteursfrage stellen. Das Geschäft mit illegalen Drogen erfordert einerseits eine starke transnationale Kooperation auf der Ebene der beteiligten menschlichen Akteure. An der Profitabilität des Drogengeschäfts verdient eine Reihe an Beteiligten. Es beginnt mit den Leuten, welche die Drogen von den Feldern bis zu den Flugpisten befördern, über die Piloten, die Laborbetreiber, die Importeure, die Zwischenhändler, die Großhändler, die Einzelhändler und endet schließlich bei den Straßendealern. Dazu kommen die Geldwäscher, die Bankiers, die Rechtsanwälte, die Großlieferanten der benötigten Chemikalien und andere Förderer. Zu den wirklich mächtigen der Drogenwirtschaft gehörten einst die Chefs der großen Kartelle, die zu den reichsten Männern der Welt zählten.[94]

Das Geschäft mit illegalen Drogen erfordert andererseits eine starke transnationale Kooperation auf der Ebene der beteiligten Staaten. Oft gehen die Transportrouten über mehrere Kontinente, was eine beachtliche logistische Leistung der globalen Netzwerke in Form von illegalen Handelsrouten, die den organisierten Drogenhandel ermöglichen, erfordert.[95]

Trotz oder gerade wegen des weltweiten Verbotes ist heute kaum ein Land nicht in das Drogengeschäft verwickelt. Sei es als Zulieferer von Chemikalien, als Produzent von Rohstoffen oder direkt als Produzent von Drogen, als Umschlagplatz, bei der Geldwäsche, bei der Korruption, oder schließlich beim Konsum.[96] Auch in Westeuropa sind diese Umstände nicht unbekannt, denn auch diese Region ist Bestandteil des globalen Drogengeschäftes. Jeder Staat hat mit dem Auftreten einer umfassenden Palette von Auswirkungen zu rechnen.[97] In diesem Zusammenhang ist auch die Trennung von Produzenten- und Konsumentenländern zu sehen. Lange Zeit war sie berechtigt, wenn auch nur scheinbar, doch heutzutage, mitunter bedingt durch die Globalisierung, haben diese Abgrenzungen keine Gültigkeit mehr.[98]

Wenn Staaten sich im Krieg befinden, oder als unsicher, unstabil oder zerfallen angesehen werden, hat das eine begünstigende Auswirkung auf den Transport und Handel von Drogen.[99] Oftmals sind jedoch auch politische und militärische Eliten in den Drogenhandel verwickelt und bereichern sich daran. Es kommt auch vor, dass die Erlöse aus dem Handel in Waffenkäufe investiert werden, wodurch der Kreislauf von Drogen und Krieg fortgesetzt wird.[100]

Eine andere Komponente ist, dass ganze Volkswirtschaften in diversen Schwellenländern von den Drogenexporten stark profitieren, nicht zuletzt auch, weil der Export von Drogen wesentlich profitabler ist als der anderer Erzeugnisse wie Kakao, Kaffee, oder Bananen.[101] Der Drogenhandel ist ein vielschichtiges Problemfeld und der gewinnbringendste der drei Bereiche von Produktion, Handel und Konsum. Ich möchte an dieser Stelle betonen, dass die Produktion und der Handel mit Drogen in den von mir angeführten Fällen nicht als Ursache von diversen Problemen anzusehen sind, sondern lediglich als verstärkende Variable.

Der Drogenhandel funktioniert prinzipiell wie andere produktorientierte Märkte, wenngleich durch die Illegalität Besonderheiten auftreten. Hierzu bin ich im Abschnitt über den Staat als Akteur des Drogenbusiness eingegangen. Die Struktur des Drogenhandels in Westeuropa kann nicht dadurch beschrieben werden, dass es sich um eine organisierte Kriminalität nach dem Bild der Mafia, welche straff, hierarchisch und zentralisiert angeordnet ist, handelt. Diese besonders durch die Massenmedien und die Exekutive geprägte Darstellung hat infolge gegenteiliger Forschungsarbeiten eine Relativierung erfahren. Demzufolge ist der Drogenhandel dezentralisiert, flexibilisiert und netzwerkartig strukturiert, also in verschiedene Handelsebenen aufgeteilt, wobei differenten Geschäftspartnern unterschiedliche Aufgaben zukommen.[102]

Es dürfte auch ein Zusammenhang zwischen den jeweiligen illegalen Drogen und der Anzahl der Handelsebenen, sowie der Art und Umfang der Aufgabengebiete bestehen. Dennoch lässt sich vorsichtig verallgemeinern, dass ein grenzüberschreitender Drogenhandel einen höheren Grad an Organisation und Differenzierung aufweist. Weiters konnte festgestellt werden, dass, je nach logistischen Anforderungen eine unterschiedliche Anzahl an Personal und Organisationsstruktur benötigt wird. Wenn bei der Strafverfolgung zwischen harten oder weichen Drogen unterschieden wird, was auch ein differenziertes Strafausmaß zur Folge hätte, könnte es zumeist eine differente, substanzspezifische Handelsstruktur bewirken. Diese Struktur hängt wiederum von der Etablierung der jeweiligen Substanz im Handel zusammen. Ein Beispiel ist der strukturell gefestigte und etablierte Handel mit Cannabis im Gegensatz zu dem relativ in der Entstehungsphase befindlichen Handels mit synthetischen Drogen wie Ecstasy. Schließlich ist noch anzumerken, dass die Struktur des Marktes von den bestimmenden Mechanismen wie Angebot und Nachfrage bestimmt wird. Der Handel mit Drogen passt sich an die jeweiligen kulturellen, ökonomischen, rechtlichen und politischen Rahmenbedingungen an. Das bedeutet, dass zumindest anhand des Kokainhandels in den Niederlanden gezeigt werden konnte, dass der Markt nicht so straff, steif bzw. starr und gewalttätig organisiert ist, wie oft vermutet worden ist. Körperliche Gewalt, Mord und Geiselnahmen sind zwar Mittel, die unter gewissen Umständen zur Anwendung kommen, jedoch nicht im gleichen Ausmaß wie z.B. in Kolumbien.[103]

Wie ich bereits im Kapitel über die Auswirkungen des Drogenbusiness auf Staatlichkeit in Kolumbien geschildert habe, hat sich folgendes in den letzten Jahrzehnten geändert: Die aktuellen Organisationseinheiten des Drogenhandels sind recht klein, dezentralisiert und netzwerkartig strukturiert, wodurch sie für den Staatsapparat noch schwerer aufzuspüren sind.[104] Kemmesies merkt in Bezug auf die Struktur des Drogenhandels an, dass es sich nicht um eine Änderung, sondern eventuell um die andere Seite der gleichen Medaille handelt, die durch die Zugangsschwierigkeiten des Forschungsfeldes zustande kommt.[105] Sarmiento und Krauthausen beschreiben die Entstehung solcher Netzwerke folgendermaßen: Der erste Schritt ist die Kontaktaufnahme eines Drogenunternehmers mit einem Waffenhändler. Beide haben wiederum zahlreiche andere Verbindungen, die für den jeweils anderen von Nutzen sein können, wie z.B. Lagerstätten, Sicherheitspersonal, Schmuggelrouten. Oft kommt es auch zwischen den sich konkurrierenden Gruppen zu solchen Kooperationen. Je mehr solcher Netzwerke ein Drogenhändler für sich verbuchen kann, desto größer ist seine Macht. Dabei ist eine Menge an Know-how notwendig, das sich effektiver in Kooperation mit anderen umsetzen lässt. Ein solches Wissen erstreckt sich über die Erpressungsmöglichkeiten, die Frage, wann Gewalt anzuwenden ist oder die zweckdienlichsten Transportmöglichkeiten. Diese Strukturen ermöglichen außerdem, dass jeder der Beteiligten in erster Linie nur seine Aufgabe kennt und nichts vom gesamten Geschäftsablauf weiß. Zudem wird die Identität der anderen geheim gehalten. Daraus folgt, dass trotz vieler Beteiligten an einer Transaktion das Wissen des einzelnen gering ist und die Drahtzieher relativ anonym operieren können. Diese Netzwerke funktionieren deswegen so gut, weil die Geschäftspartner das selbe Ziel verfolgen, nämlich die illegalen Geschäfte abzuwickeln.[106]

Sarmiento und Krauthausen weisen auch darauf hin, dass diese netzwerkartigen Organisationseinheiten über eine geringe und spezifische Anzahl an Mittelsmännern verfügen, die mit Gruppen in anderen Ländern in Kontakt treten. Diese Vermittler müssen mit den jeweiligen kulturellen Milieus und den illegalen Praktiken der betreffenden Staaten vertraut sein. Misstrauen, welches Außenstehenden entgegengebracht wird, erschwert bewusst die polizeilichen und geheimdienstlichen Ermittlungstätigkeiten.[107]

Die strukturelle Ebene der Organisation des illegalen Drogenmarktes bzw. des Drogenhandels lässt sich nach Krauthausen und Sarmiento in zwei Bereiche eingliedern. Zum einen sind dies der „Wettbewerbssektor" und zum anderen der „Sektor der Oligopole". Der „Wettbewerbssektor" erstreckt sich zum einen auf den Bereich der Produktion von Drogen, also vorwiegend die Chemiker und die Bauern, die den Anbau besorgen, zum anderen auf den Bereich der Kleinhändler und Straßendealer, welche die Drogen direkt an die Konsumenten verkaufen. Der „Sektor der Oligopole" hingegen umfasst den Bereich des Drogenhandels, wo die Gewinne am größten sind. Der Drogenhandel ist der entscheidende Bereich zwischen Produktion und Konsum, denn er versorgt beide und stellt eine wichtige Bindegliedfunktion dar. Die staatlichen Restriktionsmaßnahmen treffen aber zumeist die Bereiche des „Wettbewerbssektors".[108]

Abbildung 4: Der Drogenmarkt

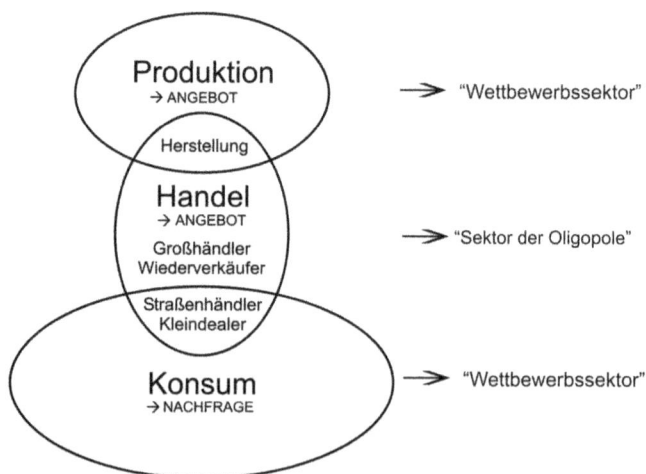

DROGENMARKT:

Produktion
→ ANGEBOT   ⟶ "Wettbewerbssektor"

Herstellung

Handel
→ ANGEBOT   ⟶ "Sektor der Oligopole"

Großhändler
Wiederverkäufer

Straßenhändler
Kleindealer

Konsum
→ NACHFRAGE   ⟶ "Wettbewerbssektor"

© M.T.

Die Sinnhaftigkeit dieser staatlichen Verfolgung muss aber ernsthaft in Frage gestellt werden.[109] Einerseits sind auf der Seite der Produktion

120

die Bauern, die mit dem Anbau der Pflanzen ihren Lebensunterhalt sichern. Andererseits sind die Kleinhändler oder Straßenverkäufer jederzeit ersetzbar und verfügen zumeist nicht über das Wissen in Bezug auf die hierarchisch höheren Handelsebenen. Dies sind also zwei Bereiche, die relativ leicht ausfindig zu machen und dezentral organisiert sind, so ist z.b. der Straßendealer der auffälligste und riskanteste Job im Bereich des Drogenhandels. Auch führen gewisse äußere Umstände dazu, dass die Menschen in diesen Bereichen tätig sind. Das soll bedeuten, ihre Entscheidungen basieren nicht unbedingt auf Freiwilligkeit. Beispielsweise weil der Ertrag des Coka-Strauches ein Vielfaches im Vergleich zum Kaffeeanbau einbringt. Ein anderes Beispiel dafür ist, dass Straßendealen eine Möglichkeit für Asylanten darstellt, Geld zu verdienen, welches sie ihren Familien zukommen lassen können. Diese haben oft große finanzielle Aufwendungen dafür geleistet, dass ihr „Nachkommen" in einem reichen Land des Westens Geld verdienen kann. Ich möchte mich mit der angesprochenen Problematik nicht weiter auseinandersetzen, da dies den Rahmen dieses Textes sprengen würde.

Das eigentliche Ziel von staatlicher Repression, nämlich der „Sektor der Oligopole", bleibt davon unangetastet.[110] Hierbei werden die Weiterverarbeitung, der Transport und der Großhandelsverkauf der illegalen Drogen besorgt. Durch das hohe Risiko und die hohen Gewinnspannen entwickelt sich dieser Bereich nicht zu einem „Wettbewerbssektor", sondern nimmt seine aktuelle oligopole Form an. Das bedeutet wiederum, dass sich ein großes Machtpotential auf wenige Beteiligte aufteilt.[111]

Dieser Bereich hat indessen nach innen gewisse Schutzmethoden entwickelt, um sich vor der staatlichen Infiltration zu schützen.[112] Dazu gehören z.B. Freundschaft und/ oder das Verwandtschaftsverhältnis untereinander.[113] Wichtig ist es ebenfalls, den Informationsgrad der Beteiligten aufs Notwendigste zu beschränken. Die Zerschlagung von einzelnen Netzwerken ändert nichts am Gesamthandel, wie das Beispiel Kolumbien gezeigt hat. Es dürfte lediglich die Hierarchie in den netzwerkartigen Strukturen abgeflacht sein.

Nach außen wird mit den Mitteln von Korruption und Gewalt versucht, die Geschäftsinteressen zu schützen. Weiters kommt es durch Geldwäsche und Investitionen in legale Unternehmen zu einer Überschneidung von legalen und illegalen Geschäftsbereichen, die für die Strafverfolgung schwer zu trennen sind. Die Brisanz wird deutlich, wenn man/ frau bedenkt, dass diese Schwierigkeiten eben nicht nur auf institutionell schwache, sich im Krieg befindende, oder unstabile

Staaten zutreffen, sondern auch auf stabile Staaten wie es diejenigen in Westeuropa sind. Darin liegt auch eine Herausforderung für die Gesetzgebung und Exekutive, denn der Bereich der „Sektor der Oligopole" sollte bekämpft bzw. zerschlagen werden und weniger der „Wettbewerbssektor".[114]

Anzumerken sind in diesem Zusammenhang auch die Verluste, die durch die Beschlagnahmungen zustande kommen. Der 11. September hat die Situation für alle Beteiligten des Drogenhandels durch verschärfte Überwachungsmaßnahmen erschwert. Es ist denkbar, dass die vermehrte Aufdeckung von Drogendelikten mit den verstärkten Maßnahmen zur Terrorbekämpfung infolge des 11. Septembers zusammenhängt. Es kann aber auch eine Folge der steigenden Nachfrage sein. Die Verluste für das Drogenbusiness werden von Hardinghaus, Bautista, Wein und Holzer mit etwa fünf bis zehn Prozent beziffert.[115] Wein und Holzer gehen davon aus, dass es sich für die Drogenhändler immer noch rentieren würde, wenn 75 Prozent beschlagnahmt werden würden, was jedoch zur Zeit bei weitem nicht erreicht wird.[116]

Die Netzwerke des Geschäftes mit den illegalen Drogen haben verschiedene Funktionen zu erfüllen. Diese reichen von der Verarbeitung, dem Transport, der Sicherheitsgewährleistung bis zu den finanziellen Abwicklungen wie Geldwäsche.[117] Diese Funktionen werden von gewissen Akteuren des Drogenmarktes umgesetzt. Choiseul-Praslin teilt diese in vier Gruppen ein, wobei hier drei relevant sind.[118]

Es handelt sich einerseits um die Drogenhändler, die in der Hierarchie an der Spitze zu finden sind. Diese Gruppe sieht Drogen als Waren, die gehandelt werden und dabei zählt lediglich die Profitabilität des Drogengeschäfts. Die Drogen werden nicht bis spärlich selber konsumiert. Ihre Aufgaben sind die Produktqualität, die Lagerhaltung, die Preissetzung, das Personal und die Berücksichtigung der Bedürfnisse der Konsumenten. Die Drogenhändler verkaufen z.B. ein Gramm Marihuana für vier Euro[119] an die „Wiederverkäufer", wobei sie jeweils über zehn dieser Verkäufer verfügen. Diese bildet zugleich die nächste Gruppe. Sie konsumieren sporadisch Drogen und finanzieren sich ihr Leben durch diese Art der Verkäufertätigkeit. Sie kaufen z.B. ein Gramm für vier Euro und verkaufen es für etwa 6,7 Euros an die „Verbraucher-Verkäufer", das bedeutet einen Preisaufschlag von 167 Prozent. Die dritte Gruppe ist die der „Verbraucher-Verkäufer" oder auch Kleinhändler. Sie konsumieren selber eher ausgiebig Drogen und finanzieren sich und ihren Konsum auf diesem Weg. Sie verkaufen das eine Gramm Marihuana für 10 Euro an Bekannte und Freunde, etwa an ein Dutzend Personen. Auch die „Verbraucher-Verkäufer" berechnen zu dem Preis von 6,7 Euro noch mal 150 Prozent hinzu, bevor sie es an die vierte Gruppe, nämlich die Konsumenten, verkaufen.[120] Ich habe diese Akteure in der vorangehenden Grafik über den Drogenmarkt dargestellt.

Je weiter es bei dieser Gruppeneinteilung Richtung Konsumenten geht, umso mehr nimmt die Macht und die Entscheidungsfreiheit ab. Diese Auflistung deckt sich mit der Einteilung des Drogenmarktes in einen „Wettbewerbssektor" und den „Sektor der Oligopole", denn beide Male wird deutlich, dass die Akteure, die Entscheidungen treffen, Macht und Geld akkumulieren und über strukturelles Wissen verfügen, im Kern des Drogenmarktes, nämlich bei den Drogenhändlern im engeren Sinne, zu finden sind. Die anderen Bereiche, sei es der „Wettbewerbssektor", oder die Ebene der „Verbraucher-Verkäufer" und schließlich die Konsumenten werden aber zumeist von der Prohibition erfasst. Auch aus dieser Perspektive zeigt sich, dass die gegenwärtige repressive Drogenpolitik ihre Wirkung zumindest verfehlt.

Eine Frage, an die ich mich sehr vorsichtig annähern möchte, ist, wie hoch sind die Umsätze? Wie ich bereits erwähnt habe, bin ich mit dem Anführen von Zahlen sehr vorsichtig. Die Zahl, die immer wieder in der Literatur zu lesen ist, bezieht sich auf die jährlichen Umsätze des Drogenbusiness, die sich laut den Vereinten Nationen auf etwa 500 Milliarden US-Dollar belaufen sollen, das wären circa acht Prozent des Welthandels.[121] Dabei sind die Gewinne der Produzenten, Transporteure, Importeure, Großhändler, Zwischenhändler, Einzelhändler und Straßendealer zu unterscheiden. Wie ich vorangehend angeführt habe, sind die Gewinne zwischen Großhändlern und Konsumenten am größten. Weiter steigt der Marktwert der Drogen mit der Einfuhr in das Bestimmungsland um ein Vielfaches.[122]

Ich möchte ein Beispiel anführen, um die Dimension der Gewinne deutlich zu machen. Ein gängiges Kleinflugzeug, das mit 300 kg Kokain beladen worden ist, kostet im Einkauf bei den Herstellern in Kolumbien etwa 3000 US-Dollar und bringt im Endverbraucherland USA circa 30 bis 34 Millionen US-Dollar ein. Wenn die Drogen mittelmäßig gestreckt worden sind, können mit der selben Menge sogar an die 50 Millionen US-Dollar erzielt werden. In Europa würde mit dieser Lieferung sogar weitaus mehr eingenommen werden können, weil der Preis für Kokain höher ist als in den USA.[123]

Anmerkungen:

[1] Kemmesies, 2004, S.41f.

[2] Hartwig/ Pies, 1995, S.55.

[3] Ibd., S.55f.

[4] Pommerehne/ Hart, 1991, S.70.

[5] Angerer, 1999, S.20ff.; Pommerehne/ Hart, 1991, S.70; Franke, 1991, S.106.

[6] Pommerehne/ Hart, 1991, S.70f.

[7] Franke, 1991, S.106f.; Erlei, Mathias: Die Eindämmung der Dynamik illegaler Drogenmärkte. Eine ökonomische Betrachtung, Technische Universität Clausthal, In: Url: http://www.wiwi.tu-clausthal.de/fileadmin/Volkswirtschaftslehre/Forschung-DL/drog-tuc1.PDF (11.3.2005), S.3; Pommerehne/ Hart, 1991, S.73.

[8] Hartwig/ Pies, 1995, S56f.

[9] Siehe Kapitel 5.3, Abschnitt „Welche Erscheinungsform hat die Transformation von Staatlichkeit in Westeuropa?".

[10] Angerer, 1999, S.23; Pommerehne/ Hart, 1991, S.75.

[11] Hartwig/ Pies, 1995, S55f.; Mittermayer, 1997, S.22; Erlei, Mathias: Die Eindämmung der Dynamik illegaler Drogenmärkte. Eine ökonomische Betrachtung, Technische Universität Clausthal, In: Url: http://www.wiwi.tu-clausthal.de/fileadmin/Volkswirtschaftslehre/Forschung-DL/drog-tuc1.PDF (11.3.2005), S.3.

[12] Choiseul-Praslin, 1996, S.45ff.; Angerer, 1999, S.21f.; Pommerehne/ Hart, 1991, S.71f.; Koboldt, 1995, S.58; Erlei, Mathias: Die Eindämmung der Dynamik illegaler Drogenmärkte. Eine ökonomische Betrachtung, Technische Universität Clausthal, In: Url: http://www.wiwi.tu-clausthal.de/fileadmin/Volkswirtschaftslehre/Forschung-DL/drog-tuc1.PDF (11.3.2005), S.3.

[13] Franke, 1991, S.108.

[14] Pies, 1995, S.17.

[15] Choiseul-Praslin, 1996, S.49.

[16] Ibd., S.49,53; Angerer, 1999, S.23; Erlei, Mathias: Die Eindämmung der Dynamik illegaler Drogenmärkte. Eine ökonomische Betrachtung, Technische Universität Clausthal, In: Url: http://www.wiwi.tu-clausthal.de/fileadmin/Volkswirtschaftslehre/Forschung-DL/drog-tuc1.PDF (11.3.2005), S.3; Pommerehne/ Hart, 1991, S.73f.

[17] Choiseul-Praslin, 1996, S.49; Angerer, 1999, S.23; Erlei, Mathias: Die Eindämmung der Dynamik illegaler Drogenmärkte. Eine ökonomische Betrachtung,

Technische Universität Clausthal, In: Url: http://www.wiwi.tu-clausthal.de/fileadmin/Volkswirtschaftslehre/Forschung-DL/drog-tuc1.PDF (11.3.2005), S.3.

[18] Pies, 1995, S.17ff.; Koboldt, 1995, S.58; Choiseul-Praslin, 1996, S.46f.; Ambos, 1996, S.35f.; Hess, 1995, S.124.

[19] Angerer, 1999, S.22f.; Choiseul-Praslin, 1996, S.45ff.; Pommerehne/ Hart, 1991, S.71f.; Pies, 1995, S.18f.; Erlei, Mathias: Die Eindämmung der Dynamik illegaler Drogenmärkte. Eine ökonomische Betrachtung, Technische Universität Clausthal, In: Url: http://www.wiwi.tu-clausthal.de/fileadmin/Volkswirtschaftslehre/Forschung-DL/drog-tuc1.PDF (11.3.2005), S.3; Franke, 1991, S.107.

[20] Schmidt, Holger: Drogenhandel als transnationales Problem, Seminararbeit, Universität Potsdam, 9.11.1998, In: Url: http://www.hausarbeiten.de/rd/faecher/hausarbeit/poi/688.html (23.11.2003).

[21] Vgl. Abbildung aus: Wichmann, 1992, S.20.

[22] Pies, 1995, S.19f.; Choiseul-Praslin, 1996, S.49f.

[23] Pies, 1995, S.23f.; Erlei, Mathias: Die Eindämmung der Dynamik illegaler Drogenmärkte. Eine ökonomische Betrachtung, Technische Universität Clausthal, In: Url: http://www.wiwi.tu-clausthal.de/fileadmin/Volkswirtschaftslehre/Forschung-DL/drog-tuc1.PDF (11.3.2005), S.2ff.; Koboldt, 1995, S.60ff.; Choiseul-Praslin, 1996, S.50; Pommerehne/ Hart, 1991, S.71f.; Wichmann, 1992, S.146ff.

[24] Ibd.

[25] Hartwig/ Pies, 1995, S61f.

[26] Lessmann, 2000, S.7.

[27] Amendt, 1990, S.250; Angerer, 1999, S.62.

[28] Körner, 1995, 187f.

[29] Angerer, 1999, S.62f.

[30] Ibd., S.66f.

[31] Frey, 1977, S.27.

[32] Ibd., S.133.

[33] Angerer, 1999, S.70ff.

[34] Ibd., S.70ff.; Franke, 1991, S.118.

[35] Angerer, 1999, S.73.

[36] Amendt, 1990, S.251.

[37] Angerer, 1999, S.73.

[38] Frey, 1977, S.46.

[39] Franke, 1991, S.118.

[40] Angerer, 1999, S.71f.

[41] Ibd., S.74f.

[42] Ibd., S.90f.

[43] Christie/ Bruun, 1991, S.53ff.

[44] Angerer, 1999, S.92.

[45] Ibd., S.92f.

[46] Christie/ Bruun, 1991, S.52ff.; Angerer, 1999, S.91ff.

[47] Franke, 1991, S.109; Erlei, Mathias: Die Eindämmung der Dynamik illegaler Dro-genmärkte. Eine ökonomische Betrachtung, Technische Universität Claus-thal, In: Url: http://www.wiwi.tu-clausthal.de/fileadmin/Volkswirtschaftslehre/Forschung-DL/drog-tuc1.PDF (11.3.2005), S.1ff.

[48] Erlei, Mathias: Die Eindämmung der Dynamik illegaler Drogenmärkte. Eine ö-konomische Betrachtung, Technische Universität Clausthal, In: Url: http://www.wiwi.tu-clausthal.de/fileadmin/Volkswirtschaftslehre/Forschung-DL/drog-tuc1.PDF (11.3.2005), S.5; Mittermayer, 1997, S.22.

[49] Erlei, Mathias: Die Eindämmung der Dynamik illegaler Drogenmärkte. Eine ö-konomische Betrachtung, Technische Universität Clausthal, In: Url: http://www.wiwi.tu-clausthal.de/fileadmin/Volkswirtschaftslehre/Forschung-DL/drog-tuc1.PDF (11.3.2005), S.7.

[50] Ibd.

[51] Ibd., S.7ff.

[52] Ibd.

[53] Ibd., S.8.

[54] Ibd., S.8f.

[55] Franke, 1991, S.110.

[56] Erlei, Mathias: Die Eindämmung der Dynamik illegaler Drogenmärkte. Eine ö-konomische Betrachtung, Technische Universität Clausthal, In: Url: http://www.wiwi.tu-clausthal.de/fileadmin/Volkswirtschaftslehre/Forschung-DL/drog-tuc1.PDF (11.3.2005), S.7.

[57] Pressemitteilung der EU-Drogenbeobachtungsstelle in Lissabon, 2003, S.1f.

[58] Haller/ Neubacher/ Halbeisen u.a., 2002, S.8.

[59] Pressemitteilung der EU-Drogenbeobachtungsstelle in Lissabon, 2003, S.1ff.

[60] Ibd.

[61] Haller/ Neubacher/ Halbeisen u.a., 2002, S. 8.

[62] Pressemitteilung der EU-Drogenbeobachtungsstelle in Lissabon, 2003, S.1ff.

[63] Ibd., S.3.

[64] Ibd., S.4f.

[65] Houben, 1999, S.21.

[66] Hardinghaus, Nicolas: Drogengeschäfte. Zur Entwicklung der internationalen Drogenmärkte, Bonn, 1994, In: Url: http://library.fes.de/fulltext/stabsabteilung/00018.html (28.2.2004).

[67] Lessmann, 2000, S.7.

[68] Hardinghaus, Nicolas: Drogengeschäfte. Zur Entwicklung der internationalen Drogenmärkte, Bonn, 1994, In: Url: http://library.fes.de/fulltext/stabsabteilung/00018.html (28.2.2004).

[69] Ibd.

[70] Ibd.

[71] Bieling, Hans-Jürgen: Transnationale Vergesellschaftung und die „neue Sozialdemokratie", In: Das Argument. Zeitschrift für Philosophie und Sozialwissenschaft 2001, In: Url: http://www.linkeliste.de/unabhaengige-linke-fu-berlin/Service/Studium/europe/bieling.htm (22.2.2005).

[72] United Nations, 2003, S.3f.

[73] Stempel, Klaus: Der Markt der Drogen, Bundeskriminalamt, Wiesbaden, In: Url: http://fdr-online.info/pdf/bdk-26-markt-der-drogen.pdf (15.3.2005), S.1.

[74] N.n.: Jahresbericht 2004: Der Stand der Drogenproblematik in der Europäischen Union und in Norwegen. Heroinkonsum und injizierender Drogenkonsum. Sicherstellungen und Marktinformation, In: Url: http://annualreport.emcdda.eu.int/de/page070-de.html (7.3.2005); Levai, 1996, S.176.

[75] United Nations, 2003, S.3f.

[76] Stempel, Klaus: Der Markt der Drogen, Bundeskriminalamt, Wiesbaden, In: Url: http://fdr-online.info/pdf/bdk-26-markt-der-drogen.pdf (15.3.2005), S.4.

[77] N.n.: Jahresbericht 2004: Der Stand der Drogenproblematik in der Europäischen Union und in Norwegen. Kokain und Crack. Sicherstellungen und Marktinformation, In: Url: http://annualreport.emcdda.eu.int/de/page061-de.html (7.3.2005).

[78] Stempel, Klaus: Der Markt der Drogen, Bundeskriminalamt, Wiesbaden, In: Url: http://fdr-online.info/pdf/bdk-26-markt-der-drogen.pdf (15.3.2005), S.5.

[79] N.n.: Via Seidenstraße und per Luftkurier, 5.3.2005, In: Url: http://www.simmformation.de/html/drogen-schmuggel.html (20.3.2005).

[80] Ibd.

[81] Stempel, Klaus: Der Markt der Drogen, Bundeskriminalamt, Wiesbaden, In: Url: http://fdr-online.info/pdf/bdk-26-markt-der-drogen.pdf (15.3.2005), S.6.

[82] Houben, 1999, S.9f.; N.n.: Synthetische Drogen in der Schweiz, Nov. 1999, In: Url: http://www.bap.admin.ch/d/archiv/berichte/vollversiond.pdf (28.1.2005), S.5.

[83] Stempel, Klaus: Der Markt der Drogen, Bundeskriminalamt, Wiesbaden, In: Url: http://fdr-online.info/pdf/bdk-26-markt-der-drogen.pdf (15.3.2005), S.5f.

[84] Houben, 1999, S.9f.

[85] United Nations, 2004, S.126.

[86] Ibd.; United Nations, 2003, S.29.

[87] United Nations, 2003, S.29.

[88] Ibd., S.3.

[89] N.n.: Jahresbericht 2004: Der Stand der Drogenproblematik in der Europäischen Union und in Norwegen. Cannabis. Sicherstellungen und Marktinformation, In: http://annualreport.emcdda.eu.int/de/page031-de.html (7.3.2005).

[90] Houben, 1999, S.9.

[91] Hardinghaus, Nicolas: Drogengeschäfte. Zur Entwicklung der internationalen Drogenmärkte, Bonn, 1994, In: Url: http://library.fes.de/fulltext/stabsabteilung/00018.html (28.2.2004).

[92] Pies, 1995, S.21; Lessmann, 2000, S.8.

[93] United Nations, 2003, S.10ff.

[94] Hardinghaus, Nicolas: Drogengeschäfte. Zur Entwicklung der internationalen Drogenmärkte, Bonn, 1994, In: Url: http://library.fes.de/fulltext/stabsabteilung/00018.html (28.2.2004).

[95] Houben, 1999, S.12.

[96] Lessmann, 2000, S.20.

[97] N.n.: Drogenhandel, Gymnasium Finkenwerder, 2002, In: Url: http://www.gymfi.de/unterricht/vtu_drogen/handel/index.html (22.3.2005).

[98] Schmidt, Holger: Drogenhandel als transnationales Problem, Seminararbeit, Universität Potsdam, 9.11.1998, In: Url:

http://www.hausarbeiten.de/rd/faecher/hausarbeit/poi/688.html (23.11.2003).

[99] Lessmann, 2000, S.15.

[100] Houben, 1999, S.12.

[101] Hardinghaus, Nicolas: Drogengeschäfte. Zur Entwicklung der internationalen Drogenmärkte, Bonn, 1994, In: Url: http://library.fes.de/fulltext/stabsabteilung/00018.html (28.2.2004).

[102] Kemmesies, 2004, S.38f.

[103] Ibd., S.39ff.

[104] Ambos, 1996, S.34f.

[105] Kemmesies, 2004, S40f.

[106] Sarmiento/ Krauthausen, 1991, S.95ff.

[107] Ibd., S.97f.

[108] Ambos, 1996, S.34, (zit. nach: Krauthausen, Ciro/ Sarmiento, Luis Fernando: Cocaìna & Co. Un mercado ilegal por dentro, Bogota, 1991, S.30f., 132ff., 158, 167f., 175, 225).

[109] Ambos, 1996, S.34; Lessmann, 2000, S.6.

[110] Ambos, 1996, S.34.

[111] Lessmann, 2000, S.22.

[112] Ambos, 1996, S.34.

[113] Hess, 1995, S.124.

[114] Lessmann, 2000, S.22.

[115] Hardinghaus, Nicolas: Drogengeschäfte. Zur Entwicklung der internationalen Drogenmärkte, Bonn, 1994, In: Url: http://library.fes.de/fulltext/stabsabteilung/00018.html (28.2.2004); Bautista, 1991, S.228; Wein, Joe/ Holzer, Tilmann: Drogenpolitik und Terrorismus, Pressemitteilung 4, Verein für Drogenpolitik, Mannheim, 16.10.2001, In: Url: http://www.drogenpolitik.org/politik/pm/pm4.php (2.4.2005).

[116] Wein, Joe/ Holzer, Tilmann: Drogenpolitik und Terrorismus, Pressemitteilung 4, Verein für Drogenpolitik, Mannheim, 16.10.2001, In: Url: http://www.drogenpolitik.org/politik/pm/pm4.php (2.4.2005).

[117] Ambos, 1996, S.34.

[118] Choiseul-Praslin, 1996, S.48ff.

[119] Die verwendeten Zahlen sind von mir in Euro hochgerechnete oder direkt übernommene. Sie stützen sich zum einen auf einen Straßenpreis von zehn Euro für ein Gramm Marihuana. Ich stütze mich zum anderen auf diejenigen Zahlen, die Choiseul-Praslin in dem von mir zitierten Text anführt, wobei er

häufig praktizierte Preise heranzieht. Ich habe die Zahlen primär benutzt um die Relationen und Dimensionen hervorheben zu können.

[120] Choiseul-Praslin, 1996, S.48ff.

[121] Hippler, Jochen: Drogenhandel in den Nord-Süd-Beziehungen, In: Url: http://www.jochen-hippler.de/Aufsatze/Drogenhandel/drogenhandel.html (2.3.2004); Rathgeber, 2001, S.2; Mysorekar, Sheila: Vom Coka-Blatt zur Koks-Party. Globale Drogenökonomie, In: Freitag 33. Die Ost-West-Wochenzeitung, 6.8.2004, In: Url: http://www.freitag.de/2004/33/04330901.php (23.3.2005); Hardinghaus, Nicolas: Drogengeschäfte. Zur Entwicklung der internationalen Drogenmärkte, Bonn, 1994, In: Url: http://library.fes.de/fulltext/stabsabteilung/00018.html (28.2.2004); Wichmann, 1992, S.17; Lock, 2003, S.112).

[122] Angerer, 1999, S.22f.; Choiseul-Praslin, 1996, S.45ff.; Pommerehne/ Hart, 1991, S.71f.; Pies, 1995, S.18f.

[123] Hardinghaus, Nicolas: Drogengeschäfte. Zur Entwicklung der internationalen Drogenmärkte, Bonn, 1994, In: Url: http://library.fes.de/fulltext/stabsabteilung/00018.html (28.2.2004).

7. Über die Auswirkungen des Drogenbusiness auf Staatlichkeit in Westeuropa

Wie ich bereits in der Einleitung erwähnt habe, stellt die Strukturierung dieses Kapitels für mich die größte Herausforderung bezüglich meines gesamten Forschungsprojektes dar. Ich möchte kurz in Erinnerung rufen, dass der Ausgangspunkt die Wechselwirkung zwischen dem Staat und dem Drogengeschäft in Westeuropa ist. Daraus stellt sich für mich die Frage, welchen Einfluss das Drogenbusiness, im Besonderen jedoch der „Sektor der Oligopole" bzw. der Drogenhandel, genauer gesagt die Großhändler und Wiederverkäufer, auf den Staat hat? Dieser Frage möchte ich in diesem Kapitel nachgehen.

Das Drogenbusiness wirkt auf die Staaten in Westeuropa von Außen und von Innen ein. Der Grund, warum die Einwirkungen sowohl extern als auch intern zu finden sind, ist, dass sich die Akteure der Drogenökonomie sowohl innerhalb als auch außerhalb Westeuropas befinden. Viele Drogen werden eben nicht nur in Westeuropa erzeugt, sondern auch hierher importiert. Dabei wird durch die Aufrechterhaltung von illegalen Strukturen und Netzwerken, die vom Import der Drogen bis zur Unterhaltung von Verbindungen mit Klein-Dealern reichen, die staatliche Integrität verletzt und untergraben. Das illegale Drogenbusiness operiert zumeist nicht alleine, sondern häufig wird eng mit anderen illegalen Bereichen, wie mit dem Waffen-, Diamantensowie Menschenhandel kooperiert. Auf diese Weise lassen sich die illegalen Strukturen und Netzwerke dieser Bereiche optimal nutzen.

Dazu möchte ich mein Modell, das sich meiner Fragestellung entsprechend auf Westeuropa beschränkt, präsentieren. Wie an der Grafik zu sehen ist, wirken die gesamtgesellschaftlichen Veränderungsprozesse, wie die Globalisierung, der Neoliberalismus und die Transformation des Staates, in erster Linie begünstigend auf den Drogenhandel, weil demzufolge die Gewinne erhöht werden können. Durch diese Veränderungen werden Bedingungen wie der freie Warenverkehr geschaffen, die zur aktuellen Ausformung des Drogenbusiness beitragen. Doch diese Prozesse wirken auch auf den Staat ein und tragen zu seiner Transformation bei. Jene Entwicklungen wirken sich ebenfalls begünstigend auf instabile Verhältnisse aus, indem sie verschärft werden. Die Umsetzung der Prohibition gegen Drogen, ein staatliches Produkt, wird dadurch ebenfalls erschwert, in dem Sinne, dass ihre beschränkende Wirkung untergraben und

gewinnbringend (z.B. Risikoaufschlag) eingesetzt wird. Demzufolge wird ihre Umsetzung durch die gesamtgesellschaftlichen Veränderungsprozesse nahezu unmöglich gemacht. Sowohl die instabilen Verhältnisse, als auch die Schwierigkeiten mit der Prohibition wirken sich negativ auf die Funktionalität des Staates, im Gegensatz dazu aber fördernd für den Drogenhandel, aus.

Abbildung 5: Kreislauf – Modell: Einfluss des Drogenbusiness auf den Staat in Westeuropa

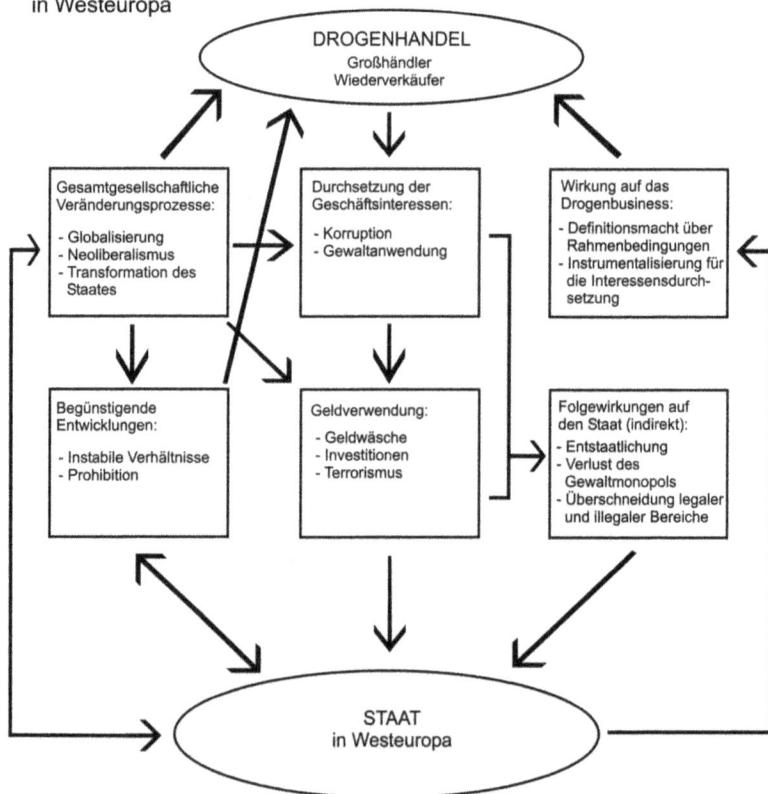

KREISLAUF-MODELL:

Einfluss des
Drogenbusiness
auf den Staat
in Westeuropa

DROGENHANDEL
Großhändler
Wiederverkäufer

Gesamtgesellschaftliche
Veränderungsprozesse:

- Globalisierung
- Neoliberalismus
- Transformation des
  Staates

Durchsetzung der
Geschäftsinteressen:

- Korruption
- Gewaltanwendung

Wirkung auf das
Drogenbusiness:

- Definitionsmacht über
  Rahmenbedingungen
- Instrumentalisierung für
  die Interessensdurch-
  setzung

Begünstigende
Entwicklungen:

- Instabile Verhältnisse
- Prohibition

Geldverwendung:

- Geldwäsche
- Investitionen
- Terrorismus

Folgewirkungen auf
den Staat (indirekt):

- Entstaatlichung
- Verlust des
  Gewaltmonopols
- Überschneidung legaler
  und illegaler Bereiche

STAAT
in Westeuropa

© M.T.

Der Staat hat die Definitionsmacht über das Drogenbusiness, denn er schafft die rechtlichen Rahmenbedingungen und sorgt nicht nur auf der Ebene der Legislative, Judikative und Exekutive, sondern auch auf der gesamtgesellschaftlichen Ebene für ihre Umsetzung. Den Massenmedien kommt hierbei eine wichtige Rolle zu, denn sie tragen zur Meinungsbildung der Menschen bei. Auf der anderen Seite wird das Drogenbusiness in seiner aktuellen Form auch vom Staat für die Durchsetzung bestimmter Interessen verwendet. Dies können sowohl Einzelinteressen, als auch institutionelle und politische Interessen sein. Das bedeutet wiederum, dass das Drogenbusiness für gewisse Interessen instrumentalisiert wird. Die bisher erläuterten drei Bereiche habe ich in diesem Werk bereits behandeln können.

In diesem Kapitel möchte ich vorwiegend auf die folgenden zwei Bereiche eingehen, um den Einfluss des Drogenbusiness auf den Staat in Westeuropa zeigen zu können. Zum einen handelt es sich um die Mittel, die zur Durchsetzung der Geschäftsinteressen der Drogenhändler, nämlich der Gewinnmaximierung, nach außen hin eingesetzt werden. Diese sind die Korruption von und die Gewaltanwendung gegen Staatsapparate. Beide Methoden finden auch auf andere nichtstaatliche Akteure Anwendung, je nachdem wie notwendig sie für die Geschäftsinteressen der Drogenhändler sind. Ich möchte mich diesem Bereich aber nicht weiter widmen, da mein Fokus auf die Auswirkungen des Drogenbusiness auf den Staat und seinen Akteuren liegt.

Wenn die Geschäftsinteressen erst einmal soweit durchgesetzt sind, dass Gelder angehäuft werden können, geht es in weiterer Folge um die Verwendung der Gelder. Zuerst müssen die illegal angesammelten Gelder rein gewaschen werden, dann können sie in verschiedene Geschäftsbereiche investiert werden. Eine heutzutage besonders brisante Art der Verwendung der Drogengelder ist die Finanzierung terroristischer Aktivitäten, welche ich als Beispiel angeführt habe. Sowohl die Methoden zur Durchsetzung der Geschäftsinteressen als auch die Geldverwendung haben Folgewirkungen auf den Staat. Sie führen zu einer Entstaatlichung, zu einem Verlust des Gewaltmonopols, zu einer fortschreitenden Transformation des Staates und zu einer Überschneidung von legalen und illegalen Geschäftsfeldern, was sich negativ auf die Umsetzung der Prohibition auswirkt. Dadurch werden instabile Verhältnisse im Staat verstärkt, wodurch wiederum der Drogenhandel erleichtert wird. Ich will damit zeigen, dass mein Modell einen Kreislauf darstellen soll, wobei die unterschiedlichen Bedingungen und Wirkungen sich günstig für die Interessen und Geschäftspraktiken der Drogenhändler und negativ auf den Staat in Westeuropa auswirken. Im Folgenden möchte auf die Durchsetzung der Geschäftsinteressen der Drogenhändler eingehen. Anschließend werde ich die Verwendung der Gelder erörtern. Im folgenden Kapitel will ich den Kreislauf durch die Betrachtung der Folgewirkungen auf den Staat und einen Verweis auf die gesamtgesellschaftlichen Veränderungsprozesse schließen.

7.1. Durchsetzung der Geschäftsinteressen

Korruption

Das erste Mittel zur Durchsetzung der Geschäftsinteressen der Drogenhändler laut meinem Modell ist die Korruption, auf die ich im Folgenden eingehen werde. Aufgrund der enormen Gewinne, die durch den illegalen Verkauf von Drogen erwirtschaftet werden, haben die Drogenhändler ein gewisses Machtpotential, das ihnen für die Durchsetzung ihrer Interessen erlaubt, Einfluss auf Politik und Wirtschaft auszuüben.[1] Die erwirtschafteten Gewinne betragen schätzungsweise 50 Prozent des Umsatzes. Diese auffälligen Profite resultieren aus den sehr hohen Gewinnspannen, die sicherlich im Zusammenhang mit der Prohibition zu sehen sind.[2]

Ich möchte mich hier der politischen Korruption widmen und nicht der von Angestellten privatwirtschaftlicher Unternehmen bzw. anderer Bereiche der Gesellschaft. Die politische Korruption dient zur Instrumentalisierung staatlicher Institutionen, Staatsbediensteter und Mandatsträger. Ihr Zweck ist es, das Werkzeug von den Akteuren des Drogenbusiness für die Interessensdurchsetzung zu sein. Die Korruption hat vielfältige Bedeutungen, wie die Beamtenbestechung, den Machtmissbrauch, sowie den Sittenverfall. Es gibt keine einheitliche Begriffsbestimmung. Es gibt jedoch eine Reihe von Durchsetzungsformen, wie Einflussnahme, Überredung, Machenschaften, Begünstigung, Protektion und Schmiergeldzahlungen. Sie reichen bis zur Erpressung, Verfügbarkeit, Anstiftung, Druckausübung und Willenslenkung.[3] Unter Korruption wird im Allgemeinen eine verschwiegene und illegitime Verwendung von Geld durch Beamte oder Mandatsträger für den privaten Gewinn verstanden.[4] Alemann und Kleinfeld führen drei Konzepte zur Erklärung der Korruption an. Zum einen wird ein Amt oder Mandat zur privaten Interessensdurchsetzung missbraucht. Hierbei liegt der Fokus der politischen Korruption auf der Rechtsverletzung. Andererseits wird sie als Konflikt zwischen privater und öffentlicher Moral und Interessen gesehen. Dabei weicht korruptes Handeln von normalen Moralerwartungen, wobei hierbei sozial unerwünschtes

Verhalten gemeint ist, ab. Das dritte Konzept ist das Tauschgeschäft von politischen gegen ökonomische Ressourcen unter dem Aspekt der Nutzenmaximierung für Korrumpeur und Korrumpierten. Die Besonderheit bei der Korruption ist, dass der Tausch geheim gehalten werden muss, da es sich um eine persönliche Vorteilsbereicherung für den oder die korrumpierten Amtsvertreter handelt.[5]

Bei der Korruption von staatlichen Apparaten ist anzumerken, dass zahlreiche politische Systeme, wie etwa in Kolumbien, bereits vor dem Aufkommen des Drogenbusiness einen strukturellen Verfall, der sie für Korruption anfällig gemacht hat, zeigten. Sie ist nicht an bestimmte Gesellschaftstypen oder gewisse historische Momente gebunden.[6] Die korrumpierenden Aktivitäten der Drogenhändler sind demnach vielmehr als eine Verschärfung bestehender Probleme zu sehen. Über das Ausmaß der Korruption in diversen Staaten Südamerikas und Südostasiens kann vermutet werden, dass sie eher die Regel als die Ausnahme darstellt.[7] Die Korrumpierung von Staaten, hierbei besonders durch das Drogenbusiness, macht sowohl vor demokratischen als auch vor autoritären Systemen keinen Halt.[8]

Korruption bedeutet auch, dass das staatliche Machtmonopol durch kriminelle Akteure genutzt und unterminiert wird. D.h. es wird für die Interessen der Drogenindustrie benutzt; in Folge existiert das staatliche Gewaltmonopol nicht mehr in seiner ursprünglichen Form. Auch seitens der Bevölkerung macht sich durch die Korruption ein Vertrauensverlust breit. Je mehr Korruption wahrgenommen wird, desto größer ist der Ansehensverlust demokratischer Institutionen. Dabei stellt sich die Frage, ob Korruption typisch für gering differenzierte Gesellschaften ist, oder wird sie besonders durch komplexe Institutionen wie die EU verstärkt?[9] Doch, wie ich bereits erwähnt habe, möchte ich das Auftreten von Korruption keinesfalls auf gewisse Gesellschaftstypen beschränken. Ich gehe gegenteilig davon aus, dass dieses Phänomen weltweit verbreitet ist, wie auch diverse Erhebungen zeigen. Eine Feststellung gilt es jedoch insofern zu machen, als dass ihre Ausbreitung nicht global auf dem selben Niveau stattfindet.

Im Gegensatz zu den Regionen in Südamerika und Südostasien sind in den politischen Systemen in Westeuropa keine strukturellen Korrumpierungen festzustellen, die quasi den Nährboden für Korruption bilden. Viele PolitikwissenschaftlerInnen gehen davon aus, dass Korruption vereinzelt stattfindet und keinerlei Wirkungen auf das politische System der Staaten in Westeuropa hat, selbst dann nicht, wenn sie chronisch verbreitet ist.[10]

Allerdings muss ein System schon Schwachstellen aufweisen, um für Korruption anfällig zu sein. Das bedeutet, dass der private Nutzen für den Beamten wesentlich größer sein muss, als die mögliche Strafandrohung im Falle des „Auffliegens". Durch die Korruption können die Nutznießer ihre privaten Interessen über die legalen staatlichen und institutionellen Mechanismen hinweg durchsetzen.[11] Schließlich können sie sich einen (Wettbewerbs-)Vorteil gegenüber anderen privaten Akteuren verschaffen. Korruption schafft also, abgesehen von den Kosten für den Staat und die Gesellschaft, zusätzlich noch eine monopolistische Preisdifferenzierung.[12]

Ein grundlegendes Problem ist die Schwierigkeit, Korruption nachzuweisen und zu messen.[13] Doch eine viel kompliziertere Angelegenheit ist, Korruption auf höheren Stellen, die bis in die Regierung hinein reichen, zu dokumentieren.[14] Korruption funktioniert dort am effektivsten, wo sie keine Spuren hinterlässt und die Beteiligten sich der Verschwiegenheit verpflichten.[15] Die Organisation „Transparency International" erarbeitet einen Corruption Perceptions Index aus. Dabei sind viele EU-Staaten von Korruption betroffen. Weltweit am wenigsten Korruption weisen Finnland, gefolgt von Dänemark und Schweden, auf. Bemerkbar macht sich jedoch ein Nord-Süd-Gefälle. Skandinavien hat eine geringe Korruption, während südeuropäische Staaten, besonders Italien und Griechenland, vermehrt von dem Problem betroffen sind. Deutschland und Österreich liegen im Mittelfeld.[16] Es gibt kein Zahlenmaterial über die möglichen Verstrickungen von Drogengeldern in staatliche Institutionen und Apparate. Das dem aber so ist, kann logischerweise angenommen werden.

In ihrer Analyse zur Darstellung der Korruptionsentwicklung in Deutschland stellen mehrere Autoren wie auch Klahr oder Wewer eine Zunahme der korrupten Handlungen im Allgemeinen fest. Klahr kam zu der Schlussfolgerung, dass Korruption in der Gesellschaft eine bemerkbare Rolle einnimmt. Jedoch können beide nicht über deren Ausmaß Auskunft geben. Keine genauen Prognosen lassen sich auch über den Umfang der organisierten Kriminalität und Korruption machen, weil die Rohdaten zu fragmentiert, schwierig zu ermitteln und politisch äußerst brisant sind.[17]

Eine Frage, die sich in diesem Zusammenhang stellt, ist, welche Prozesse in Westeuropa begünstigen die Zunahme politischer Korruption? Dazu ist meine Annahme, dass der Wandel der gesellschaftlichen Wertvorstellungen, bedingt durch Globalisierung und Neoliberalismus, in Richtung Einzelinteressen über Allgemeininteressen und Profitmaximierung des Einzelnen vor der Wohlfahrt für alle geht. Diese

Veränderungen wirken sich meiner Meinung nach zuerst auf die Einzelpersonen und in der Folge auf den politisch-staatlichen Handlungsspielraum aus. Schließlich wird auch das staatliche Handeln allgemein modifiziert.[18] Alemann und Kleinfeld sehen die Konsequenz für den Staat darin, dass weniger hoheitlich verwaltet wird, dafür umso mehr in Kooperation mit den mächtigen gesellschaftlichen Gruppen. Das Einfließen von privaten Interessen ist demnach typisch für eine derartige Politik.[19]

Doch daraus stellt sich die Frage, wie kann zwischen Korruption und Kooperation in Form von Patronage, Vetternwirtschaft, Protektionismus und Lobbyismus unterschieden werden? Die Antwort darauf ist nur bedingt befriedigend, denn der Übergang scheint fließend zu verlaufen.[20] Die Kooperation von Staat und Wirtschaft mittels Lobbyismus als Form der Interessenspolitik ist seit den 1980ern zu einem weitgehend akzeptierten Faktum geworden. Alemann und Kleinfeld verweisen darauf, wenn Korruption unter dem Blickwinkel der Differenzierung zwischen öffentlichen und privaten Interessen betrachtet wird, müsste die Kooperation als Anlass für die Korruption des Staates gesehen werden. Hinzu kommt, dass Korruption nicht ausschließlich als individuelle Nutzenmaximierung gesehen werden darf, da ansonsten professionelle und organisierte Einflussmethoden vom Begriff ausgeschlossen werden. Es ist also notwendig, Korruption auch als etwas zu verstehen, dass sich zwischen illegalem Handeln und institutioneller Politik befindet, doch gerade hierbei liegt die Schwierigkeit.[21]
Alemann und Kleinfeld plädieren dafür, Korruption als eine Form der Interessensverfolgung in einer Machtsituation zu verstehen. Politische Korruption umfasst folglich mindestens zwei Akteure, wobei einer ein politischer Mandatsträger oder Angehöriger des Staatapparates sein muss. Ihr Ziel besteht in der Einflussnahme auf Entscheidungen, welche vom Angehörigen des Staates als Korrumpiertem beeinflusst werden können.[22]

Die Korrumpierung von staatlichen und wirtschaftlichen Apparaten stellt eine grundlegende Bedingung für das Funktionieren des Geschäftes mit den Drogen dar. In diesem Zusammenhang ist auch die drogenbedingte Korruption in Westeuropa zu sehen. Dabei gilt, wo auch immer ein gut organisiertes Drogenbusiness operiert, ist auch die Gefahr von Korruption nicht fern.[23]

In Bezug auf die Kooperation von Staat und Wirtschaft als legitime Form der Interessenspolitik [24] sehe ich ein Schlupfloch für die Akteure des Drogenhandels, indem sie ebenfalls auf legalem Wege ihre Interessen durchsetzen können. Das Drogenbusiness ist schließlich genauso ein Wirtschaftsbereich wie andere, dessen Akteure allerdings illegal am Markt agieren. Das bedeutet, sobald es diesen Akteuren gelingt, sich als legale Wirtschaftstreibende darzustellen, können sie mittels allgemein akzeptierter Kooperation mit Staatsbediensteten und Mandatsträgern für die Durchsetzung ihrer Interessen sorgen. Zusätzlich ist Kooperation vermutlich wesentlich günstiger als Korruption, schon allein aufgrund ihres legalen Status. Dies kann dann auf die selbe Art und Weise vonstatten gehen, wie sich z.B. die Vertreter der Autoindustrie für ihre Interessen einsetzen.

Doch wie können sich bestimmte Akteure des Drogenbusiness als legal darstellen, um Einfluss auszuüben? Nun, dies kann direkt, also offensichtlich, oder indirekt, folglich nicht augenscheinlich, vollzogen werden. Da es sich hierbei um einen illegalen Bereich handelt, sind die verdeckten Möglichkeiten von Interesse. Für mich ist sämtliches als indirekt zu verstehen, was den transnationalen Handel mit Drogen fördert. Ich möchte hier nur ein paar Punkte anreißen, um die Dimension zu verdeutlichen. Dazu gehören sämtliche Bereiche des freien Warenverkehrs, besonders innerhalb der EU, sowie alle Vereinbarungen, die Handelsbeschränkungen abbauen, wie der Wegfall von Zöllen. Die rasche Ausbreitung des globalen Kapitalismus erweist sich schließlich als eine ideale Bedingung für die globale Betätigung der Drogenhändler und für ihre Gewinnmaximierung.[25]

Diese legale Kooperation von Staat und Wirtschaft, die zu einer zunehmenden Verbindung zwischen legalen und illegalen Wirtschaftsbereichen beiträgt, sehe ich zugleich als strukturellen Nährboden für die Fortführung und Erweiterung des lukrativen und illegalen Geschäftes mit Drogen. Andererseits wird durch eine fortschreitende Korrumpierung die Bekämpfung des Drogenhandels zunehmend schwierig und schließlich wird die Rechtsstaatlichkeit ausgehöhlt. Generell möchte ich anmerken, dass kapitalstarke Akteure, wie es gewiss auch diejenigen des Drogenbusiness sind, einen bestimmten Einfluss auf den politischen Prozess haben, sei es auf legalem oder illegalem Wege.[26] Durch die Korruption oder Kooperation mit den staatlichen Apparaten und politischen Mandatsträgern können sich die Handelsnetzwerke der Drogenunternehmer zunehmend stabilisieren und die Marktposition, welche über Angebot und Nachfrage bestimmt wird, kann gefestigt werden. Der Circulus Vitiosus schließt sich.

Gewaltanwendung

Laut meinem Kreislauf – Modell ist die zweite Methode zur Durchsetzung der Geschäftsinteressen der Drogenhändler bei illegalen Rahmenbedingungen die Gewaltanwendung.[27] In Anlehnung an meine Fallstudie zu Kolumbien habe ich auch die Gewalt ausgewählt. Meine Annahme ist, dass Gewalt nicht im gleichen Maße wie in Kolumbien zur Anwendung kommt. Wieso Gewalt in Kolumbien im Vergleich zu Westeuropa eher toleriert wird, hat vielfältige Ursachen, auf die ich hier aus strategischen Gründen nicht eingehen möchte. Meine Ausgangsbasis ist, dass in Westeuropa jedenfalls der bereits besprochene gefestigte Staatstypus existiert, wobei im Allgemeinen die (offene) Gewalt noch nicht in privater Hand zu finden ist.

Bei meinem Modell über die Gewaltbeziehungen im Drogenbusiness in Westeuropa schließe ich Produzenten als weitere Akteure bedachterweise aus, da sie hierbei keine bedeutende Rolle spielen und am ehesten unter die Drogenhändler subsumiert werden können. In der Dreiecksbeziehung Staat, Drogenhändler und Konsument gibt es verschiedene Gewaltbeziehungen. Eine Form tritt zwischen Konsument und Drogenhändler auf, eine andere zwischen den Drogenhändlern untereinander. Schließlich gibt es auch die Gewaltbeziehung zwischen dem Staat und den Drogenhändlern, sowie zwischen den Konsumenten und dem Staat. Die Beziehungen zum und vom Staat sind stets durch die Prohibition bzw. durch ihre Sanktionierung geprägt. Gewalt hat für mich unweigerlich mit der Macht zu tun, diese ausüben zu können.

Die Konsumenten sind diejenigen, die in dieser Beziehungskonstellation am wenigsten Macht haben und sich dementsprechend sämtlichen Gewalteinflüssen der anderen Akteure unterwerfen müssen bzw. ihnen auszuweichen versuchen. Sie haben allerdings Macht, wenn sie sich gegen das staatliche Verbot von Drogen durchsetzen und diese kaufen und konsumieren. Eine andere Art von Macht wird ihnen zuteil, wenn sie darüber entscheiden, ob sie „ihren" Dealer anzeigen oder nicht. Eine besondere Form stellt jedoch die Beschaffungskriminalität dar. Sie ist eine Form von Gewalt gegenüber dem Staat und der Gesellschaft und verursacht Kosten für den Staat im Bereich der Strafverfolgung und für die Allgemeingesellschaft, die als Opfer solcher Gewalthandlungen fungiert. Die Verbraucher üben also kaum direkte Gewalt auf die anderen beiden Akteure aus und sind hierarchisch betrachtet auf der untersten Ebene angesiedelt. Dennoch verfügen sie über Macht, sowohl gegenüber den Drogenhändlern, als auch gegenüber dem Staat.

Abbildung 6: Modell: Gewaltbeziehungen im Drogenbusiness in Westeuropa

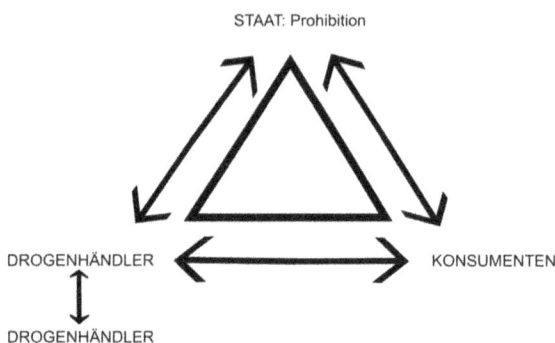

MODELL:
Gewaltbeziehungen
im Drogenbusiness
in Westeuropa

STAAT: Prohibition

DROGENHÄNDLER ⟷ KONSUMENTEN

DROGENHÄNDLER

© M.T.

Den Drogenhändlern stehen im Vergleich dazu andere Mittel zur Verfügung, um der staatlichen Prohibition und der daraus resultierenden staatlichen Gewaltanwendung zu entkommen. Sicherlich bedingt durch ihre netzwerkartigen Zusammenschlüsse, ihre Kapitalakkumulation und der daraus resultierenden Macht haben sie Strategien entwickelt, die staatliche Verfolgung einerseits durch den Risikoaufschlag finanziell zu nutzen und andererseits sich ihrer weitestgehend zu entziehen. Derartige Strategien sind die Korruption, die Kooperation und ihrerseits die Anwendung von Gewalt gegen den Staat.

Die Beziehung zwischen den Drogenhändlern und den Verbrauchern ist von kontinuierlicher Gewalt geprägt, da den letzteren ein maximal hoher Einkaufspreis auferlegt wird, den sie gerade noch bezahlen können. Die Drogenhändler müssen schließlich stets damit rechnen, von ihren Käufern verraten zu werden. Dies bringt die Konsequenz mit sich, dass zum einen Dealer öfter bewaffnet sind und zum anderen die Gewaltbereitschaft größer wird.[28]

Eine weitere Gewaltbeziehung besteht zwischen den Drogenhändlern untereinander. Sie ist im Großen und Ganzen eher von Kooperation als durch Konkurrenz geprägt. Gewalt nimmt hier eine disziplinierende bzw. regulierende Rolle ein. Sie wird eingesetzt, um die Mitbieter am Markt einzuschüchtern und nicht, um sie auszuschalten. Schließlich profitieren alle beteiligten Verkäufer von einer Kooperation, wohingegen die Eliminierung der anderen Verkäufer früher oder später das eigene Aus bedeutet.[29]

Ich möchte nun etwas näher auf die Gewalt der Drogenhändler gegenüber dem Staat eingehen. Diese Gewalt dient ausschließlich der erfolgreichen Geschäftsabwicklung. Ich gehe schlussfolgernd davon aus, dass es durch die Akteure des Drogenbusiness lediglich dann zur Gewaltanwendung gegenüber dem Staat kommt, wenn es absolut erforderlich ist. Dabei ist anzumerken, dass Gewalt das letzte Mittel ist, das Drogenhändler zur Durchsetzung ihrer Interessen einsetzen können, wenn alle anderen erschöpft sind. Diese reichen von Vertrauen und Verwandtschaft bis zu Kooperation und Korruption.[30] Es ist notwendig, manchmal Gewalt auszuüben, um die Glaubwürdigkeit von Drohungen zu untermauern.[31] Offene Gewalt, wie z.B. Mord, findet in den modernen westeuropäischen Industriegesellschaften kaum Anwendung.[32] Gewalt kann prinzipiell auf allen Produktions- und Handelsebenen bei Auseinandersetzungen mit den Organen des Staates zur Anwendung kommen.[33] Besonders betroffen sind seitens des Staates der Polizei- und Justizapparat.[34] Schließlich ist anzumerken, dass ein erhöhtes Maß an Aufmerksamkeit durch den Staat oder die Allgemeinbevölkerung hinderlich für die Abwicklung der illegalen Drogentransaktionen wäre. Es geht darum, Gewalt im Notfall gezielt einzusetzen, um nicht das gesellschaftlich „tolerierte" Gewaltpotential zu erschöpfen.[35]

Die Alternative zur Gewaltanwendung ist die glaubwürdige Androhung von Gewalt.[36] Ihr geht jedoch zumeist eine Phase voraus, in der Gewalt auf besonders eindringliche bzw. grausame Weise ausgeübt worden ist, wodurch wiederum die Effektivität ihrer bloßen Drohung sichergestellt werden kann. Meiner Meinung nach ist sie in Westeuropa eine weitaus öfter praktizierte Methode als die Gewaltanwendung. Darin liegt aber auch eine Gefahr für den Staat, weil er seine Funktionen nach außen hin erfüllen kann, doch im Inneren werden seine Beamten mit Gewalt bedroht. Auf diese Weise kann der Staat auch in Westeuropa unterwandert und seine Funktionalität geschwächt werden.

Die Rolle des Staates ist vermeintlich die mächtigste in dieser Dreiecksbeziehung. Doch die Problematik liegt darin, dass die Vormachtstellung des Staates durch das Scheitern der Prohibition systematisch geschwächt wird und in manchen Bereichen die staatliche Autorität, besonders durch die Drogenhändler, untergraben wird. Der Staat erfüllt seinen Machtanspruch am ehesten in Bezug auf die Konsumenten. Doch auch hier versagt er bezogen auf seine Unfähigkeit, die Nachfrage nach Drogen zu reduzieren und die Käufer von ihrem Konsum abzubringen. Der Staat versagt jedenfalls bei seinen Bestrebungen, die Drogenhändler durch seine Strafverfolgungsorgane an ihren Transaktionen zu hindern oder gar den Umfang des Drogengeschäftes zu minimieren.

Gewalt und Korruption sind deswegen Mittel zur Durchsetzung der Geschäftsinteressen, weil die rechtsstaatlichen Regelungen wie Verträge, juristische Handelspartner, Schlichtungsverfahren oder Liquiditätsprüfungen fehlen. An der Stelle rechtsstaatlicher Regelungen treten latente, aber deutliche Gewaltverhältnisse, welche im Falle der Nichteinhaltung von Vereinbarungen die Geschäftsgrundlage in den Netzwerken der Drogenhändler bilden.[37]

Gewalt und Korruption hängen insofern zusammen, als es durch oftmalige, brutale Gewaltausübung dazu kommt, dass ihre bloße Androhung abschreckend wirkt und diese als Motivator für die Kooperation von Staatsbediensteten mit der Ebene der Drogenhändler gesehen werden kann. Diese Kooperation oder Erpressung kann auch durch Korruption ersetzt werden, wenn für die erbrachte Leistung eine Gegenleistung angenommen wird. Ob die Zusammenarbeit im Sinne von Verschwiegenheit und Verlässlichkeit durch Gewaltandrohung, Erpressung oder Gegenleistung gesichert wird, ist eine Kosten-Nutzen-Frage und letztlich auch eine strategische. Wichtige, ausgiebige oder langjährige Kontakte, sowie die Loyalität der Beamten können sicherlich am ehesten dadurch gewährleistet werden, dass sie finanziell oder materiell abgegolten werden. Dadurch wird zudem verhindert, dass die Drogenunternehmer bei der nächst besten Gelegenheit verraten werden, weil die Beamten schließlich selber straffällig geworden sind und „in der Sache drinnen hängen". In der Folge erfordert sowohl die Korruption von politischen Mandatsträgern und Staatsbeamten, als auch die Gewaltanwendung oder Androhung gegen sie das Aufbringen von hohen finanziellen Mitteln.[38] Diese stehen zweifelsohne zur Verfügung und bringen im Vergleich dazu weitaus mehr ein. Es rentiert sich also, derartige Mittel für die Verlässlichkeit der Beteiligten seitens des Staates einzusetzen.

Wenn ich das unter dem Blickwinkel des „disziplinierenden Neoliberalismus"[39] von Stephen Gill[40] betrachte, erkenne ich hierzu eine gewisse Parallelität und Perfidität. Der hierbei beschriebene Mechanismus ist auf legale Finanzmärkte bezogen, doch ich wende ihn nun auf den illegalen Drogenmarkt an. Im Wesentlichen können die Mandatsträger und Staatsbediensteten ihre Glaubwürdigkeit (Credibility) gegenüber den illegalen Drogenmärkten dadurch unter Beweis stellen, dass sie eine derart konsequente Politik (Consistency) ausüben, welche mit dem Vertrauen und der Sicherheit der Drogenhändler (Confidence) in Einklang gebracht wird. Dabei geht es darum, dass die Unsicherheit der Drogenhändler durch die adäquate Ausübung von staatlichem Recht und staatlicher Ordnung, sowie durch die Eigentumsrechte und die Freiheit der Drogenhändler verkleinert wird. Das bedeutet letztlich, dass staatliches Handeln auf die Interessen und Bedürfnisse abgestimmt werden soll. Der Staat und die Beschäftigten im Drogenhandel werden dabei der Disziplin des Drogenmarktes unterworfen. Wenn dieser Mechanismus bezogen auf die regulären Sektoren in der globalen Ökonomie funktioniert, wieso soll er also nicht auch im illegalen Bereich des Drogenbusiness zur Anwendung kommen? Schließlich sind die Strukturen für die engen Beziehungen zwischen legaler Wirtschaft und Staat bereits geebnet. Sie müssen nur mehr an die illegalen Rahmenbedingungen angepasst werden. Ich halte das für ein Spiegelbild der neoliberalen Globalisierung. Die Schwäche bzw. der Verfall des Staates als Garant für geregelte Märkte hat auch ihre Schattenseiten, zu denen meiner Meinung nach unter anderem der Drogenmarkt zählt.[41]

Die illegalen Drogenunternehmer verschaffen sich durch den Einsatz von Gewalt und Korruption Wettbewerbsvorteile. Ein Vorteil besteht in der Abschreckung der Konkurrenz aus den legalen Wirtschaftsbereichen durch Gewalt oder ihrer Androhung. Dabei kommt dem Staat allerdings auch eine bedeutende Rolle zu, denn er sorgt mit seiner Prohibition selber für den Ausschluss von Kontrahenten am Drogenmarkt. Damit können sich wenige Drogenhändler die enormen Gewinne aufteilen. Ein anderer Wettbewerbsvorteil liegt in den geringen Personalkosten. Schließlich fallen für die Beschäftigten der Drogenunternehmer keine Abgaben an, die an den Staat abgeführt werden müssen, wie Lohnkosten oder Sozialversicherungsbeiträge. Ein weiterer Vorteil sind die enormen finanziellen Ressourcen, die durch illegale Transaktionen mit Drogen erwirtschaftet werden.[42]

Ich möchte abschließend noch darauf hinweisen, dass ich weder das Ausmaß der Korruption, noch die Verbreitung von Gewalt durch die Akteure des illegalen Drogenbusiness in Westeuropa feststellen kann. Dies zu zeigen ist aufgrund der illegalen Rahmenbedingungen äußerst schwierig und dementsprechend rar sind Publikationen dazu. Jedoch sehe ich gerade hierin einen Anreiz für weiterführende Forschungsarbeiten. Mein Ziel ist es lediglich, auf deren Vorhandensein im Rahmen meines Kreislauf – Modells hinzuweisen. Ich hoffe, diesem Anspruch gerecht geworden zu sein.

7.2. Geldverwendung

Geldwäsche

Nun möchte ich auf den Bereich der Verwendung von den durch das Drogengeschäft erwirtschafteten Geldern eingehen und mich zuerst der Geldwäsche widmen. Die Geldverwendung ist durch drei verschiedene Phasen gekennzeichnet. Die erste ist die Akkumulationsphase. Dabei geht es darum, das Geld unbemerkt ins In- und Ausland zu transferieren und es auf Bankkonten einzuzahlen.[43] Der Transport dieses Geldes stellt für die Drogenhändler zum Teil ein größeres Problem dar, als jener der Drogen selber. Der Grund hierfür ist, dass eine große Drogenlieferung leichter als eine entsprechende Geldlieferung ist. Die großen Bargeldsummen und ihre Verwertung stellen einen wunden Punkt im Drogenbusiness dar.[44]

Die zweite Phase ist die Verbreitungs- und Verteilungsphase. Hierbei geht es darum, dass die Gelder, um das Risiko zu minimieren, im Sinne der Globalisierung in verschiedene Länder verteilt werden, um in differenten Vermögensanlagen einen möglichst hohen Kapitalertrag zu erzielen.[45]

Schließlich geht es in der letzten Phase um die Gliederung und Planung der Gelder. Teilweise fließen die Gelder wieder ins Drogengeschäft hinein. Damit werden neue Labors, intelligentere Informationstechnologien, bessere Transportfahrzeuge usw. finanziert. Die restlichen Geldsummen werden für den Eigenverbrauch aufgewendet und größtenteils in langfristige und gewinnbringende Anlagen investiert. In dieser letzten Phase ist die Frage der Legitimität der Gelder relevant.[46] Dies geschieht über die sogenannte Geldwäsche oder auch „money laundering" genannt. Es geht darum, die illegale Herkunft der Gelder vor dem Staat derartig zu verschleiern, dass sie als legitimer Besitz gelten und dann dem Staat als rechtmäßige Einkünfte präsentiert werden können.[47]

Bei der Geldwäsche werden im Auftrag der Drogenhändler von Finanzexperten Millionenbeträge solange weltweit bei kooperierenden Banken und Handelsgesellschaften verschoben, bis die ursprüngliche Herkunft kaum nachvollzogen werden kann.[48] Im kleineren Stil findet sie in Casinos, bei Kunsthändlern, im Filmgeschäft, beim Juwelier oder bei Export- und Importgeschäften statt. Hierbei ist einzig und allein die Tatsache wichtig, dass man/ frau das Bargeld „verschwinden" lassen kann.[49]

Doch die Geldwäsche, die wirklich ins Gewicht fällt, findet auf den internationalen Finanzplätzen in New York, Tokio, London oder Hong Kong statt. Auch kleinere Staaten in Europa, wie die Schweiz, Liechtenstein, Luxemburg, Österreich oder Ungarn, sind hierbei durchaus von Bedeutung, da sie bewusst oder unwissentlich Geldwäsche begünstigen.[50] Es gibt jedoch einige karibische Inseln, wie die Bahamas, Sint Maarten und die Cayman-Inseln, die durch ihre zahlreichen Briefkastenfirmen für derartige Transaktionen gerne in Anspruch genommen werden. Dabei werden die Drogengelder über diese Firmen verbucht.[51]

Weiters sind „Steueroasen", besonders in den „Entwicklungsländern", von enormer Bedeutung für die Geldwäsche, weil das Rechtssystem Steuerfreiheit und mangelnde Bekämpfungsmaßnahmen gegen die Geldwäsche aufweist.[52] Dennoch sollte auch darauf hingewiesen werden, dass das „Weißwaschen" des Drogenkapitals für diese Staaten eine wichtige Geldquelle darstellt, mit deren Hilfe auch Schulden an den IWF oder die Weltbank zurückgezahlt werden können.[53] Kurz gefasst sind die von Geldwäsche betroffenen Staaten zum einen viele reiche und mächtige Industrieländer und zum anderen diverse „Entwicklungsländer". Die großen Summen der Drogengelder werden von den Industriestaaten, wo die meisten Gewinne mit dem Drogenkonsum eingefahren werden, in manche „Entwicklungsländer" transferiert und gelangen von dort in „gewaschener" Form wieder zurück in die Industrieländer, wo sie weiterverwertet werden.[54]

Die Finanzunternehmen, die in die Geldwäsche verwickelt sind, lassen sich folgend aufteilen. Nach einer Studie zu verdächtigen Finanztransaktionen aus dem Jahre 1997 sind in Großbritannien zu 78 Prozent Banken, zu 7 Prozent Wechselstuben und zu 3 Prozent Versicherungen darin verwickelt.[55] Für die Umsetzung wird eine Menge an Fachleuten benötigt. Jene sind etwa internationale Finanz- und AnlageberaterInnen, MaklerInnen oder BörsianerInnen.[56]

Die Antworten auf die Frage, wie Geldwäsche vor sich geht, sind zahlreich und umfangreich.[57] Ich möchte hierzu lediglich kurz einen Einblick ermöglichen, indem ich auf einige Fakten hinweise. Durch elektronische Befehle können mittels Knopfdruck, 24 Stunden lang, an sieben Tagen der Woche Dreiecks-, Viereckstransaktionen, komplizierte Geschäfte, Schiebungen und Versiebungen von alten zu neuen, angesehenen Gesellschaften, die netzwerkartig und mitunter global verknüpft sind, durchgeführt werden. Auf diese Weise wird das Drogengeld am Ende nicht mehr zum Urheber nachvollziehbar und kann weiter verwendet werden.[58]

Eine besondere Rolle kommt, wie aus der oben erwähnten Studie ersichtlich, der internationalen Bankenwelt zu, die für das Drogenbusiness eine grundlegende Geschäftsbedingung darstellt.[59] Sie ist für die Umsetzung des globalen Geldflusses verantwortlich, indem die Banken die Geldgeschäfte vorfinanzieren, transferieren und Einkünfte zusammenlegen. Dies kann aktiv und bewusst geschehen, oder durch mangelnde Überprüfung der Kunden und ihrer Geldquellen. Die Mitarbeiter können dementsprechend zur Kooperation bestochen, erpresst oder bedroht werden.[60]

Die Banken sorgen schließlich dafür, dass die Gewinne aus den illegalen Drogengeschäften in die legalen Finanz- und Wirtschaftsbereiche verschoben werden. Infolgedessen sind die Drogenhändler vom internationalen Finanzsystem abhängig. Den Dollars oder Euros, die in den Großbanken zirkulieren, ist nicht anzusehen, aus welcher Art von Geschäft sie stammen.[61] „Pecunia Non Olet" (Geld stinkt nicht) sagte einst Kaiser Vespasian zu Titus, als er ihm ein Geldstück unter die Nase hielt, das aus einer speziellen Urinsteuer stammte. Titus warf Vespasian vor, den faulen und intensiv riechenden Urin als unkaiserliche Einnahmequelle zu verwenden.[62]

Wird Geldwäsche als Schnittpunkt von illegalen Gewinnen, Straftaten und legalem Finanzkreislauf gesehen, dann haben hierbei die Strafverfolgungsbehörden, ungeachtet der Schwierigkeiten bei der Zurückverfolgung des „weiß gewaschenen" Geldes, die Möglichkeit, die Drogenhändler an ihrer Achillesferse zu treffen.[63] Die Bekämpfung der Geldwäsche und ihrer ausgefeilten Umsetzungsmethoden sind für mich wesentlich sinnvollere Methoden, das Drogenbusiness zu bekämpfen, als es die Kriminalisierung von Konsumenten, die Zerstörung der Anbauflächen oder Verfolgung von Kleindealern jemals sein können. Dazu die Enquete-Kommision des Deutschen Bundestages:

> „Solange Geldwäsche nicht wirksam bekämpft wird, wird auch
> das organisierte Verbrechen nicht wirklich bekämpft."[64]

Trotz einer Reihe von Gesetzen gegen die Geldwäsche auf staatlicher und zwischenstaatlicher Ebene, sowie zahlreichen Richtlinien der Europäischen Union konnte sie nicht maßgeblich unterbunden oder aufgedeckt werden.[65] Der globale jährliche Umfang der Geldwäsche wird auf zwei Drittel des jährlichen Weltumsatzes des durch den Drogenhandel erwirtschafteten Umsatzes geschätzt. Anders ausgedrückt macht Geldwäsche rund fünf Prozent des globalen Bruttoinlandsproduktes aus. Der Rest des Umsatzes fließt größtenteils gleich in das Drogenbusiness und braucht deswegen nicht „weiß gewaschen" zu werden. Dazu zählen Investitionen in die Infrastruktur des Drogenhandels, Ausgaben für den Konsum oder auch Beschlagnahmungen.[66]

Zur Bekämpfung der Geldwäsche sind eine Verbesserung der Transparenz von Kapitalbewegungen, Sanktionsmöglichkeiten gegen nicht kooperierende Staaten, vornehmlich von Steuerparadiesen, die verbesserte internationale Finanzaufsicht und die Nutzung des Steuerrechts zur Aufdeckung von Gewinnen aus illegalen Drogengeschäften von Bedeutung.[67]

All diese sind jedoch Mittel, die im Widerspruch zur globalen Liberalisierung internationaler Finanztransaktionen, dem neoliberalen Zeitgeist und zur damit einhergehenden Deregulierung stehen. Damit wurde den Drogenhändlern ein Instrumentarium überlassen, das von ihnen nicht nur perfekt genutzt wird, sondern praktisch nicht mehr abzuschaffen ist. Wenn man/ frau sich vor Augen hält, dass rund zehn Prozent der weltweiten Drogentransporte konfisziert werden konnten und dazu den geschätzten Prozentsatz an beschlagnahmten Drogengeldern inklusive der Immobilien, Wertpapiere und Juwelen vergleicht, ist das ein schmerzliches Resultat, denn er liegt bei rund einem Prozent.[68]

Das bedeutet, wenn derartige Beschränkungen der global arbeitenden Geldflüsse zur Bekämpfung der illegalen Geldströme umgesetzt würden, hätte dies auch drastische Folgen für die „legalen" Finanztransaktionen. Hierbei ist vermutlich das Interesse an und von letzteren größer als das an der effektiven Bekämpfung vom illegalen Drogenbusiness. Schließlich kommt diese Zwangslage auch den Drogenhändlern zugute, die im Sinne ihrer Geschäftsinteressen die bestehenden Möglichkeiten ausschöpfen und als Nebenerscheinung den Staat, die Wirtschaft und auch die Gesellschaft infiltrieren. Dies fällt für mich unter das Motto, „wenn die Katze sich in den Schwanz beißt".

Investitionen

Der zweite Punkt, auf den ich im Bereich der Verwendung von den durch das Drogengeschäft erwirtschafteten Geldern eingehen möchte, sind die Investitionen in nicht drogenbezogene Geschäfte. Nachdem die Gelder durch schlaue Buchungen weltweit transferiert werden konnten, werden sie in legale Wirtschaftsbereiche investiert. Dabei wird darauf geachtet, dass die Herkunft der Gelder nach Möglichkeit nicht mehr zu ermitteln ist.[69] Gewöhnlich werden sie in den Immobiliensektor, die Tourismusbranche, sämtliche Transportbereiche, in Restaurantbetriebe, den Börsenbereich und in den Agrarsektor angelegt. Neuerdings werden auch teure Kunstobjekte oder größere Goldvorräte eingekauft. Doch die Anlagemöglichkeiten sind nahezu unbegrenzt, wichtig ist allein die Kapitalbildung.[70]

Die gewählten Wirtschaftsbereiche zeichnen sich oft durch eine niedrige Produktivität aus. Die damit geschaffenen Arbeitsplätze sind zumeist unproduktiv und werden künstlich geschaffen.[71] Durch die Vermischung der Finanzierung von Projekten oder Aktivitäten durch Drogengelder mit legalem Kapital kommt es zunehmend zur Schwierigkeit, die Finanzflüsse zu trennen. In der Folge können die illegalen nicht von den legalen Geldern abgegrenzt werden.[72]

Allgemein gibt es in der Fachliteratur kaum Daten über das Ausmaß der Investitionen aus den Drogengeldern. Dies kann auch damit zusammenhängen, dass es schwierig ist, derartiges Zahlenmaterial zu erheben. Es werden jedoch vielfach Fallbeispiele dargestellt.[73] Ich verzichte an dieser Stelle bewusst auf die Darstellung dieser Fallbeispiele. Mir geht es primär um die Zusammenhänge von Drogengeldern und Investitionen, sowie den Möglichkeiten, die sich daraus ergeben und um die Überschneidung von legalen mit illegalen Wirtschaftsbereichen.

Mit diesen Investitionen steigt auch die Gefahr, dass in Westeuropa, genauso wie in sämtlichen westeuropäischen Industrienationen, der Einfluss durch diese Drogengelder auf die Nationalökonomie wächst. Ein Beispiel dafür ist der Anstieg der Immobilienpreise von 1990 bis 1995 in Madrid ohne erkennbaren Grund. Es gibt aber Vermutungen, dass dies im Zusammenhang mit der Anlage von Drogengeldern zu sehen ist.[74]

Die gewaschenen Drogengelder fließen in die legalen Wirtschaftsbereiche ein und eröffnen somit die Möglichkeit der Manipulation ganzer Wirtschaftssysteme.[75] Einige Auswirkungen sind die Verfälschung der Konkurrenz, die Verminderung der Produktivität, der destabilisierende Einfluss auf das Preisniveau und die Verlangsamung des Wirtschaftswachstums.[76] Dies geschieht z.B. durch Spekulationen mit Aktien, Investitionen in den Bausektor, Immobilienkäufe oder durch die Bildung von Monopolen zum Zweck von Preiskontrollen.[77]

Dass das Drogengeschäft einen stimulierenden Effekt auf den Wirtschaftskreislauf hat, ist am Beispiel von Kolumbien ersichtlich. Dass Kolumbien während der Finanzkrisen des letzten Jahrzehntes im Vergleich zu anderen Staaten relativ unbedeutende Kredite in Anspruch nehmen musste, mag an der durch die Drogengelder gestützten diffe-

renzierten und gesunden legalen Wirtschaft liegen. Doch eine Steigerung der volkswirtschaftlichen Gesamtleistung betrifft alle in das Drogengeschäft involvierten Staaten, unabhängig davon, ob es sich eher
um Verteiler- oder Verbraucherländer handelt. Dennoch sind die
Auswirkungen auf einen reichen und mächtigen Industriestaat im
Verhältnis zu z.B. den karibischen Inseln schwächer.[78]

Die Gelder aus dem Drogengeschäft bewirken auch durch die Re-
Investitionen in das Drogenbusiness und durch die Investitionen in
legale und nicht drogenbezogene Geschäfte ein weiteres Wachstum.
Das Drogenbusiness schafft zudem Arbeitsplätze. In Westeuropa sind
dies die Erzeuger von Drogen, Importeure, Zwischenhändler, Großhändler, Kleinhändler, Waffenlieferanten, Wachleute, Banker, Rechtsanwälte, Bankangestellte, Marktstrategen, Finanzberater, Geldkuriere
usw. Jedoch werden auch auf der legalen Seite Jobs geschaffen, sei es
in der Therapie, der Betreuung und besonders im Bereich der staatlichen Verfolgungsbehörden und der Justiz.[79]

Eine besondere Art von Investitionstätigkeit ergibt sich meines Erachtens aus der Überlegung, dass für die Drogentransporte nicht nur
Fahrzeuge gekauft werden, sondern auch ganze Firmen, die getarnt
und relativ ungestört ihre Drogenlieferungen quer über Staaten und
Kontinente schmuggeln können. Hierbei liegt die Schwierigkeit erneut
darin, entsprechende Nachweise zu erbringen, um diese Finanztransaktionen aufzudecken.

Die Anlage von gewaschenen Drogengeldern in legale Wirtschaftsbereiche ermöglicht eine starke Kapitalbildung. Die Verflechtung von legalen und illegalen Geschäftsbereichen durch die Investitionen macht
eine Trennung beider unmöglich. Schließlich werden die Drogengeschäfte durch das Vermögen, welches aus den Investitionen jeglicher
Art erzielt wird, am Leben gehalten und das Kapital kann zudem auf
vielfältigste Weise eingesetzt werden. Daraus resultiert eine zunehmende finanzielle und politische Machtstellung von internationalen
Drogenhändlern. Und wieder einmal schließt sich beim Drogenbusiness der Circulus Vitiosus, denn mit steigenden finanziellen Ressourcen nimmt auch die Machtstellung zu und damit steigen die Möglichkeiten Einfluss auszuüben, sowie das Geschäft auszuweiten.

Terrorismus

Als dritten Punkt, den ich im Bereich der Verwendung von den durch
das Drogengeschäft erwirtschafteten Geldern vorstellen möchte, ist der
Terrorismus. Er stellt eine besonders aktuelle und brisante Form der

Geldverwendung dar. Zuerst möchte ich die Auswirkungen der gesamtgesellschaftlichen Veränderungsprozesse auf den Terrorismus erläutern, danach will ich eine Begriffsklärung vornehmen und folglich seine aktuellen Eigenheiten herausstreichen. Anschließend möchte ich einige Ursachen anführen und die Bedeutung des 11. September 2001 beleuchten. Das wird mich zum Antiterrorkrieg und zur Rolle der Religion führen. Schließlich werde ich die ökonomische Perspektive des Terrorismus, den Zusammenhang von Drogenhandel und Terrorismus erörtern und einige Verbindungen beschreiben.

Der gegenwärtige, neue Terrorismus, von dem im Folgenden die Rede sein wird, ist ein besonderes Produkt der „regressiven Globalisierung".[80] Die „regressive Globalisierung" ist nach Anheier, Glasius und Kaldor eine Form einer verdrängenden, imperialen und nationalistischen Denkweise, die im Zeichen des globalen Kapitalismus steht. Individuen, Gruppen, Konzerne und Regierungen befürworten diese Globalisierung, wenn es um ihren Nutzen bzw. ihre Gewinnmaximierung geht, ungeachtet der negativen Konsequenzen für andere. Die Globalisierung wird von ihnen befürwortet, solange es um ihren Vorteil geht. Sobald sie aber die Institutionen und nationalstaatliche Souveränität der Interessensvertreter schwächt oder die Interessen der mächtigen Lobbyisten bedroht, wird die Globalisierung abgelehnt.[81]

Der aktuelle Terrorismus ist ein transnationaler und internationaler, der netzwerkartig organisiert ist und als eine Ausformung privatisierter Gewalt gesehen werden kann. Zudem ist er auch eine komplexe Erscheinungsform des Neoliberalismus, weil er seinen heutigen Wirkungsmechanismus nicht ohne die Umsetzung und Übernahme der beschriebenen neoliberalen Ausformungen erreicht hätte. Es gibt keine völkerrechtliche Definition von Terrorismus. Zudem ist es schwer, eine Definition zu finden, die nicht politische Absichten, Parteilichkeiten oder Partikularinteressen enthält.[82]

Nichtsdestoweniger kann Terrorismus als eine Gewaltstrategie nichtstaatlicher Akteure zur Durchsetzung politischer Ziele verstanden werden.[83] Dies ist eine der gängigen Definitionen, wenngleich sie genauso problematisch ist. Ich möchte diese Definition um ökonomische und religiöse Ziele erweitern. Terrorismus zielt zumeist auf die Zivilbevölkerung ab, um Angst und Chaos zu verbreiten. Zudem will ich anmerken, dass diese die politische oder militärische Gewalt des Staates, wie z.B. Staatsterror gegen die Zivilbevölkerung oder staatlich finanzierten Terrorismus im In- und Ausland, nicht als Variante des Terrorismus erkennt. Ich möchte eine weitere Anmerkung zu der oben erwähnten Definition machen, die nämlich die „nicht-staatlichen Akteure" der Gewalttaten betont. Dieses Kriterium ist für Staaten durchaus nützlich, denn somit kann vom Staatsterror abgelenkt werden. Das führt dazu, dass es eine Frage der Definitionsmacht, die aus der Vormachtstellung derer die definieren resultiert, ist, wie Terrorismus dargelegt wird. Damit ist der Begriff mittlerweile auf alle ausgeweitet worden, die sich den herrschenden Verhältnissen nicht fügen wollen.[84]

Das Auftreten des innerstaatlichen und transnationalen Terrorismus seit dem Ende der 1960er Jahre ist im Zusammenhang mit einem fortgeschrittenen Grad an gesellschaftlicher Entwicklung und wirtschaftlicher Modernisierung sowie der allgemeinen Veränderung in die Richtung des Neoliberalismus zu sehen. Schließlich sind die Massenverkehrsmittel, der hohe Mobilitätsgrad, innovative Technologien, hoch entwickelte Informationsübertragungsmöglichkeiten und die sensibilisierte Massenmedienkommunikation sowohl Teile des Globalisierungsprozesses, auch nützliche Elemente des Terrorismus. Die Modernisierung brachte dicht besiedelte Großstädte, die wiederum als ideale Zielscheibe für terroristische Angriffe fungieren.[85]

Das besondere am gegenwärtigen Terrorismus ist, dass er sich nicht mehr nur bis an die territorialen Grenzen der einzelnen Staaten erstreckt. Er sprengt im Gegenteil alle bestehenden politischen und ökonomischen Grenzen und entwickelt sich zu einem transnationalen Phänomen. Dabei hat er mittels seiner netzwerkartigen Struktur die durch die Globalisierung geprägten gesellschaftlichen, politischen und ökonomischen Strukturen unterwandert und sich diesbezüglich den Neoliberalismus zu Nutze gemacht.[86]

Eine Besonderheit am aktuellen Terrorismus ist ebenfalls, dass er sich durch die Anpassung an das globale ökonomische System mehrere Vorteile verschaffen konnte. Diese wirken sich folgendermaßen aus. Es kommt zunehmend zu Abmachungen zwischen der transnationalen organisierten Kriminalität und Terrororganisationen. Die technischen Errungenschaften der westlichen Welt kommen ihnen bei der Mobilisierung der Ressourcen und bei der Gewaltanwendung zu Gute. Das Ausmaß und die Intensität der Gewaltanwendung werden durch kollektives politisches Handeln verstärkt. Folglich kommt es zu radikalen Selbstmordattentaten, die eine bisher unbekannte Reichweite und Grausamkeit des Terrorismus mit sich bringen. Kleine Gruppen werden immer wieder in zahlreichen Staaten netzwerkartig neu aufgebaut.[87]

Die Absichten des Terrorismus können sowohl politisch, als auch gänzlich unpolitisch, z.B. der Schutz illegaler Märkte, sein. Die Literatur und die Medien konzentrieren sich auf den politischen. Napoleoni, die ich weiter unten anführen werde, geht auf die ökonomische Dimension des Terrorismus ein. Die politischen Zwecke sind dann gegeben, wenn er danach strebt, die etablierte politische Ordnung zu verändern.[88] Die politische Herangehensweise kann jedoch nur dann erfolgreich sein, wenn sie wirkt. Diese Wirkung kann sich auf unterschiedliche Bereiche beziehen. Einerseits kann der Terrorismus materielle Objekte, wie die Infrastruktur angreifen, um einen wirtschaftlichen Schaden zu bezwecken. Andererseits kann er einen politisch-psychologischen Effekt erzielen, indem Machtsymbole zerstört werden und der Gegner dadurch geschwächt werden soll. Heute wird der materielle Angriff für die politisch-psychologische Wirkungsweise instrumentalisiert. Die jeweiligen terroristischen Angriffsziele und Mittel werden nach ihrem Wirkungsprinzip selektiert. Dies zeigt auch der 11. September 2001. Eine wesentliche Rolle bei dem politisch-psychologischen Effekt spielt die Wahrnehmung und Interpretation der Gewalttaten. Das bedeutet, dass der Terror als Kommunikationsform dient und die Medien die Kommunikationsmittel sind.[89]

Die Ursachen von Terrorismus sind different. Eine ist die Armut, die jedoch nicht gezwungenermaßen zur Gewalt führt, vielmehr können große Armutunterschiede die Wahrscheinlichkeit zur Gewaltentwicklung erhöhen. Als weitere Ursachen gelten Demokratiedefizite, wobei funktionsfähige demokratische Gesellschaften tendenziell weniger anfällig für terroristische Gewalt sind. Strenge Diktaturen sind im Gegensatz dazu eher für diese Widerstandsform zugänglich, weil ökonomische, soziale, religiöse und politische Verschärfungen zu beobachten sind.[90]

Jochen Hippler führt die Wahrnehmung von z.B. Krisen als Ursache an, die für ihn von zentraler Bedeutung ist. Die Diskrepanz zwischen Erwartung bzw. Hoffnung und Realität der Mehrheit der Bevölkerung birgt ein Konfliktpotential, das Gewaltanwendung mit einbezieht. In vielen Ländern des Nahen und Mittleren Ostens sind chronische Krisen der Gesellschaft zu beobachten, bei denen Aussichtslosigkeit und Wut wichtige Begleiterscheinungen sind. Die weit verbreitete Jugendarbeitslosigkeit, die Vergrößerung der Kluft zwischen arm und reich, die Diskrepanz zwischen öffentlichen Wert- und Normvorstellungen sowie der sozialen Realität können als Alarmzeichen gesehen werden. Ein Beispiel hierfür ist Saudi-Arabien, wo die öffentlich-religiösen Wertvorstellungen mit den Lebenspraxen der herrschenden Elite auseinanderklaffen.[91]

Eine andere wichtige Ursache liegt in der Mobilisierung und Rekrutierung. Die Lebensdauer von terroristischen Organisationen richtet sich nach der Fähigkeit zur Mobilisierung der Ressourcen, die zum Selbsterhalt und der Umsetzung ihrer Ziele notwendig sind. Die Ressourcen werden im Normalfall von der jeweiligen Bezugsgruppe, freiwillig oder erzwungen, akquiriert.[92] Der politische Antrieb beruht auf sozialer Perspektiv- und Hoffungslosigkeit, jedoch übernehmen in der Terrororganisation zumindest anfangs nicht die davon direkt betroffenen ärmeren Bevölkerungsteile, sondern die technisch versierten, gut ausgebildeten Schichten die Planung und Organisation.[93] Die angeworbenen Männer sind durchschnittlich Anfang Zwanzig und kommen aus der Großstadt. Sie stammen anfangs aus der Mittelschicht und mit zunehmender Etablierung der jeweiligen terroristischen Organisation werden sie aus der Arbeiterklasse rekrutiert.[94]

Im Anschluss daran gibt es einen weiteren Faktor, der eine bedeutende Rolle spielt. Jochen Hippler verweist auf die Symbolkraft von politischen Regionalkonflikten, wie z.B. Palästina oder Kaschmir für den islamischen Kulturkreis. Diese wirken stark mobilisierend, sind sie doch beispielhaft für die Unterdrückung ganzer Völker. In der terroristischen Organisation vereinigen sich Perspektiv- und Hoffnungslosigkeit mit der politischen Emotionalisierung durch externe Gewaltkonflikte. Im Falle von Palästina bedeutet das die Mobilisierung auf nationaler Basis, weil Palästinenser Araber sind und auf religiöser Basis, da Palästinenser Muslime sind. Das ist ein Beispiel von grenzüberschreitender Mobilisierungskraft symbolischer Regionalkonflikte. Das globale Netzwerk der Al-Qaida, das durch moderne Zweckrationalität, moderne Infrastruktur und langfristige Vorbereitung auf die Anschläge geprägt ist, zeigt auch die grenzüberschreitende Mobilisierungskraft.[95]

Eine weitere Ursache des Terrorismus liegt in seinem Begründungszusammenhang. Ein Beispiel ist der islamisch geprägte Terrorismus, der von sozialen Konflikten, von Unterdrückung, sowie von Perspektiv- und Hoffnungslosigkeit geprägt wird. Das besondere am islamistischen Terrorismus ist nicht der Islamismus, sondern seine über viele Staaten verteilten Netzwerke. Auf dieser Grundlage ist die religiöse Komponente eine zusätzliche ideologische Waffe.[96]

Der neue Terrorismus hat seinen bisherigen Höhepunkt in den Anschlägen vom 11. September 2001 gefunden. Dieses Ereignis hat die Wahrnehmung und den Stellenwert des Terrorismus von Grund auf verändert. Der Hintergrund zu dem Geschehen ist, dass das World Trade Center und das Pentagon jene symbolische Bedeutung hatten und haben, die für die wirtschaftliche und politische Vormachtstellung der Vereinigten Staaten stand und steht. Die psychischen Auswirkungen wie Panik und Angst sind seitdem in nahezu allen reichen und mächtigen Industriestaaten zu spüren.[97] Trotzdem wird versucht, diese Anschläge als Angriff auf die demokratische Wertegemeinschaft, mit den USA als Galionsfigur, zu vermitteln.[98] Diese Botschaft, die mittels propagandistischer Nachrichten transportiert werden soll, richtet sich zuerst an die reichen und mächtigen Industriegesellschaften, aber in der Folge als Warnung oder Drohung auch an die übrige Welt. Für Chomsky ist die Besonderheit des 11. September 2001 nicht die hohe Anzahl an Opfer, die er gefordert hat, sondern die Tatsache, dass historisch gesehen das erste Mal eine über Jahrhunderte hindurch unterdrückte bzw. kolonialisierte Gruppe sich derartig gewalttätig gegen ihre Gewaltherrscher auflehnte.[99]

Ein anderer Effekt des 11. September ist, dass der Terrorismus als Rechtfertigung für den Krieg, nämlich den sogenannten Antiterrorkrieg, verwendet wird. Hinzu kommt, dass vielfach der Terror durch reiche und mächtige Industriegesellschaften nicht als solcher gesehen wird.[100] Für Napoleoni sind diese Anschläge jedenfalls ein Produkt der hegemonialen Stellung der reichen und mächtigen Industriegesellschaften und ihrer Alliierten, der Oligarchien im Nahen Osten und in Asien.[101] Haug fügt dem hinzu, dass die Bekämpfung des Terrors ein Vorwand zur Durchsetzung der amerikanischen Interessen ist. Ich schließe mich dem an, denn es geht um die Förderung der amerikanischen Waffenindustrie, um die Erschließung neuer Erdölquellen und um die Umsetzung fertiger Programme, die vor dem 11. September wegen innen- und außenpolitischem Widerstand nicht durchgesetzt werden konnten.[102] Nicht zuletzt geht es auch um die Rechtfertigung für gesteigerte Rüstungs- und Verteidigungsausgaben.[103] Ich wage nicht einzuschätzen, ob es sich um ein Ziel oder einen Effekt der US-Politik handelt, aber jedenfalls ist die Beschneidung der demokratischen Rechte durch den „Patriot Act"[104] ein Faktum. Schließlich dient der Terrorismus, wie davor der Drogenhandel, als Mittel zum Zweck des globalen „Herrschaftskrieges".[105]

Aus dem heraus liegt der Schluss nahe, dass durch das Ende des Kalten Krieges ein Gewaltvakuum entstehen konnte, welches mit der Bekämpfung des Terrorismus wieder aufgefüllt worden ist. Das altbekannte Freund-Feind-Schema konnte somit wiederhergestellt werden. Der gemeinsame Feind ist der islamische Fundamentalismus. Die Antiterrorpolitik verzerrt aber die Ursachen des Terrors. Die Lösung der Problematik der aus der Ungleichheit, Unterdrückung und Armut, sowie aus der zunehmenden Perspektiv- und Hoffnungslosigkeit resultierenden Gewalt(bereitschaft) bleiben die reichen und mächtigen Industriestaaten schuldig. Der bisherige Weg ist die militärische Ordnungspolitik, welche aber sicherlich nicht die Gewalt beseitigen kann.[106] Vielmehr ist eine Fortführung oder Eskalation der Gewalt auf allen Seiten zu erwarten, solange Gewalt mit Gegengewalt begegnet wird. In diesem Sinne ist Antiterrorismus als Fortsetzung des Kalten Krieges zu sehen.

Eine Sichtweise zum 11. September ist, dass nicht diese Anschläge, sondern die Reaktionen darauf entscheiden, wie sich die Welt verändert. Erst indem die Terrorangriffe zum Kriegsakt erklärt wurden, war das weitere Geschehen besiegelt. Der Weltkrieg gegen das Unbekannte, das sich nicht genau territorial festmachen lässt und die Tatsache, dass er kein Ziel hat, führen dazu, dass die USA militärisch nicht gewinnen kann und die Terroristen nicht verlieren können. Osama Bin Laden kommt dabei eine Stellvertreterfunktion zu. Die Ironie daran ist, dass er, genauso wie Saddam Hussein Jahrzehnte zuvor, von den USA gefördert worden ist.[107]

Die Rolle der Religion hat beim islamistischen Terrorismus verstärkende Bedeutung.[108] Der Islam ist nicht-westlich, hat eine ausgeprägte, nicht widerlegbare, moralische Instanz, nämlich Gott, sowie eine starke emotionale Komponente, die nicht religiöse Ideologien kaum aufweisen. Der Islam kann durch die beschriebenen Fakten die Motivation der Kämpfer erhöhen. Damit kann er z.B. die Gruppenidentität verstärken.[109] Napoleoni sieht die Religion lediglich als Werkzeug zur Durchsetzung von Interessen und Zielen, die vorwiegend wirtschaftlicher Natur sind.[110]

Napoleoni schlägt vor, den Terrorismus nicht als politisches Phänomen zu betrachten, sondern ihn aus einer ökonomischen Perspektive zu analysieren, um die Definitionsschwierigkeiten zu umgehen.[111] Ihre zentrale These ist, dass die Globalität der Ökonomie des Terrors mit der Globalisierung nach dem Ende des Kalten Krieges verstrickt ist. Es gibt zahlreiche Verbindungen zwischen der „Neuen Ökonomie des Terrors" und der regulären Wirtschaft. Das eigentliche Problem sieht sie jedoch in der zunehmenden Spannung zwischen den dominierenden Systemen des westlichen Kapitalismus und der muslimischen Weltbevölkerung, die eine neue Schicht von Geschäftsleuten und Bankiers mit begrenzten Entwicklungsmöglichkeiten hervorbringt. Für die reichen und mächtigen Industriestaaten bedeutet das, dass der Kampf gegen den Terror sich auch auf dem wirtschaftlichen Gebiet konzentrieren wird. Napoleoni ist diesbezüglich den globalen Finanzströmen der terroristischen Organisationen präzise nachgegangen.[112]

Das internationale Netzwerk, in dem die Logistik und Angriffe der einzelnen Gruppen koordiniert werden, nennt Napoleoni die „Neue Ökonomie des Terrors". Sie ist mittlerweile so stark, dass sie ein Teil der globalen illegalen Wirtschaft ist und einen riesigen Umsatz erzielt und dadurch wiederum die westliche Hegemonie bedroht. Die Geldströme fließen in die legale Wirtschaft, besonders in die USA und werden dort gewaschen. Andere Gelder, etwa ein Drittel, fließen in die US-Wirtschaft oder werden in die illegale Wirtschaft investiert. Es kommt zunehmend zu der Konfrontation zwischen dem dominierenden westlichen Kapitalismus und der rebellischen „Neuen Ökonomie des Terrors" und andererseits zu einer zunehmenden Verzweigung der Ökonomien.[113]

Ein Zusammenhang zwischen dem internationalen Drogenhandel und dem Terrorismus ist, dass er ihm als finanzielle Ressource dient und es somit zu einer Verstrickung beider kommt. Andere Finanzierungsweisen sind Spenden von privaten oder auch staatlichen Akteuren, sowie die Gewinne aus dem Handel mit Erdöl, Diamanten und anderen Rohstoffen.[114]

Die Nutzung des Drogengeschäftes durch terroristische Organisationen kann z.B. so von statten gehen, dass sie die militärische Kontrolle über ein gewisses wirtschaftlich profitables Gebiet halten, womit sie ökonomische Schutzzonen errichten. Dabei können sie auch netzwerkartige Verbindungen mit anderen Akteuren, wie z.B. mit so genannten Drogenkartellen eingehen. Die Kooperation bedeutet in der Folge einen verstärkten Schutz von illegalen Wirtschaftsbereichen.[115]

Die Zusammenhänge zwischen dem internationalen Drogenhandel und dem Terrorismus sind vielschichtig. Wein und Holzer verweisen darauf, dass die Prohibition von Drogen, welche von einem Teil der Menschen nachgefragt werden, einen Schwarzmarkt geschaffen hat, der hohe Gewinnspannen ermöglicht und Terrorgruppen davon profitieren lässt. Wenn dieser Wirkungsmechanismus ignoriert wird, durchlöchert es den Kampf gegen den Terrorismus. Der Grund liegt in der einträglichen finanziellen Bedeutung des Drogenhandels für terroristische Organisationen.[116]

Wie können die Wechselwirkungen zwischen Drogen und Terrorismus gesehen werden? Zum einen liegen die meisten Anbauregionen der natürlichen Drogen in marginalen Regionen nicht prosperierender Staaten, wie z.B. in den Andenländern oder den Bergregionen Süd- und Zentralasiens, welche kaum Infrastruktur aufweisen und deren Kommunikationsmöglichkeiten von den umliegenden Landesteilen abgeschnitten sind. Diese Bedingungen wirken sich günstig auf den Anbau von diversen Drogenpflanzen aus. Die Menschen aus diesen Regionen bekommen dadurch die Möglichkeit, ihren Lebensunterhalt zu verdienen. Auf der anderen Seite fehlen in diesen Gegenden oft staatliche Strukturen, wodurch die Existenz von terroristischen Organisationen begünstigt wird. Damit lässt sich auch das Phänomen erklären, dass teilweise ganze Regionen unter ihre Kontrolle kommen können. Ab diesem Zeitpunkt kann der Anbau von Drogenpflanzen nicht mehr auf „Freiwilligkeit"[117] basieren, sondern wird verstärkt von den terroristischen Organisationen eingefordert, weil die Erlöse aus dem Handel mit Drogen große Gewinne ermöglichen.[118]

Ein weiterer Zusammenhang zwischen dem internationalen Drogenhandel und dem Terrorismus besteht darin, dass beide für die Umsetzung ihrer Vorhaben die gleichen Strukturen und Arbeitsweisen verwenden und manchmal eng kooperieren. Sie wenden die selben Methoden an, ohne die selben Ziele zu verfolgen. Drogenhändler untergraben den Staat durch die Abwicklung ihrer illegalen Geschäfte, um Kapital zu akkumulieren, während terroristische Organisationen zumeist nicht die Gewinnmaximierung zum Ziel haben. Sie benötigen die finanziellen Ressourcen, um ihre Netzwerke aufrecht zu erhalten und gewalttätige Anschläge auszuüben.[119]

Zu einer direkten Zusammenarbeit zwischen den beiden Bereichen kommt es, wenn der Drogenhandel als Finanzquelle für den Terrorismus dient. Daneben können jedoch beide auch locker zusammenarbeiten. Dies sind Indizien dafür, dass beide zusehends nicht (mehr) strikt voneinander zu trennen sind. Schließlich sind beide auf Geld, gefälschte Dokumente, Waffen usw. angewiesen. Die Operationen finden in ähnlichen politischen Strukturen statt und können über die selben Netzwerke verfügen. Hinzu kommt, dass beide Bereiche die selben Infrastrukturen, wie z.B. einen ausgereiften Nachrichtendienst, viele Beteiligte, unterstützende Sympathisanten in der Allgemeinbevölkerung, im Staatsapparat und in der Politik, benötigen.[120]

Einen Unterschied zwischen Drogenhändlern und Terrororganisationen sehe ich in der Art und Weise, wie sie zu Geld kommen. Während letztere sowohl über legale als auch illegale Wege an Kapital kommen, können erstere durch die staatlichen Rahmenbedingungen, also die Prohibition, lediglich auf illegalem Wege Geld erwirtschaften. Am Beispiel der Finanzierung der Al-Qaida und der IRA ist dies deutlich zu sehen, da sie über staatliche Finanzen, Spenden, Privatvermögen oder Non-Profit-Organisationen zu ihren Geldmitteln kommen.[121]

Daraus folgernd kann der Schluss gezogen werden, dass die Austrocknung der Gelder als finanzielle Ressource ein wirksames Mittel zur Bekämpfung von terroristischen Organisationen sein kann. Besonders dann, wenn man/ frau sich vor Augen führt, dass nicht etwa die Durchführung der gewalttätigen Anschläge kostenintensiv sind, sondern die Aufrechterhaltung der Organisation und ihres zumeist global operierenden Netzwerkes.[122]

Ein Ansatzpunkt ist die Überlegung, dass auf den Bankensystemen in Westeuropa und der ganzen Welt die Gelder gelagert werden, mit denen die terroristischen Aktivitäten finanziert werden und welche den Reichtum der Drogenhändler ausmachen.[123] Hier kommt es zur selben Problematik, wie ich sie bei der Geldwäsche erläutert habe, dass nämlich selbst verbesserte Methoden zur Aufdeckung der Gelder nicht einmal ansatzweise die illegal handelnden Drogenhändler und terroristischen Organisationen in Bedrängnis bringen.

Doch gerade bei der Bekämpfung von auf der Bank lagerndem Kapital, sowie den Investitionen in legale Wirtschaftsbereiche sehe ich eine Möglichkeit, den vielschichtigen Systemen „den Hahn zuzudrehen". Andererseits befürchte ich, dass Maßnahmen, welche diese Bekämpfung erfolgreich werden lassen könnten, aufgrund der engen Verflechtung auch das reguläre internationale Wirtschaftssystem in seiner heutigen Ausprägung beschneiden und dessen Bedürfnisse in Frage stellen würden. Doch aufgrund der Tatsache, dass die Agierenden bzw. Profiteure des internationalen Wirtschaftssystems auch auf die politische Umsetzung eines solchen Vorhabens Einfluss haben, ist es meiner Ansicht nach nicht wahrscheinlich, dass dies zustande kommt. Wenn man/ frau dies als eine Kosten-Nutzen-Rechnung betrachtet, dann überwiegt der Nutzen gegenüber den Kosten. Die Kosten werden hingegen gewinnbringend angelegt bzw. verkauft, indem z.B. statt sinnvolle Maßnahmen zur Austrocknung der Gelder zu treffen, ein Antiterrorkrieg geführt wird, der für seine ausführenden Akteure Vorteile bringt. Solche Vorteile können die Ausweitung der Einflusssphäre, die Förderung der Waffenindustrie, der Einsatz bisher unerprobter Kampftechniken oder die Erschließung neuer Erdölquellen sein. Der netzwerkartige und globale Terrorismus nutzt sowohl die weltweiten Kommunikationssysteme als auch die Schattenseite der Globalisierung, nämlich z.B. die globale Geldwäsche und Waffenmärkte.

Anmerkungen:

[1] Hess, 1995, S.117; Schmidt, Holger: Drogenhandel als transnationales Problem, Seminararbeit, Universität Potsdam, 9.11.1998, In: Url: http://www.hausarbeiten.de/rd/faecher/hausarbeit/poi/688.html (23.11.2003).

[2] Schweer/ Strasser, 1995, S.135ff.

[3] Alemann/ Kleinfeld, 1992, S.261ff.

[4] Jordan, David: Dirty Money and Democracies. Drug Politics, In: Url: http://www.jahrbuch2001.studien-von-zeitfragen.net/Global/Subversives_Geld/DRUGPO_1/drugpo_1.HTM (20.1.2004).

[5] Alemann/ Kleinfeld, 1992, S.261ff.

[6] Ibd., S.262; Weizsäcker, 2002, S.36f.

[7] Angerer, 1999, S.67ff.

[8] Jordan, David: Dirty Money and Democracies. Drug Politics, In: Url: http://www.jahrbuch2001.studien-von-zeitfragen.net/Global/Subversives_Geld/DRUGPO_1/drugpo_1.HTM (20.1.2004).

[9] N.n.: Korruption in Deutschland und Europa. Abhilfe durch eine europäische Rechtskultur, Bad Boll, 2000, In: Url: http://home.t-online.de/home/europa.bw/pr-kor.htm (29.2.2004); Weizsäcker, 2002, S.35f.

[10] Jordan, David: Dirty Money and Democracies. Drug Politics, In: Url: http://www.jahrbuch2001.studien-von-zeitfragen.net/Global/Subversives_Geld/DRUGPO_1/drugpo_1.HTM (20.1.2004).

[11] Angerer, 1999, S.69.

[12] Alemann/ Kleinfeld, 1992, S.262.

[13] Ibd., S.276.

[14] Eussener, Gudrun: Drogen, Kriminalität, Terrorismus, 6.1.2001, In: Url: http://www.eussner.net/artikel_2004-03-15_20-39-13.html (23.3.2005).

[15] Alemann/ Kleinfeld, 1992, S.276.

[16] N.n.: Korruption in Europa. Bestechung und Bestechlichkeit in Demokratien, 2002, In: Url: www.wz-berlin.de/publikation/ pdf/wm95/wzbmit95-10-13.pdf (20.1.2004), S.7ff.

[17] Klahr, 1998, S.252ff.; Wewer, 1992, S.303f.

[18] Alemann/ Kleinfeld, 1992, S.277.

[19] Ibd.

[20] N.n.: Korruption in Deutschland und Europa. Abhilfe durch eine europäische Rechtskultur, Bad Boll, 2000, In: Url: http://home.t-online.de/home/europa.bw/pr-kor.htm (29.2.2004).

[21] Alemann/ Kleinfeld, 1992, S.277f.

[22] Ibd., S.278f.

[23] Eussener, Gudrun: Drogen, Kriminalität, Terrorismus, 6.1.2001, In: Url: http://www.eussner.net/artikel_2004-03-15_20-39-13.html (23.3.2005).

[24] Alemann/ Kleinfeld, 1992, S.277f.

[25] Jordan, David: Dirty Money and Democracies. Drug Politics, In: Url: http://www.jahrbuch2001.studien-von-zeitfragen.net/Global/Subversives_Geld/DRUGPO_1/drugpo_1.HTM (20.1.2004).

[26] Franke, 1991, S.119; Houben, 1999, S.23f.

[27] Hess, 1995, S.124.

[28] Choiseul-Praslin, 1996, S.60f.

[29] Ibd., S.59ff.

[30] Hess, 1995, S.113ff.

[31] Joxe, 1996, S.240.

[32] Hess, 1995, S.113.

[33] Joxe, 1996, S.242ff.

[34] Hess, 1995, S.113.

[35] Ibd., S.125.

[36] Ibd., S.124.

[37] Lock, Peter: Gibt es ökonomische Strukturen, die Gewalt und Terror hervorbringen?, 25.9.2002, In: Url: http://www.peter-lock.de/txt/loccumt.html (4.4.2005); Hess, 1995, S.123.

[38] Hess, 1995, S.123.

[39] Gill, 2000, S.42f.

[40] Ich habe das Thema „disziplinierender Neoliberalismus" bereits im Abschnitt über den Wandel von Staatlichkeit in Westeuropa behandelt.

[41] Lock, Peter: Gibt es ökonomische Strukturen, die Gewalt und Terror hervorbringen?, 25.9.2002, In: Url: http://www.peter-lock.de/txt/loccumt.html (4.4.2005).

[42] Hess, 1995, S.126f.

[43] Hardinghaus, Nicolas: Drogengeschäfte. Zur Entwicklung der internationalen Drogenmärkte, Bonn, 1994, In: Url: http://library.fes.de/fulltext/stabsabteilung/00018.html (28.2.2004).

[44] Mittermayer, 1997, S.25; Schmidt, Holger: Drogenhandel als transnationales Problem, Seminararbeit, Universität Potsdam, 9.11.1998, In: Url: http://www.hausarbeiten.de/rd/faecher/hausarbeit/poi/688.html (23.11.2003).

[45] Hardinghaus, Nicolas: Drogengeschäfte. Zur Entwicklung der internationalen Drogenmärkte, Bonn, 1994, In: Url: http://library.fes.de/fulltext/stabsabteilung/00018.html (28.2.2004).

[46] Ibd.

[47] Angerer, 1999, S.44; Mittermayer, 1997, S.24; Klahr, 1998, S.272.

[48] Mittermayer, 1997, S.24; Klahr, 1998, S.272.

[49] Hardinghaus, Nicolas: Drogengeschäfte. Zur Entwicklung der internationalen Drogenmärkte, Bonn, 1994, In: Url: http://library.fes.de/fulltext/stabsabteilung/00018.html (28.2.2004).

[50] Hardinghaus, Nicolas: Drogengeschäfte. Zur Entwicklung der internationalen Drogenmärkte, Bonn, 1994, In: Url: http://library.fes.de/fulltext/stabsabteilung/00018.html (28.2.2004); Angerer, 1999, S.46f.; Ziegler, 1992, S.22ff.

[51] Mittermayer, 1997, S.24; Blum/ Block, 1996, 86ff.

[52] Ziegler, 1992, S.21ff.; Angerer, 1999, S.46ff.; Fottorino, 1996, S.218ff.

[53] Joxe, 1996, S.248.

[54] Angerer, 1999, S.48.

[55] Ibd., S.45.

[56] Hardinghaus, Nicolas: Drogengeschäfte. Zur Entwicklung der internationalen Drogenmärkte, Bonn, 1994, In: Url: http://library.fes.de/fulltext/stabsabteilung/00018.html (28.2.2004).

[57] Weiterführende wissenschaftliche Literatur: Ackermann, 1992; Nelles, 2004; Ertl, 2004.

[58] Ibd.

[59] Mittermayer, 1997, S.24; Klahr, 1998, S.272f.; Schmidt, Holger: Drogenhandel als transnationales Problem, Seminararbeit, Universität Potsdam, 9.11.1998, In: Url: http://www.hausarbeiten.de/rd/faecher/hausarbeit/poi/688.html (23.11.2003).

[60] Hardinghaus, Nicolas: Drogengeschäfte. Zur Entwicklung der internationalen Drogenmärkte, Bonn, 1994, In: Url: http://library.fes.de/fulltext/stabsabteilung/00018.html (28.2.2004).

[61] Mittermayer, 1997, S.24; Klahr, 1998, S.272f.

[62] N.n.: Urin, In: Url: http://de.wikipedia.org/wiki/Urin (6.4.2005); N.n.: non olet, In: Url: http://www.lateinforum.de/thesauru/WdAntike/N/nonolet.htm (6.4.2005).

[63] Klahr, 1998, S.272.

[64] Weizsäcker, 2002, S.23.

[65] Hardinghaus, Nicolas: Drogengeschäfte. Zur Entwicklung der internationalen Drogenmärkte, Bonn, 1994, In: Url: http://library.fes.de/fulltext/stabsabteilung/00018.html (28.2.2004); Weizsäcker, 2002, S.23.

[66] Angerer, 1999, S.45; Weizsäcker, 2002, S.23; Hardinghaus, Nicolas: Drogengeschäfte. Zur Entwicklung der internationalen Drogenmärkte, Bonn, 1994, In: Url: http://library.fes.de/fulltext/stabsabteilung/00018.html (28.2.2004).

[67] Weizsäcker, 2002, S.23.

[68] Angerer, 1999, S.48; Hardinghaus, Nicolas: Drogengeschäfte. Zur Entwicklung der internationalen Drogenmärkte, Bonn, 1994, In: Url: http://library.fes.de/fulltext/stabsabteilung/00018.html (28.2.2004).

[69] Houben, 1999, S.24.

[70] Mittermayer, 1997, S.24; Hardinghaus, Nicolas: Drogengeschäfte. Zur Entwicklung der internationalen Drogenmärkte, Bonn, 1994, In: Url: http://library.fes.de/fulltext/stabsabteilung/00018.html (28.2.2004).

[71] Houben, 1999, S.24.

[72] Hardinghaus, Nicolas: Drogengeschäfte. Zur Entwicklung der internationalen Drogenmärkte, Bonn, 1994, In: Url: http://library.fes.de/fulltext/stabsabteilung/00018.html (28.2.2004).

[73] Ziegler, 1992; Napoleoni, 2004; Buffle, 1996, S. 113ff.; Blum/ Block, 1996, S.86ff.; Joxe, 1996, 237ff.; Roth/ Ender, 1984, 151ff.; Roth, 2001, 187ff.

[74] Schmidt, Holger: Drogenhandel als transnationales Problem, Seminararbeit, Universität Potsdam, 9.11.1998, In: Url: http://www.hausarbeiten.de/rd/faecher/hausarbeit/poi/688.html (23.11.2003).

[75] Roth/ Ender, 1984, 155f.

[76] Besozzi, 2002, S.134.

[77] Roth/ Ender, 1984, 155f.

[78] Hardinghaus, Nicolas: Drogengeschäfte. Zur Entwicklung der internationalen Drogenmärkte, Bonn, 1994, In: Url: http://library.fes.de/fulltext/stabsabteilung/00018.html (28.2.2004).

[79] Ibd.

[80] Anheier, Helmut/ Glasius, Marlies/ Kaldor, Mary: Global Civil Society in an Era of Regressive Globalism: The State of Global Civil Society in 2003. Regressive Globalisation, In: Url: http://www.lse.ac.uk/Depts/global/Yearbook/yb3taste1.htm (11.4.2005).

[81] Ibd.

[82] Hippler, Jochen: Die Quellen des Terrorismus - Hinweise zu Ursachen, Rekrutie-
      rungsbedingungen und Wirksamkeit politischer Gewalt, Juni 2002, In: Url:
      http://www.jochen-hippler.de/Aufsatze/Terrorismus-
      Quellen/terrorismus-quellen.html (1.3.2005).

[83] Schneckener, Ulrich: Globaler Terrorismus, Informationen zur politischen Bil-
      dung, Nr. 280, 2003, In: Url:
      http://www.bpb.de/publikationen/7N2DFT,2,0,Globaler_Terrorismus.htm
      l (26.2.2005).

[84] Haug, Wolfgang Fritz: Weltkrieg gegen den Terror?, München, 2002, In: Url:
      http://www.gegenentwurf-muenchen.de/globterr.htm (20.1.2004).

[85] Reinares, 2002, S.393.

[86] Ibd., S.396f.

[87] Ibd., S.397.

[88] Ibd., S.390.

[89] Hippler, Jochen: Die Quellen des Terrorismus - Hinweise zu Ursachen, Rekrutie-
      rungsbedingungen und Wirksamkeit politischer Gewalt, Juni 2002, In: Url:
      http://www.jochen-hippler.de/Aufsatze/Terrorismus-
      Quellen/terrorismus-quellen.html (1.3.2005).

[90] Ibd.

[91] Ibd.

[92] Reinares, 2002, S.395.

[93] Hippler, Jochen: Die Quellen des Terrorismus - Hinweise zu Ursachen, Rekrutie-
      rungsbedingungen und Wirksamkeit politischer Gewalt, Juni 2002, In: Url:
      http://www.jochen-hippler.de/Aufsatze/Terrorismus-
      Quellen/terrorismus-quellen.html (1.3.2005).

[94] Reinares, 2002, S.396.

[95] Hippler, Jochen: Die Quellen des Terrorismus - Hinweise zu Ursachen, Rekrutie-
      rungsbedingungen und Wirksamkeit politischer Gewalt, Juni 2002, In: Url:
      http://www.jochen-hippler.de/Aufsatze/Terrorismus-
      Quellen/terrorismus-quellen.html (1.3.2005).

[96] Ibd.

[97] Reinares, 2002, S.397f.; Napoleoni, 2004, S.43.

[98] Haug, Wolfgang Fritz: Weltkrieg gegen den Terror?, München, 2002, In: Url:
      http://www.gegenentwurf-muenchen.de/globterr.htm (20.1.2004).

[99] Chomsky, Noam: Der neue Krieg gegen den Terror, Abschrift eines Vortrages
      aus dem MIT Forum für Technologie und Kultur, 18.10.2001, In: Url:
      http://www.free.de/asti/geistderrevolte/11september/chomsky4.htm
      (9.4.2005).

[100] Ibd.

[101] Napoleoni, 2004, S.18.

[102] Amendt, 1990, S.251.

[103] Anheier, Helmut/ Glasius, Marlies/ Kaldor, Mary: Global Civil Society in an Era of Regressive Globalism: The State of Global Civil Society in 2003. Regressive Globalisation, In: Url: http://www.lse.ac.uk/Depts/global/Yearbook/yb3taste1.htm (11.4.2005).

[104] Der US-amerikanische „Patriot Act" ist ein Bundesgesetz, das im Rahmen des Kampfes gegen den Terror im Oktober bzw. November 2001 verabschiedet worden ist. Darin sind die Ausweitung der Überwachungs- und Festnahme- rechte von US-Sicherheitsbehörden festgehalten. Es bringt eine massive Ein- schränkung der amerikanischen BürgerInnenrechte mit sich. (N.n.: USA Pat- riot Act, 21.2.2005, In: Url: http://de.wikipedia.org/wiki/Patriot_Act (7.3.2005)) Aber auch nicht US-BürgerInnen können bei Verdacht von dem Gesetz belangt werden.

[105] Haug, Wolfgang Fritz: Weltkrieg gegen den Terror?, München, 2002, In: Url: http://www.gegenentwurf-muenchen.de/globterr.htm (20.1.2004).

[106] Ibd.

[107] Ibd.

[108] Napoleoni, 2004, S.18.

[109] Hippler, Jochen: Die Quellen des Terrorismus - Hinweise zu Ursachen, Rekru- tierungsbedingungen und Wirksamkeit politischer Gewalt, Juni 2002, In: Url: http://www.jochen-hippler.de/Aufsatze/Terrorismus- Quellen/terrorismus-quellen.html (1.3.2005).

[110] Napoleoni, 2004, S.18.

[111] Ibd., S.16.

[112] Ibd., S.12f.

[113] Ibd., S.17,69.

[114] Piper, Gerhard: Was ist Internationaler Terrorismus? Begriffsdiskussion, Ge- schichte, Organisationen und Finanzen eines Gespenstes, Kassel, In: Url: http://www.uni-kassel.de/fb5/frieden/themen/Terrorismus/piper2.html (2.3.2005).

[115] Napoleoni, 2004, S.68f.

[116] Wein, Joe/ Holzer, Tilmann: Drogenpolitik und Terrorismus, Pressemitteilung 4, Verein für Drogenpolitik, Mannheim, 16.10.2001, In: Url: http://www.drogenpolitik.org/politik/pm/pm4.php (2.4.2005).

[117] Diese angebliche „Freiwilligkeit" stelle ich doch sehr in Frage, denn oftmals liegt der Grund für den Anbau durch die Bauern in der ökonomischen Zwangslage und erweist sich schließlich zum Überleben als notwendig.

[118] Haas, 2002, S.1f.

[119] Helfer, Hans-Ulrich: Die Bekämpfung der Finanzierung des Terrorismus. Ruheraum und Logistikland Schweiz, Nov. 2004, In: Url: www.presdok.ch/sicherheitspolitik/ artikel/200411_152.htm (11.4.2005).

[120] Ibd.

[121] Helfer, Hans-Ulrich: Die Bekämpfung der Finanzierung des Terrorismus. Ruheraum und Logistikland Schweiz, Nov. 2004, In: Url: www.presdok.ch/sicherheitspolitik/ artikel/200411_152.htm (11.4.2005); Napoleoni, 2004.

[122] Helfer, Hans-Ulrich: Die Bekämpfung der Finanzierung des Terrorismus. Ruheraum und Logistikland Schweiz, Nov. 2004, In: Url: www.presdok.ch/sicherheitspolitik/ artikel/200411_152.htm (11.4.2005).

[123] Ibd.

8. Über die Folgewirkungen auf den Staat in Westeuropa

In diesem Kapitel soll es um die Folgewirkungen bezüglich der Durchsetzung der Geschäftsinteressen der Drogenhändler und der Geldverwendung auf den Staat in Westeuropa gehen. Graphisch habe ich dies in meinem Kreislauf – Modell[1] über den Einfluss des Drogenbusiness auf den Staat in Westeuropa dargestellt. Diese Folgewirkungen habe ich dreigeteilt. Zum einen sind dies die Überschneidung legaler und illegaler Geschäftsbereiche, zum anderen die Transformation des Staates mit der Entstaatlichung und schließlich der Verlust des staatlichen Gewaltmonopols. Im Folgenden werde ich die Auswirkungen auf den Staat anhand dieser Dreiteilung zu zeigen versuchen.

8.1. Überschneidung legaler und illegaler Bereiche

Meines Erachtens ist es für ein System des Drogenhandels, das die Gewinnmaximierung zum Ziel hat, ein wichtiger Bestandteil, dass die erwirtschafteten Vermögen in nicht drogenbezogene Bereiche bzw. Branchen investiert werden, wie ich bereits im Abschnitt über Investitionen erläutert habe. Dadurch kommt es zu einer Überschneidung des illegalen Drogenhandels mit legalen bzw. regulären Wirtschaftsbereichen, in welche die gewaschenen Drogengelder zur Anlage und in Investitionsgeschäfte fließen. Daraus folgernd ergibt sich die Frage, welche Konsequenzen hat dies für den Staat in Westeuropa? Wird deswegen seine Handlungsfähigkeit beschränkt? Grundsätzlich gehe ich davon aus, dass der Staat und sein Apparat unter den aktuellen gesellschaftlichen Veränderungsprozessen nicht in der Lage sind, diese Überschneidung von illegalen und legalen Geschäftsbereichen zu unterbinden. Dies zeigt sich an den mangelnden Wirkungen von sämtlichen erlassenen Gesetzen, sowohl auf staatlicher, als auch auf suprastaatlicher Ebene gegen Korruption oder Geldwäsche.

Ich möchte nun zur Definition von Staatlichkeit zurückkehren und anmerken, dass durch die Überschneidung von illegalen und legalen Geschäftsbereichen die Aufgabe der Staatsverwaltung, welche in der Durchführung der Ordnung liegt, untergraben wird.[2] Illegales Handeln unterminiert den Anspruch dieser Verwaltung und der Exekutive per se, doch zumindest ist es als solches einigermaßen sichtbar. Die Verwischung der Grenzen zwischen regulärem und gesetzwidrigem Agieren macht eine Verfolgung unvergleichbar schwieriger und eröffnet für die Drogenhändler neue Möglichkeiten, während staatliches Handeln in seine Grenzen verwiesen wird. Die Konfrontation findet größtenteils nicht mehr direkt statt, wie bei der Illegalität, wo sich Staat und Drogenhändler mit unterschiedlichen Interessen quasi gegenüberstehen und der „Feind" klar zu erkennen ist, sondern gar nicht mehr. Dies geschieht deswegen nicht, weil mit dem Übergang in die Legalität das „Spiel" nach den Regeln der regulären Wirtschaft „gespielt" wird. Anders ausgedrückt, ziehen sich die kriminellen Drogenunternehmer ein neues Gewand über ihr altes an, das sie für den staatlichen Verfolgungsapparat offenbar weitgehend unsichtbar und unfassbar macht.

Als nächstes möchte ich einen Blick auf die zentralen Staatsfunktionen werfen und sie hinsichtlich der Überschneidung von illegalen und legalen Geschäftsbereichen durchleuchten. Was bedeutet also diese Vermischung für die Sicherheitsfunktion? Schneckener führt für die Feststellung von Defiziten bei dieser Funktion unter anderem folgende Indikatoren an: die Relevanz nichtstaatlicher Gewaltakteure, die Kontrolle über die staatlichen Außengrenzen, den Zustand des öffentlichen Sicherheitsapparates und die Kriminalitätsraten.[3] Ich kann hier keine Gewichtung vornehmen, doch möchte ich darauf hinweisen, dass alle Indikatoren bei dieser Überschneidung eine Rolle spielen. Internationale Drogenhändler sind als Gewaltakteure relevant, sie kontrollieren oder umgehen zum Zweck ihrer Geschäfte Teile der Außengrenzen von Staaten, sie üben Einfluss mittels Kooperation oder Korruption auf die öffentlichen Sicherheitsapparate aus und schließlich sind ihre Aktivitäten Bestandteil von Kriminalitätsraten. Letzteres ist infolge der angesprochenen Vermischung illegaler und legaler Geschäftsbereiche brisant, weil sie dadurch eben nicht mehr offensichtlich zu den Kriminalitätsraten zu zählen sind. Dies trifft im Grunde auf alle Indikatoren zu, denn zum einen sind sie als relevant zu sehen und zum anderen sind sie aber kaum mehr als solche einzuordnen, weil definitionsgemäß nur illegale Aktivitäten gezählt werden.

Was bedeutet diese Überschneidung für die Wohlfahrtsfunktion? Auch hierzu führt Schneckener gewisse Indikatoren an, um Mängel festzustellen. Generell möchte ich anmerken, dass es durch die Verteilung des Vermögens auf einige wenige Menschen, wie auch am Beispiel des Drogenbusiness zu beobachten ist, notgedrungen zu einer Vergrößerung der Kluft zwischen arm und reich kommt. Dazu zählen auch die Arbeitslosenzahlen, der rudimentäre Zustand staatlicher sozialer Sicherungssysteme oder die Stellung des Bildungs- und Gesundheitswesens.[4] Alle diese Bereiche verschlechtern sich kontinuierlich und die Drogenhändler tragen dazu bei. Es ist jedoch dabei irrelevant, ob es sich um legale oder illegale Finanzen handelt. Die legalen Gelder sind lediglich beweglicher und vielfältiger einsetzbar.

Welche Bedeutung kommt der Legitimitäts- und Rechtsstaatsfunktion durch die Vermischung beider Bereiche zu? Ich behaupte, dass es aufgrund der Akkumulation von Kapital durch einige wenige dazu kommt, dass sie in unserem aktuellen Gesellschaftssystem relativ automatisch ein gewisses Machtpotential erhalten, welches auch dazu genutzt wird, gewisse Entscheidungsprozeduren zu ihren Gunsten umzulegen und damit für ein adäquates Resultat zu sorgen, wie z.B. an der Liberalisierung des Arbeitsmarktes zu sehen ist.[5]

Dieses System ist unter dem Titel Lobbyismus bekannt. Dabei geht es um die Interessensdurchsetzung von einflussreichen Gruppen der Gesellschaft, wobei stets die Gefahr der Instrumentalisierung und damit der Beeinträchtigung der Unabhängigkeit von politischen Mandatsträgern und staatlichen Verwaltungsorganen durch erstere besteht.[6] Erfolgreiches Lobbying scheint eine Frage der Zeit, sowie der Zahlungswilligkeit und –kraft zu sein, was sich zugunsten wirtschaftlich potenter Gruppen oder Unternehmen auswirkt.[7] Es existiert die Annahme, dass die meisten Interessen auf Gegeninteressen stoßen, so dass politischen Entscheidungen meist ein "Wettbewerb der Interessen" vorausgeht, der wiederum eine Voraussetzung für eine funktionierende Demokratie ist.[8] Dem möchte ich entgegenhalten, dass in diesem „Wettbewerb der Interessen" diejenigen am längeren Ast sitzen, die über größere finanzielle Ressourcen und über ein gewichtigeres Machtpotential verfügen. Hinzu kommt die mangelnde Öffentlichkeitsfähigkeit von Lobbyarbeit, eine ungenügende Transparenz und dadurch eine erhöhte Korruptionsanfälligkeit von politischen Mandatsträgern und des staatlichen Verwaltungsapparates.[9] Das wiederum würde nicht Pluralismus, sondern die Durchsetzung von bestimmten Einzelinteressen bedeuten, was ich im Kontext der Demokratie für bedenklich halte, weil es eine Form der Aushöhlung demokratischer Entscheidungsverfahren ist. Die Überschneidung von illegalen und legalen Geschäftsbereichen ermöglicht den Drogenhändlern bzw. den von ihnen beauftragten Leuten, sich für die Durchsetzung ihrer Interessen als reguläre Lobbyisten auszugeben.

Schneckener führt weiters als Indikatoren zur Erfassung von Defiziten den Grad der Unabhängigkeit der Justiz, den Zustand der öffentlichen Verwaltung und das Ausmaß der Korruption an.[10] Sie alle haben durch die Aktivitäten der Drogenhändler eine gewisse Bedeutung, wobei ich auch hier nicht über ihre Gewichtung Auskunft geben kann. Doch durch die Überschneidung von illegalen und legalen Bereichen werden diese anders bewertet, denn die Beeinflussungsmechanismen, welche den Indikatoren zugrunde liegen, sind nunmehr legal und können höchst offiziell unter dem Begriff Lobbying abgewickelt werden.

8.2. Transformation des Staates - Entstaatlichung

In Anbetracht des Siegeszuges der Auswirkungen neoliberaler Globalisierung und der Transformation von Staatlichkeit in Westeuropa, liegt für mich die Schlussfolgerung nahe, dass das Drogenbusiness, wie ich es bisher skizziert habe, lediglich einer von vielen Bereichen ist, die an diesem Prozess beteiligt sind und ihn zuspitzen, jedoch nicht an seiner Entstehung mitgewirkt hat. Für mich nutzt das Drogenbusiness lediglich die Möglichkeiten innerhalb eines bestehenden Systems aus, um seine Geschäftsinteressen durchzusetzen. Meiner Meinung nach haben die Drogenhändler weder die Korruption, noch die privatisierte Gewaltanwendung, noch die Geldwäsche, noch legale oder illegale Investitionsmöglichkeiten, noch den Terrorismus, noch die Informalität gewisser Bereiche ursächlich geprägt, auch wenn sie zur Zeit für eine Verschärfung sorgen. Alle diese aufgezählten Mechanismen sind zumindest einige Resultate des Globalisierungsprozesses[11] und als „Schattenseite" eines bestehenden Systems und Prozesses zu bezeichnen, welche von einer größeren Anzahl an Akteuren genutzt und gebraucht werden, um den Geschäftskreislauf aufrecht erhalten zu können.

Für mich haben jene beschriebenen Mechanismen dieselben Folgewirkungen auf Staatlichkeit in Westeuropa wie die legalen, denn sie münden alle in einer Abschwächung und damit einem Bedeutungsverfall des Staates. Dies kann damit beschrieben werden, dass seine Aufgaben beschnitten und seine Funktionen zumindest teilweise verlagert werden. Eine Verschiebung findet dahingehend statt, dass der Staat primär den globalen Wirtschaftsinteressen nachkommt und dafür weniger die Interessen seiner Gesamtgesellschaft wahrnimmt, wie z.B. die staatliche Umverteilung oder die Umsetzung eines Sozialstaates, was auch als Entstaatlichung begriffen wird.[12]

Ein Funktionswandel des Staates ist auch dahingehend zu beobachten, dass er zusehends Schwierigkeiten bei der Regulierung von Kapitalflüssen, Technologien, ökologischen Prozessen und des Handels zwischen transnationalen Unternehmen, wie sie auch im Drogenbusiness zu finden sind, innerhalb seines Territoriums hat.[13] Dies hängt natürlich damit zusammen, dass sich diese Bereiche nicht mehr innerhalb von nationalstaatlichen Regulationsmechanismen abspielen, sondern auf der supra- oder transnationalen Ebene angesiedelt sind, auf die einzelne Staaten keinen direkten Zugriff haben. In der Folge kann der Staat seine angestammten Funktionen nicht mehr adäquat erfüllen, was wiederum zu einem Legitimitätsverfall gegenüber seiner Bevölkerung führt.[14]

In der Folge bedeutet dies, dass der Staat indirekt, wenngleich dies sicherlich nicht beabsichtigt ist, auch den Interessen der Drogenhändler nachkommt. Aufgrund der Folgewirkungen der staatlichen Prohibition, die nicht ihren eigentlichen Zielen entsprechen, kann dieser Zusammenhang nicht geleugnet werden. Nichtsdestoweniger möchte ich festhalten, solange die Bereiche der Privatisierung, der marktorientieren Deregulierung aller Handelsbeschränkungen und der Liberalisierung der Wirtschaft(sbeziehungen) – zur Förderung der Wettbewerbsfähigkeit – fortschreiten, werden indirekt stets auch die Tore für das illegale Drogenbusiness geöffnet. Mit Deregulierung meine ich besonders diejenige des Arbeitsmarktes, was zur zunehmenden Informalisierung führt.[15]

Die wachsende Informalisierung schafft Unsicherheit und daraus das verstärkte Bedürfnis von Menschen, die Regeln und Normen, denen sie nicht mehr gerecht werden können, zur Selbsterhaltung zu unterlaufen.[16] Daraus ergibt sich für die Drogenhändler eine vergrößerte Bereitschaft, in diesem gewinnträchtigen Business arbeiten zu wollen, weil die Akquirierung ihrer Arbeitskräfte durch äußere Umstände erleichtert wird. Ich vermute, es ist für diese „Angestellten" eine Kosten-Nutzen-Frage, ob es sich nämlich insgesamt auszahlt, in einem illegalen Sektor sein Gehalt zu verdienen, oder ob für sie ein Job in der regulären Wirtschaft sinnvoller ist. Gewiss gibt es auch andere Motivationen, wie eine gesteigerte Bereitschaft, Risiken einzugehen, oder wenn man/ frau bereits in einem illegalen Bereich tätig ist, oder die Drogenabhängigkeit, welche die Menschen dazu bringen, sich im Drogenbusiness ihren Lebensunterhalt zu verdienen.

Durch die Liberalisierung der Wirtschaft(sbeziehungen) werden die Kapitalflüsse und die globalen Transportmöglichkeiten für Handelsprodukte erleichtert, sowie sämtliche Handelsbeschränkungen abgeschafft. Die Liberalisierung steht heute für ein ökonomisches Konzept, nämlich für die Politik der Marktöffnung, was wiederum Folgen für das Drogenbusiness hat, denn dadurch wird unweigerlich auch der Markt für den Handel mit Drogen geöffnet.[17] All diese Wirkungen fördern die Globalität des Drogenbusiness und damit seine Ausbreitungs- und Ausweitungsmöglichkeiten.

Schließlich hat das Zusammenstreben der verschiedenen Wirtschaftspolitiken innerhalb der Europäischen Union zur Errichtung eines gemeinsamen Binnenmarktes und einer gemeinsamen Währungsunion geführt.[18] Das bedeutet, dass demokratische Kontrollmöglichkeiten beschränkt, genauso wie die privaten Eigentumsrechte beschützt und die Prinzipien des Freihandels und der Wettbewerbsfähigkeit strukturell verankert worden sind.[19] Doch durch die Verpflichtung der Staaten, ihre Regulationen marktnahe und flexibel zu gestalten, wurde wiederum der Drogenhandel innerhalb dieser gemeinsamen Einrichtungen erleichtert und andererseits die einzelstaatlichen Regulationsmöglichkeiten in diesen Bereichen beschränkt.[20] Die einzelnen Staaten sind mehr oder weniger zum Zuschauen verpflichtet worden, auch was die Bekämpfung des Drogenbusiness auf einer Handelsebene angeht. Sie sind auf Regelungen seitens der EU-Ebene angewiesen. Ein Bereich, über den die einzelnen Staaten noch relativ selbständig bestimmen dürfen, sind die exekutiven Verfolgungsmöglichkeiten, die folglich auch hinreichend ausgeschöpft werden. Es stellt sich jedoch die Frage nach derer Sinnhaftigkeit, da sie keinerlei Auswirkungen im Sinne einer Beschränkung oder Verhinderung des Drogenhandels haben.

Meiner Meinung nach ist folglich der Schluss zulässig, dass der komplexe und vielfältige Prozess der Globalisierung und das Drogenbusiness untrennbar miteinander verbunden sind, denn sie sind zwei Seiten einer Medaille, die einseitig nicht effektiv gelöst werden können und massive Auswirkungen auf den Staat und seine Gesellschaft haben.[21] Eine beidseitige Bekämpfung würde wiederum den Interessen der globalen Weltwirtschaft entgegenstehen und kommt somit vorläufig nicht ernsthaft als Strategie zur Lösung des globalen Drogenproblems in Frage.

Der Machtzuwachs von transnational agierenden Konzernen geht mit einem Kompetenzverlust des Staates einher.[22] Beispielsweise werden Entscheidungsprozesse verlagert und wirtschafts- oder sozialpolitische Interventionsmechanismen des Staates im Zuge der Globalisierung ausgehöhlt, was sich wiederum auf das demokratische System der einzelnen Staaten auswirkt und ein Legitimationsdefizit mit sich bringt. Aus diesem Defizit erklärt sich eine verstärkte Tendenz von Staaten, innerhalb ihrer Gesellschaft besonders repressiv vorzugehen und einzugreifen.[23] Ein Beispiel hierfür ist sicherlich die Drogenprohibition, die trotz nahezu weltweiter Anwendung nicht zum Erfolg führt. Im Gegenteil, denn dadurch werden sogar die Gewinnspannen für die Drogenhändler durch den Risikoaufschlag erhöht, womit wiederum neue Anreize geschaffen werden, in dieses lukrative und illegale Geschäft einzusteigen.

8.3. Verlust des staatlichen Gewaltmonopols

Das Drogenbusiness ist heutzutage ebenso wie allgemein bei der Transformation von Staatlichkeit in Westeuropa nicht als Verursacher, sondern als verstärkende Variable eines sich im Gange befindenden Prozesses zu sehen, dass als Konsequenz mitunter das Schwinden des staatlichen Gewaltmonopols zu haben scheint.

Ich möchte hier noch einmal auf mein Modell[24] über die Gewaltbeziehungen im Drogenbusiness in Westeuropa zurückkommen. Dabei interessieren mich die Gewalt zwischen Staat und Drogenhändlern, sowie die Gewalt unter den Drogenhändlern. Die Gewalt von und zu den Konsumenten ist für die Betrachtung der Folgenwirkungen des Drogenhandels auf den Staat im Rahmen meines Kreislauf – Modells von sekundärer Bedeutung, weswegen ich an dieser Stelle nicht mehr darauf eingehen werde.

Die Gewaltbeziehung unter den Drogenhändlern in Westeuropa hat bei einer genaueren Betrachtung ebenso wie jene von und zu den Konsumenten kaum Aussagekraft bezüglich der Folgewirkungen auf den Staat. Meine Überlegung stützt sich auf die Feststellung, dass die Gewalt zwischen den Drogenhändlern in Westeuropa eher im Zeichen der Kooperation gesehen werden kann und weniger als Mittel, um die Konkurrenz auszuschalten.[25] Das bedeutet, dass diese Gewaltformen durchaus als kriminelle Gewalt eingeschätzt werden können, jedoch weniger von derartigem Ausmaß, dass sie Folgewirkungen auf das staatliche Gewaltmonopol hätten.

Dies vermute ich jedoch bei der Gewalt der Drogenhändler gegenüber dem Staat bzw. der Gewalt, welche zur Durchführung der Drogengeschäfte gebraucht wird, weil Drogen der staatlichen Prohibition unterliegen. Diese Gewaltformen dienen also im Großen und Ganzen dazu, sich der staatlichen Verfolgung zu entziehen und stehen im Zeichen der staatlichen Verbotspolitik. Aufgrund dessen ist diese Gewaltbeziehung eine, die nach Möglichkeit heimlich, nicht zu auffällig und kaum in offener Form zu Tage tritt. Es geht sicherlich auch darum, das Ausmaß der Gewalt, die eine Gesellschaft toleriert, nicht zu überschreiten.[26] Damit meine ich, dass Drogenunternehmer in Kolumbien mehr Gewalt, auch in offener Form ausüben können, als in Westeuropa, ohne damit einen Staat in eine offensichtliche Krise zu stürzen, wenn er seine innerstaatliche Gewalt nicht mehr kontrollieren kann.

Damit meine ich weiter, dass eine gewisse Stabilität eines Staates notwendig ist, um die Drogengeschäfte in der Form, wie sie in Westeuropa über die Bühne gehen, abzuwickeln. Bei einer völligen Anarchie würden z.B. auch nicht die Waren der Unternehmer vor Ausplünderung geschützt werden können. Daraus folgere ich, dass die aufzubringende Gewalt in einem derartigen Fall wesentlich höher wäre. Ich hoffe, dass ich die Schwierigkeit zeigen konnte, Gewalt offen oder direkt anzuwenden. Deswegen ist es substanziell notwendig, bei den Geschäftstransaktionen Staatssysteme zu unterwandern, legale Kanäle zu nutzen und generell so unauffällig wie möglich zu operieren. Möglichkeiten der Unterwanderung sind die glaubwürdige Androhung von Gewalt, die Geldwäsche, die Investitionen in legale Wirtschaftsbereiche, die Erpressung oder die Korruption. Zugleich sind die Voraussetzungen für die Umsetzung dieser Mechanismen primär finanzielle Quellen, welche durch das Florieren des Drogenhandels nahezu unerschöpflich sind und sekundär die Bereitstellung der Infrastruktur, sowie der Aufbau eines adäquaten Netzwerkes. Keine dieser Bedingungen stellt für das Drogenbusiness ein Problem dar, solange die Geldflüsse vorhanden sind. Ich gehe davon aus, dass die aufgezählten Gründe ein Wirkungszusammenhang dafür sind, dass das Drogenbusiness in Westeuropa, im Gegensatz zu Kolumbien, für die Öffentlichkeit kaum als solches zu erkennen ist.

Nun möchte ich die Rolle des Staates bei der Gewaltbeziehung zwischen ihm und der Ebene der Drogenhändler durchleuchten. Ich sehe seine Integrität durch das Scheitern der Drogenprohibition verletzt. Die staatliche Autorität erfährt meiner Meinung nach eine Schwächung, welche durch die Unfähigkeit, ihre Gesetze umzusetzen und für deren Einhaltung zu sorgen, verstärkt wird. Die Abwesenheit bzw. eine gezielte Deregulierung verschafft den nunmehr freien Märkten optimale Voraussetzungen, den größtmöglichen Gewinn einzufahren und das gilt auch für den illegalen Drogenmarkt.[27] Dies kann als eine Schattenseite der neoliberalen Globalisierung betrachtet werden. Jedoch ist die Gewaltanwendung ein Merkmal eines illegalen Marktes, das in legalen Märkten weitestgehend nicht zu finden ist. Im Gegensatz dazu kann angenommen werden, dass Geldwäsche, Investitionen, Kooperation und auch Korruption Mittel sind, die prinzipiell in legalen Märkten genauso zum Einsatz kommen wie in illegalen. Illegale Wirtschaftsbereiche haben jedoch per se einen größeren Existenzdruck und dadurch ist vermutlich die Quantität der Verwendung dieser Mittel höher.

Ich habe bisher die Unterminierung des staatlichen Gewaltmonopols durch das Drogenbusiness behandelt und möchte im Folgenden auf die, im Rahmen der derzeitigen neoliberalen Globalisierung, „freiwillige" Abgabe seines Gewaltmonopols in Form der Privatisierung des Sicherheitssektors eingehen.

Ein Resultat des Funktionsverlustes oder zumindest des Funktionswandels des Staates in Westeuropa zeigt sich in der Erosion des staatlichen Gewaltmonopols durch die Privatisierung von Gewalt im Sinne der sektoralen Übertragung staatlicher Hoheitsgewalt an private Akteure. Auch dieser Prozess steht im Kontext der Globalisierung und des sie begleitenden Neoliberalismus.[28] Doch gerade die Privatisierung von Gewalt eröffnet für den globalen Drogenhandel neue Möglichkeiten, denn dadurch wird der Gewaltanwendung durch das Drogenbusiness erstmals die Möglichkeit gegeben, sich ebenfalls als legal darzustellen. Anders formuliert wird den Drogenhändlern ein weiteres legales Instrument zur Abwicklung ihres Geschäftes übergeben und damit die Möglichkeit, möglichst unerkannt zu bleiben. Diese können nunmehr als transnationale Wirtschaftsunternehmen getarnt, private Sicherheitsfirmen für die Abwicklung bzw. Sicherung ihrer Geschäfte beauftragen, welche völlig legal operieren.[29] Oder es können auch ganze private Sicherheitsfirmen von Drogenunternehmern gekauft werden.

Durch die teilweise Privatisierung von Gewalt kommt es zu einer Informalisierung. Das bedeutet, die staatlichen und politischen Regulationsmechanismen greifen nicht mehr. Dadurch wiederum entzieht sie sich dem verbindlichen völkerrechtlichen und institutionellen Rahmen, der zur Kontrolle der Gewalt geschaffen wurde. Sie findet ihre neue Bestimmung in den Interessen von privaten Akteuren, die über die nötigen (finanziellen) Ressourcen verfügen, um das Instrument der Gewalt einsetzen zu können.[30] Auf diese Weise ist die Informalisierung von Gewalt für die Drogenunternehmer von großem Nutzen. Die private Verfasstheit derartiger Sicherheitsunternehmen schafft für die Drogenhändler Handlungsspielräume, die weder einzelstaatlich, supra- oder transnational eingeschränkt werden können, noch demokratisch legitimiert oder akzeptiert sein müssen.[31]

Schließlich bleibt für mich die Frage nach der Erfüllung der Sicherheitsfunktion durch den Staat offen. Nach unserem aktuellen westlich geprägten Staatsverständnis hat die Erfüllung bestimmter Staatsfunktionen, wozu auch die Bereitstellung öffentlicher Sicherheit und Ordnung zählt, einen zentralen Stellenwert.[32] Nachdem aber das staatliche Gewaltmonopol, das bereits geschwächt worden ist[33], hierfür eine wichtige Rolle spielt, stellt sich für mich die Frage, inwiefern es durch die „freiwillige" Abgabe, sowie durch seine Untergrabung noch zur Erfüllung der Sicherheitsfunktion zweckdienlich ist. Davon ausgehend bedeutet dies auch Konsequenzen für die Erfüllung der Sicherheitsfunktion an sich, wobei ich das genaue Ausmaß davon nicht feststellen kann.

Anmerkungen:

[1] Siehe Kapitel 7.

[2] Weber, 1972, S.29.

[3] Schneckener, 2004, S.13.

[4] Ibd.

[5] Ibd.

[6] Leif, Thomas: Lobbyismus. Rohstoff „Information", Die Zeit, Hamburg, 11.1.2005, In: Url: http://www.zeit.de/2005/02/lobby (13.4.2005).

[7] N.n.: Lobbyismus, 24.2.2005, In: Url: http://de.wikipedia.org/wiki/Lobbyarbeit (14.4.2005); Leif, Thomas: Lobbyismus. Rohstoff „Information", Die Zeit, Hamburg, 11.1.2005, In: Url: http://www.zeit.de/2005/02/lobby (13.4.2005).

[8] N.n.: Lobbyismus, 24.2.2005, In: Url: http://de.wikipedia.org/wiki/Lobbyarbeit (14.4.2005).

[9] Leif, Thomas: Lobbyismus. Rohstoff „Information", Die Zeit, Hamburg, 11.1.2005, In: Url: http://www.zeit.de/2005/02/lobby (13.4.2005); N.n.: Lobbyismus, 24.2.2005, In: Url: http://de.wikipedia.org/wiki/Lobbyarbeit (14.4.2005).

[10] Schneckener, 2004, S.14.

[11] Ruf, 2003, S.39.

[12] Tajalli, Erik: Zur Verwendung von Staatlichkeit in Europa – Tendenzen der Entstaatlichung, Seminararbeit, Wien, In: Url: http://evakreisky.at/onlinetexte/Staatszerfall-Entstaatlichung.pdf (17.11.2004), S.17.

[13] Ruf, 2003, S.10.

[14] Ibd.

[15] Tajalli, Erik: Zur Verwendung von Staatlichkeit in Europa – Tendenzen der Entstaatlichung, Seminararbeit, Wien, In: Url: http://evakreisky.at/onlinetexte/Staatszerfall-Entstaatlichung.pdf (17.11.2004), S.6f;17.

[16] Mahnkopf/ Altvater, 2004, S.66.

[17] Ptak, Ralf: Lexikon der Globalisierung. Was ist denn eigentlich Liberalisierung?, 5.4.2004, In: Url: http://www.attac.de/texte/ldg/liberalisierung.php (19.4.2005).

[18] Tajalli, Erik: Zur Verwendung von Staatlichkeit in Europa – Tendenzen der Entstaatlichung, Seminararbeit, Wien, In: Url: http://evakreisky.at/onlinetexte/Staatszerfall-Entstaatlichung.pdf (17.11.2004), S.6ff.

[19] Gill, 2000, S.45; Brand, Ulrich/ Wissen, Markus: Neoliberale Globalisierung, Staat und die Internationalisierung von Protest. Anmerkungen zu einigen Spannungsfeldern linker Politik, In: Url: http://www.alhambra.de/zeitung/novem2000/neolib.htm (15.2.2005).

[20] Bieling, Hans-Jürgen: Transnationale Vergesellschaftung und die „neue Sozial-demokratie", In: Das Argument. Zeitschrift für Philosophie und Sozialwissenschaft, 2001, In: Url: http://www.linkeliste.de/unabhaengige-linke-fu-berlin/Service/Studium/europe/bieling.htm (22.2.2005).

[21] Ruf, 2003, S.41.

[22] Ibd., S.11.

[23] Hirsch, 2000, S.333.

[24] Siehe Kapitel 7.1., Abschnitt „Gewaltanwendung".

[25] Choiseul-Praslin, 1996, S.59ff.

[26] Hess, 1995, S.125.

[27] Lock, Peter: Gibt es ökonomische Strukturen, die Gewalt und Terror hervorbringen?, 25.9.2002, In: Url: http://www.peter-lock.de/txt/loccumt.html (4.4.2005).

[28] Ruf, 2003, S.11f.

[29] Ibd., S.37.

[30] Ibd., S.41.

[31] Ibd., S.37f.

[32] Schneckener, 2004, S.12ff.

[33] Ruf, 2003, S.40.

9. Schlussbetrachtung

In diesem letzten Kapitel möchte ich zuerst die Ergebnisse der vorliegenden Arbeit zusammenfassen. Anschließend will ich, ausgehend vom Staat, eine Rückführung zu den gesellschaftlichen Veränderungsprozessen skizzieren, um damit den Kreislauf meines Modells zu schließen. Als letztes werde ich einen Ausblick geben und Fragen zum Weiterforschen aufwerfen.

Zu Beginn dieser Publikation habe ich einen historischen Rückblick über Drogen dargelegt. Diverse natürliche Substanzen, die heute verboten sind, dienten einst, vor Jahrtausenden, als Nahrungs- oder Arzneimittel, um Rauschzustände herbeizuführen, oder fanden Verwendung bei verschiedenen religiösen und kulturellen Riten. Eine wesentliche Rolle bei der Veränderung dieser Bräuche spielt die europäische Kolonisation. Drogen wurden zum einen zur Ware und zum anderen zur Einkommensquelle. Sie entwickelten sich demnach zu einem Wirtschaftsfaktor, bei dem es um Profitmaximierung ging und immer noch geht. Daran konnte auch die Prohibition nichts ändern, wobei durch diese die Gewinne noch erhöht werden konnten. Für die Durchsetzung der Illegalisierung waren gewisse Interessen von Bedeutung. Beispielsweise konnte die US-Regierung auf diese Weise gewisse Bevölkerungsteile stigmatisieren und kriminalisieren. Andere Interessen verfolgte z.B. die Baumwoll-, Holz-, Chemie- und Papierindustrie, welche sich durch Cannabis in ihrer Existenz bedroht sahen und ein großes Interesse an seinem Verbot zeigten. Auf der anderen Seite konnten Pharmafirmen genauso einen Nutzen daraus ziehen, z.B. dadurch, dass ständig ein neues Substitutionsmittel auf den Markt geworfen wurde bzw. wird, das wiederum ein anderes ersetzt, welches Jahre später als toxisch oder abhängig machend erkannt wurde bzw. wird. Hinzu kommt, dass Pharmafirmen zur gegenwärtigen Drogenkultur beitragen, indem sie die Nachfrage stimulieren. Dies geschieht z.B. dadurch, dass den Menschen in unserer Kultur suggeriert wird, dass sie gegen jede nur erdenkliche Beschwerde Pillen konsumieren können, welche sie von ihren „Leiden" zu befreien vermögen.

Schließlich gibt es auch einen kulturellen Unterschied bei Drogen. Welche Drogen als gesellschaftlich anerkannt gelten und welche verboten sind, ist keine „natürliche" oder medizinische Entscheidung, sondern eine kulturspezifische. In unserem Kulturkreis werden Alkohol und Tabak weitestgehend akzeptiert, jedoch finden Opium, Cannabis, Coca und deren Derivate keine Anerkennung, sondern unterliegen der strafrechtlichen Verfolgung. In islamischen Staaten ist hingegen aus religiösen Gründen Alkohol verboten und Cannabis weit verbreitet.

Ein Staat, in dem die Bedeutung des Wortes Kulturdroge lange historisches Ansehen hatte und heutzutage immer weniger hat, ist Kolumbien. Die Kolonialisierung durch Spanien hat deutliche Spuren hinterlassen. Nicht nur, dass dementsprechend Coka vermehrt zur Ware wurde, sondern die kolonialen Strukturen prägen bis heute den Staat. Zwischen den politischen und wirtschaftlichen Eliten findet ein Wettbewerb um die Kontrolle über den Staatsapparat statt, welchem der Rest der Bevölkerung ausgeliefert ist. Aus diesem Ringen um die Staatsmacht resultierten zahlreiche bürgerkriegsartige Konflikte. Bis heute gibt es zahllose Verstrickungen und Konkurrenzsituationen zwischen dem kolumbianischen Militär, Großgrundbesitzern, Drogenhändlern, Paramilitärs, Guerillas, den USA und internationalen Konzernen.

In meinem Fallbeispiel, bei dem es um die Auswirkungen des Drogenbusiness auf Staatlichkeit in Kolumbien gegangen ist, konnte ich zwei Mittel zur Durchsetzung der Interessen der Drogenhändler gegen die staatliche Ordnung festmachen. Zum einen die Korruption und zum anderen die Gewaltanwendung. Diese werden durch gewisse nationale Momente gefördert. Dazu zählt der bereits vor dem Drogenbusiness vorhandene Staatsverfall, sowie die damit einhergehenden Defizite bei der Durchsetzung der Staatsgewalt und bei der staatlichen Kontrolle über bestimmte Regionen. Weiters hat Gewalt eine gewisse Tradition in Kolumbien, die sich in der relativ höheren Toleranzschwelle der Bevölkerung gegenüber Gewalt zeigt. In der Folge bedeutet dies auch eine Selbstverständlichkeit von Schattenwirtschaft und illegalen Akteuren. Der Drogenhandel verstärkt schließlich den Staatsverfall, indem er durch seine Mittel zur Interessensdurchsetzung den Staat weiter aushöhlt. Durch diese nationalen Momente unterscheiden sich die beiden Mittel zur Durchsetzung der Geschäftsinteressen, nämlich Gewaltanwendung und Korruption, in Kolumbien von den westeuropäischen Ausformungen derselben.

Der Drogenhandel ist in Kolumbien ein eigenständiger Wirtschaftsfaktor. In den 1970ern war es Cannabis, in den 1980ern Kokain und seit den 1990ern vermehrt Heroin, das angebaut und produziert wird. Der Grund für den Wechsel der Drogenarten ist einfach: Dadurch konnten höhere Gewinne erzielt werden. Das Drogenbusiness ist beim aktuellen bürgerkriegsartigen Konflikt ein zusätzlicher Machtfaktor, der als Finanzquelle für die beteiligten Akteure durchaus von Bedeutung ist. Demzufolge können z.B. Waffenkäufe getätigt werden, womit mittels Drogengeschäften Gewalt dynamisiert und zur Eskalation gebracht wird.

Ich möchte auf meine zentrale Forschungsfrage zurückkommen. Dabei habe ich die Frage gestellt, inwiefern das Drogenbusiness Einfluss auf Staatlichkeit in westeuropäischen Industriegesellschaften hat? Das Fallbeispiel Kolumbien hat es mir unter anderem ermöglicht, das Kreislauf – Modell zu entwickeln, welches gleichzeitig als Antwort auf mein Forschungsinteresse dient. Um dieses zu erläutern möchte ich mit den gesamtgesellschaftlichen Veränderungsprozessen beginnen. Die Globalisierung und der Neoliberalismus wirken sich auf den Staat wie folgt aus: Im Rahmen der Marktanpassung kommt es zur Deregulierung, Flexibilisierung und Privatisierung des Marktgeschehens, des Finanzkapitals, der Arbeitsmärkte, der wohlfahrtsstaatlichen Sozialsysteme und des öffentlichen Sektors. Dadurch, dass das Finanzwesen die Produktion als Maxime zur Gewinnmaximierung abgelöst hat, verloren außerdem Arbeiterorganisationen und Gewerkschaften an Bedeutung.

Nach Stephen Gill sind drei Tendenzen der Transformation zu erkennen.[1] Der „disziplinierende Neoliberalismus" bezieht sich auf die politische Ökonomie und bedeutet, dass es durch den internationalen Wettbewerbsdruck zu einem Anpassungsdruck an die Bedürfnisse des Marktes kommt. Dies führt wiederum zur Disziplinierung staatlichen Handelns und staatlicher Politik. Hervorstechend ist die Disziplinierung durch Aktien- und Finanzmärkte, was auch von der EU vorangetrieben wird. Dadurch, dass das Finanzwesen die Produktion abgelöst hat, haben dementsprechend Finanzmärkte das Sagen. Die Glaubwürdigkeit der Regierungen soll durch eine konsequente Politik sichergestellt werden, die im Einklang mit den Bedürfnissen der Investoren (z.B. Freihandel) steht.

Der „neue Konstitutionalismus" meint die politisch-rechtliche Einschreibung des „disziplinierenden Neoliberalismus" in den Staat. Auch hierbei spielt die EU eine Rolle, da sie für eine einheitliche, liberale und konstitutionelle Struktur der politischen Ökonomie sorgt. Dieser Prozess wird durch transnationale Netzwerke, wie die EU, aber auch durch transnationale Konzerne und nationale Eliten angestrebt.

Schließlich sorgt die „Kultur des Marktes" für die Einbindung der Zivilgesellschaft, womit die wichtigsten Akteure innerhalb Westeuropas in diesen Veränderungsprozess im Zeichen des Neoliberalismus inkludiert worden sind. Dabei wird in die Kultur- und Medienindustrie der Konsumismus, dessen Ziel die Gewinnmaximierung ist, eingeschrieben. Der Konsumismus bedeutet, dass die mediale Inszenierung des Konsums durch Bilder und Wunschvorstellungen vorangetrieben wird. Weiters wird dabei die Identität dezentralisiert und individualisiert, zugleich kommt es zu einer Abkehr von den bisherigen zukunftsorientierten Lebens- bzw. Sicherheitsvorstellungen sowie zu deren Entmoralisierung. Die neuen Lebensentwürfe sind nunmehr auf die Konsumkultur, die auf eine Vereinnahmung durch Markenprodukte, Symbole und Idole abzielt, ausgerichtet.[2] Drogenkonsum ist dabei die Kehrseite der Medaille. Dies geschieht z.B. folgendermaßen: Werbung weckt gewisse Wunschvorstellungen, wie das Abschalten, das Entfliehen, Parties feiern, die Leistungssteigerung, usw. Jedoch sind es nicht nur Konsumgüter und Luxuswaren, auf die diese Attribute zutreffen, sondern scheinbar lassen sich auch mit Drogen derartige Sehnsüchte befriedigen.

Die beschriebenen gesamtgesellschaftlichen Veränderungsprozesse verursachen in dieser Form instabile Verhältnisse, die sich negativ auf Staatlichkeit auswirken. Die Transformation bewirkt einen Wandel der staatlichen Funktionen. Diese Veränderungen lassen den Schluss zu, dass es zu einem Bedeutungsverfall von nationalstaatlicher Entscheidungsmacht gekommen ist. Weiters kommt es zu es einer Verlagerung gewisser Staatsaufgaben an transnationale Netzwerke und Institutionen. Daneben verschiebt sich die Gewichtung der staatlichen Regulationssysteme, indem staatliche Institutionen, die im Zusammenhang mit dem Finanzkreislauf stehen, aufgewertet werden. Im Gegenzug verlieren andere Institutionen, wie z.B. jene, die sich dem wohlfahrtsstaatlichen Sozialsystem widmen, an Bedeutung. Die staatliche Politik erfährt demnach eine Marktanbindung, woraufhin die sozialen Ungleichheiten ansteigen.

Die andere Komponente, die sich negativ auf den Staat auswirkt, ist die Repression von Drogen und zwar deswegen, weil sie als gescheitert angesehen werden muss. Meiner Meinung nach ist die Prohibition in ihrer aktuellen Ausformung ein Scheininstrument. Dies lässt sich damit erklären, dass sie jene Akteure, die hohe Gewinne erwirtschaften, nicht betrifft. Diese Akteure sind im „Sektor der Oligopole" angesiedelt, also im Bereich der Großhändler und Wiederverkäufer. Die Illegalisierung von Drogen trifft jedoch die Bereiche der „Wettbewerbsektoren", wo viele Anbieter um Gewinne ringen bzw. wo eine große Anzahl an Konsumenten um Drogen nachfragen. Die Logik hinter meiner Meinung bezieht sich also darauf, dass eine effektive, weil wirkungsvolle Prohibition vor allem die Akteure treffen sollte, die zum einen kaum Konkurrenz untereinander haben und zum anderen immens hohe Gewinne erzielen können. Hinzu kommt, dass eine derartig gescheiterte Repression Staatlichkeit in Westeuropa untergräbt, weil der Staat nicht in der Lage zu sein scheint, sein vorgegebenes Ziel und damit seine Funktionen zu erfüllen.

Sowohl instabile Verhältnisse wie auch die Drogenprohibition wirken sich vorteilhaft auf den Drogenhandel aus. Begründet kann dies damit werden, dass dieser bei der Durchsetzung der Geschäftsinteressen, genauso wie bei der Verwendung der Drogengelder, ein leichteres Spiel hat. Die Prohibition führt dazu, dass der Drogenmarkt, bis auf den medizinischen Bereich, gänzlich den illegalen Anbietern überlassen wird. Die wenigen Anbieter können auf diese Weise – auch durch den Risikoaufschlag – einen maximalen Gewinn erzielen. Aufgrund der Lukrativität des Geschäftes kommt es auch zu einer Ausdehnung des Drogenmarktes. Die Prohibition bewirkt genau das Gegenteil ihrer Intention, führt also eher zu einer Ausweitung des Drogenhandels. Wenn die Prohibition, welche ein staatliches Instrument ist, versagt, dann bedeutet dies auch, dass der Staat bzw. die staatlichen Apparate versagen, da sie ihre Aufgaben (z.B. Rechtsstaatlichkeit) nicht mehr adäquat erfüllen können.

Als nächstes möchte ich auf einen anderen Bezug des Staates zum Drogenbusiness eingehen, der mit der Prohibition in direktem Zusammenhang steht. Der Staat besitzt die Definitionsmacht über die Rahmenbedingungen des Drogenmarktes und er hat sie mittels einer Prohibition bestimmt. Doch diese hat jegliches Ziel verfehlt, das sie vorzugeben scheint. Das Geschäft mit Drogen wurde erst durch die Prohibition zu einem derartig gewinnträchtigen, wie es heute ist. Für mich ergibt sich daraus die Frage, welche anderen Interessen verfolgen der Staat und sein Apparat mit dieser Politik? Die finanziellen Interessen sind nicht nur positiv, wie z.B. Steuereinnahmen, Arbeitsplätze oder eine Steigerung der Kaufkraft. Sie werden jedoch von den negativen – z.B. für medizinische Versorgung, Exekutive, Gefängniskosten – aufgehoben. Außerdem gibt es gewisse Interessen staatlicher Institutionen und ihrer Angestellten. Diese beziehen sich auf Einzelinteressen von Menschen und auf die Erhaltung des Status Quo einer mit der Umsetzung oder Vollziehung der Prohibition betrauten Behörde. Eine Dienststelle, die eine derartige Aufgabe zu erfüllen hat, hat ein gewisses Interesse, dass ihr Aufgabenfeld aufrechterhalten oder ausgeweitet wird. Andernfalls läuft sie Gefahr, dass ihr Arbeitsfeld verringert oder sie generell nicht mehr benötigt wird. Daraus leite ich ab, dass dies beim Themenfeld Drogenpolitik zu einer Beibehaltung der Illegalisierung führt, da es nicht im Interesse der Behörde ist, an der Prohibition etwas zu ändern. Ein anderes Interessensfeld umfasst die Instrumentalisierung des Drogenthemas durch den Staat, um die Kontrolle über gewisse Bevölkerungsgruppen zu haben bzw. um über ihren Ausschluss oder ihre Delegitimation zu bestimmen. Drogen werden auf diese Weise zu einem nützlichen Feindbild hochstilisiert.

Ich möchte nun den Blick vom Staat auf den Drogenhandel richten. Hier habe ich ähnliches vorgefunden wie beim Staat. Auch der Drogenhandel hat Mittel und Wege gefunden, wie er seine Interessen gegenüber dem Staat durchsetzen kann, nämlich in Form von Korruption und Gewaltanwendung. Der Unterschied zum Staat bzw. seines Apparates besteht darin, dass sich die Interessen des Drogenhandels klar und präzise als geschäftliche darstellen lassen. Das Geschäft mit Drogen hat ein Ziel, welches die Gewinnmaximierung ist. Obendrein sind sowohl Korruption als auch Gewaltanwendung für den Drogenhandel essentielle Mittel, um sich gegen die staatliche Prohibition durchzusetzen.

Einfluss auf Politik und Wirtschaft lässt sich via Macht und Kapitalstärke ausüben. Die politische Korruption ist ein Werkzeug zur Interessensdurchsetzung und dient der Instrumentalisierung staatlicher Institutionen und ihrer Staatsbediensteten. Die derzeitigen gesellschaftlichen Veränderungsprozesse begünstigen die Korruption, weil z.B. die Einzelinteressen Vorrang vor dem Allgemeinwohl haben. Dies hat die Folge, dass es tendenziell weniger hoheitliche Verwaltung gibt und dafür umso mehr mit den finanzstarken Gruppen in der Gesellschaft kooperiert wird. Die zunehmende Kooperation zwischen Staat und Wirtschaft schafft auch für die Akteure des Drogenhandels ein Schlupfloch, indem sie diesen Mechanismus nutzt.

Auf der anderen Seite wird Gewalt nur dann angewendet, wenn sie absolut erforderlich ist bzw. um die Glaubwürdigkeit von Androhungen zu untermauern, denn zu viel Aufmerksamkeit wäre für das Geschäft hinderlich. Die Gewaltanwendung stellt also eine Kosten-Nutzen-Frage für die Akteure des Drogenbusiness dar. Anstelle der rechtsstaatlichen Regelungen treten mehr oder weniger latente Gewaltverhältnisse, welche innerhalb des Drogenbusiness für die Umsetzung der Geschäfte sorgen.

Schließlich sind die Instrumente des Drogenhandels zur Interessensdurchsetzung jenen der regulären Sektoren der globalen Ökonomie sehr ähnlich. Die enge Verflechtung von Staat und Wirtschaft ermöglicht es ihnen, die illegalen Rahmenbedingungen teilweise zu umgehen, indem ihre Operationsweisen an die Verbindungen der beiden Bereiche angepasst werden. Dies ist für mich die Kehrseite der neoliberalen Globalisierung.

Viel stärker tritt dies im Bereich der Geldverwendung zutage. Dieser Bereich ist stark global geprägt, lässt sich also kaum auf einzelne Staaten oder Regionen festmachen. Die Drogenhändler nutzen die Instrumente der legalen Finanz- und Wirtschaftsabläufe, um die Geldwäsche abzuwickeln. In der Regel wird das Geld von den Industriestaaten in „Entwicklungsländer" transferiert, um dann wieder in den Industriegesellschaften angelegt zu werden. Der Bankenwelt kommt hierbei eine wichtige Rolle zu, da sie für die Umsetzung der globalen Geldflüsse und die Verschiebung der Gewinne in legale Finanz- oder Wirtschaftsbereiche sorgt. Anders betrachtet sind die Drogenhändler von internationalen Finanzsystemen abhängig. Jedenfalls ist dies für die Geldwäsche von immenser Bedeutung. Die Bekämpfung des Drogenbusiness macht meiner Meinung nach genau in diesem Bereich am meisten Sinn und gleichzeitig gestaltet es sich gerade hier als äußerst schwierig. Die Problematik liegt darin, dass die Bekämpfungsmittel im Widerspruch zu den Freiheiten der neoliberalen Globalisierung stehen, weil die Drogenhändler sich die Abläufe der legalen Finanz- und Wirtschaftsbereiche zu Nutze machen. Das bedeutet, die Umsetzung dementsprechender Gesetze würde nicht nur den Drogenhandel einschränken, sondern auch vermeintlich legale Transaktionen.

Der Bereich der Investitionen ist wesentlich schwieriger zu bekämpfen als die Geldwäsche. Investitionstätigkeiten werden nämlich in nicht drogenbezogene, sondern in legale Wirtschaftsbereiche getätigt und es gibt eine Vielzahl von derartigen Anlagemöglichkeiten. Hierbei tritt die Problematik auf, dass Finanzflüsse von Drogengeldern und legalen Geldern kaum zu trennen sind. Erneut kommt es zu einer Überschneidung legaler und illegaler Märkte. Schließlich haben internationale Drogenhändler zunehmend eine finanzielle und politische Machtstellung, wodurch sie auch ihre Einflussmöglichkeiten ausweiten können. Jedenfalls sind sie dadurch imstande, ihre Geschäfte zu stabilisieren und auszudehnen.

Eine aktuell brisante Möglichkeit der Geldverwendung ist die Unterstützung des Terrorismus. Nicht nur, dass der Drogenhandel als eine finanzielle Ressource dienen kann, sondern es kann auch zur Kooperation beider Bereiche kommen, da beide über die gleichen illegalen Strukturen verfügen und kompatible Arbeitsweisen anwenden. Lediglich die Ziele sind unterschiedliche. Der Drogenhandel strebt die Kapitalakkumulation an, während das Kapital für terroristische Organisationen ein Mittel zur Aufrechterhaltung ihrer Netzwerke darstellt. Die Austrocknung der Gelder könnte auch hierbei ein effektives Mittel zur Bekämpfung des Terrorismus sein, doch treten dieselben Stolpersteine wie bei der Verhinderung der Geldwäsche auf. Diese sind vor allem in der engen Verflechtung von illegalem Kapital und den regulären internationalen Wirtschaftskreisläufen zu finden. Auch der Terrorismus nutzt die Schattenseite der neoliberalen Globalisierung.

Der letzte Bereich meines Kreislauf – Modells beschäftigt sich mit den Folgewirkungen der Durchsetzung der Geschäftsinteressen und der Geldverwendung auf den Staat. Wie ich bereits zeigen konnte, ist der Staat nicht in der Lage, die Überschneidung der legalen und illegalen Bereiche zu verhindern. Dies hat als Konsequenz zur Folge, dass die Staatsaufgaben untergraben werden. Durch illegales Handeln werden sie unterminiert, doch durch die Vermischung mit legalem Handeln kann Staatlichkeit auch unterwandert werden. Die staatliche Sicherheits-, Wohlfahrts-, Legitimitäts- und Rechtsstaatsfunktion werden infolgedessen beeinträchtigt. Ein grundsätzliches Problem bei diesen Einordnungen ist jedoch, dass die dazu notwendigen Indikatoren durch die Überschneidung von legalen und illegalen Bereichen nicht greifen. Sie erfassen lediglich Entwicklungen durch illegales Handeln und nicht solche im Übergangsbereich.

Andererseits spitzt der Drogenhandel den Prozess der Transformation von Staatlichkeit zu und nutzt die Schattenseite des bestehenden Systems für seine Zwecke. Die Auswirkungen sind auch eine Abschwächung und ein Bedeutungsverfall des Staates, weil der Staat den globalen Wirtschaftsinteressen nachkommt und weniger denen seiner Gesellschaft. Das bedeutet, es kommt zu einer Entstaatlichung im Sinne von weniger staatlicher Umverteilung und weniger Sozialstaat. Der Staat begünstigt damit indirekt die Interessen des Drogenhandels, denn Privatisierung, marktorientierte Deregulierung sämtlicher Handelsbeschränkungen und die Liberalisierung von Wirtschaftsbeziehungen fördern die Globalität des Drogenbusiness und damit seine Ausbreitungsmöglichkeiten. Das Drogenbusiness und die neoliberale Globalisierung wirken wie zwei Seiten einer Medaille und sind eng verbunden. Sie haben deutliche Auswirkungen auf den Staat und seine Gesellschaft in Westeuropa. Doch eine effektive Bekämpfung des Drogenhandels würde den legalen Finanz- und Wirtschaftsbereichen zuwiderlaufen. Dem ist hinzuzufügen, dass eine Drogenprohibition in ihrer aktuellen Form wenig Sinn macht, weil sie diesen komplexen Zusammenhängen nicht nachkommt.

Als dritte Folgewirkung auf den Staat habe ich den Verlust des staatlichen Gewaltmonopols aufgeführt, die teilweise aus der Gewalt der Drogenhändler gegenüber dem Staat resultiert. Ein wichtiger Moment ist dabei erneut die Prohibition, die es auch mit Gewalt zu umgehen gilt. Gewalt ist ein Merkmal von illegalen Märkten, während Geldwäsche, Investitionen, Korruption und Kooperation auch in legalen Märkten eingesetzt werden. Dabei ist es jedoch für die Abwicklung der drogenbezogenen Geschäftstransaktionen von essentieller Bedeutung, das Staatssystem zu unterwandern, legale Kanäle zu nutzen und möglichst unauffällig zu agieren, um ein zu großes öffentliches Interesse zu vermeiden. Dennoch ist eine gewisse Stabilität von Staatlichkeit notwendig, denn Chaos und Anarchie würden auch den Drogenhandel in einer derart lukrativen Form nicht zulassen. Andererseits sorgt im Rahmen der neoliberalen Globalisierung die freiwillige Abgabe des Gewaltmonopols für dessen Unterminierung. Die teilweise Privatisierung von Gewalt ist wiederum für das Drogenbusiness sehr nützlich, da ihre Tätigkeiten sich auf diese Weise als legal darstellen lassen. Die Drogenhändler besitzen damit ein weiteres legales Instrument zur Abwicklung ihrer Geschäfte und infolgedessen die Möglichkeit, nicht als Akteure des Drogenbusiness erkannt zu werden.

Auf die Art, wie ich mit den gesamtgesellschaftlichen Veränderungsprozessen die Zusammenfassung des Kreislauf – Modells begonnen habe, möchte ich es auch schließen. Meiner Meinung nach kommt ihnen eine Schlüsselrolle zu, weil sie sowohl auf den Staat, wie auch auf den Drogenhandel wirken. Der erstere wird eher geschwächt, da sie entscheidend an seiner Transformation mitwirken, sowie seine Souveränität und Integrität in Frage stellen. Der Drogenhandel wird jedoch gestärkt, weil sich die Veränderungsprozesse günstig auf seine Operationsweise auswirken und zu seiner Gewinnmaximierung beitragen. Aus dem abgeleitet, komme ich zu dem Schluss, dass der Drogenhandel bzw. das Drogenbusiness in seiner derzeitigen Konstellation eine Ausformung der gesamtgesellschaftlichen Veränderungsprozesse ist, welches vorwiegend im illegalen Bereich angesiedelt ist und sich mit dem legalen vermischt.

Im Rahmen der Überschneidung nutzt der Drogenhandel legale Instrumente, wie die Privatisierung des Sicherheitssektors, Lobbyismus, Kooperation oder Investitionen für seine Zwecke. Das bedeutet, der Drogenhandel unterwandert den Staat durch seine illegalen Transaktionen und durch seine legale Infiltration. Beides wird durch die aktuellen gesellschaftlichen Veränderungsprozesse ermöglicht oder zumindest verstärkt. Durch diese Vermischung und die aktuellen Prozesse wird es für den Staat zunehmend schwierig, den Drogenhandel effektiv zu bekämpfen. Jedenfalls konnte dies bisher durch die Prohibition nicht annähernd erreicht werden. Andere Methoden, die sich als sinnvoller erweisen könnten, stehen jedoch im Widerspruch zu den Interessen der Akteure hinter den globalen Finanz- und Wirtschaftsbereichen.

Eine interessante Frage, die ich ursprünglich in meinem Projekt ausarbeiten wollte und zum Weiterforschen anregen kann, ist, welches Ausmaß die Einflüsse des Drogenbusiness auf Staatlichkeit in westeuropäischen Industriegesellschaften haben. Um eine derartige Quantifizierung vornehmen zu können, wären jedoch eine Vielzahl an drogenbezogenen und empirischen Erhebungen notwendig, die zur Zeit nicht vorhanden sind. Weiters könnte nach den effektiven Methoden zur Bekämpfung des Drogenbusiness in seiner derartigen Ausformung gefragt werden. Hierbei wäre besonders der Bereich der Überschneidung von legalen und illegalen Bereichen eine Ansatzmöglichkeit, für dessen Erfassung erst einmal adäquate Indikatoren gesucht werden müssten.

Anmerkungen:

[1] Gill, 2000, S.39ff.

[2] Bieling, Hans-Jürgen: Transnationale Vergesellschaftung und die „neue Sozialdemokratie", In: Das Argument. Zeitschrift für Philosophie und Sozialwissenschaft, 2001, In: Url: http://www.linkeliste.de/unabhaengige-linke-fu-berlin/Service/Studium/europe/bieling.htm (22.2.2005).

Literaturverzeichnis

Ackermann, Jürg-Beat: Geldwäscherei – Money Laundering. Eine vergleichende Darstellung des Rechts und der Erscheinungsformen in den USA und der Schweiz, Diss., Zürich, 1992.

Alemann, Ulrich von/ Kleinfeld, Ralf: Begriff und Bedeutung der politischen Korruption aus politikwissenschaftlicher Sicht, In: Benz, Arthur/ Seibel, Wolfgang (Hrg.): Zwischen Kooperation und Korruption. Abweichendes Verhalten in der Verwaltung, Baden-Baden, 1992, S. 259-282.

Ambos, Kai: Drogenbekämpfung in den Anden, In: Labrousse, Alain/ Wallon, Allain (Hrg.): Der Planet der Drogen. Analyse einer kriminellen Weltmacht, Frankfurt/Main, 1996, S.23-44.

Amendt, Günter: Sucht – Profit – Sucht, Hamburg, 1990.

Angerer, Kurt: Die Interessen von Gruppen und Institutionen am Drogenverbot, Dipl., Wien, 1999.

Anheier, Helmut/Glasius, Marlies/ Kaldor, Mary: Global Civil Society in an Era of Regressive Globalism: The State of Global Civil Society in 2003. Regressive Globalisation, In: Url: http://www.lse.ac.uk/Depts/global/Yearbook/yb3taste1.htm (11.4.2005).

Azzellini, Dario: Coca Columbien. War on Drugs, 2002, In: Url: http://www.nadir.org/nadir/initiativ/agp/free/colombia/war_on_d rugs.htm (8.2.2005).

Bachmann, Nora/ Pavlic, Andreas/ Bebek, Jasmin u.a.: Arbeitsbericht: Vom fordistischen zum postfordistischen Körper, Wien, 2004, In: Url: http://evakreisky.at/2004/se_koerper/Arbeitsbericht_Fordismus.pdf (25.2.2005), S.1-39.

Bandat, Sabine/ Engelberth, Verena/ Hoffstädterrova, Jana u.a.: Area Studies I: Lateinamerika: Kolumbien, In: Url: http://evakreisky.at/2003-2004/staat-krieg/referat08_a.pdf (2.1.2005), S.1-33.

Barsch, Gundula: Armut und illegalisierter Drogenkonsum – Wahrheiten und Mythen zu einem komplexen sozialen Phänomen, In: Henkel, Dieter/ Vogt, Irmgard (Hrg.): Sucht und Armut. Alkohol, Tabak, Medikamente, illegale Drogen, Opladen, 1998, S.167-190.

Basagic, Irma: Eine oligarchische Demokratie, 2003, In: Url: e-vakreisky.at/2003-2004/staat-krieg/referat08_b.pdf (1.2.2005), S.3-6.

Bäuerle, Dietrich: Fachliche Grundlagen, In: Url: http://www.learn-li-ne.nrw.de/angebote/gesundids/medio/SucPrae/SucPrae_data/Band _I/Kap0102.pdf (31.1.2005), S. 37-109.

Bautista, Myriam: Europas „weiße" Weste, In: Krauthausen, Ciro (Hrg.): Koka - Kokain. Reportagen, Analysen und Dokumente aus den Andenländern, München, 1991, S.227-237.

Beerhorst, Joachim/ Demirovic, Alex/ Guggemos, Michael (Hrg.): Kritische Theorie im gesellschaftlichen Funktionswandel, Frankfurt/ Main, 2004.

Bendel, Petra/ Croissant, Aurel/ Rüb, Friedbert W. (Hrg.): Demokratie und Staatlichkeit. Systemwechsel zwischen Staatsreform und Staatskollaps, Opladen, 2003.

Bendel, Petra/Krennerich, Michael: Einleitung: Staat und Rechtsstaat in jungen Demokratien – eine Problemskizze, In: Bendel, Petra/ Croissant, Aurel/ Rüb, Friedbert W. (Hrg.) : Demokratie und Staatlichkeit. Systemwechsel zwischen Staatsreform und Staatskollaps, Opladen, 2003, S.9-34.

Benz, Arthur/ Seibel, Wolfgang (Hrg.): Zwischen Kooperation und Korruption. Abweichendes Verhalten in der Verwaltung, Baden-Baden, 1992.

Benz, Arthur: Der moderne Staat. Grundlagen der politologischen Analyse, Oldenburg, 2001.

Besozzi, Claudio: Organisierte Kriminalität: Zur sozialen Konstruktion einer Gefahr, In: Kreutz, Henrik (Hrg.): Angewandte Sozialforschung. Zeitschrift für Mitteleuropa, Jg. 22, Nr. 3/4, 2002, Wien, S.133-151.

Bieling, Hans-Jürgen/ Steinhilber, Jochen (Hrg.) Die Konfiguration Europas. Dimensionen einer kritischen Integrationstheorie, Münster, 2000.

Bieling, Hans-Jürgen/ Steinhilber, Jochen: Einleitung: Theorie und Kritik der europäischen Integration, In: Bieling, Hans-Jürgen/ Steinhilber, Jochen (Hrg.) Die Konfiguration Europas. Dimensionen einer kritischen Integrationstheorie, Münster, 2000, S.7-22.

Bieling, Hans-Jürgen: Transnationale Vergesellschaftung und die „neue Sozialdemokratie", In: Das Argument. Zeitschrift für Philosophie und Sozialwissenschaft 2001, In: Url: http://www.linkeliste.de/unabhaengige-linke-fu-berlin/Service/Studium/europe/bieling.htm (22.2.2005).

Blum, Jack/ Block, Alan A.: Geldwäsche auf den Antillen, In: Labrousse, Alain/ Wallon, Alain (Hrg.): Der Planet der Drogen. Analyse einer kriminellen Weltmacht, Frankfurt/Main, 1996, S.86-112.

Blumenthal, Hans R.: Kolumbien, Bonn, 1999, In: Url: http://library.fes.de/fulltext/stabsabteilung/00823003.htm#LOCE9E3 (7.2.2005).

Blumenthal, Hans R.: Kolumbien: Träume vom Frieden, Realitäten des Krieges, International Politics and Society 2/2000, Apr. 2000, In: Url: http://www.fes.de/IPG/ipg2_2000/artblumenthal.html (7.2.2005).

Böhm, Runhild: Englands Opiumkriege in China. Die Darstellungen und Voraussagungen von Karl Marx über die Kollision des konfuzianischen China mit der okzidentalen Kolonialexpansion, Tübingen, 2000, In: Url: http://w210.ub.uni-tuebingen.de/dbt/volltexte/2004/1232/pdf/Opium.pdf (25.1.2005), S.1-32.

Brand, Ulrich/ Wissen, Markus: Neoliberale Globalisierung, Staat und die Internationalisierung von Protest. Anmerkungen zu einigen Spannungsfeldern linker Politik, In: Url: http://www.alhambra.de/zeitung/novem2000/neolib.htm (15.2.2005).

Brosch, Renate/ Juhnke, Günter (Hrg.): Sucht in Österreich. Ein Leitfaden für Betroffene, Angehörige, Betreuer, Wien, 1993.

Buffle, Jean-Claude: Verbrechensgelder und die Schweizer, In: Labrousse, Alain/ Wallon, Alain (Hrg.): Der Planet der Drogen. Analyse einer kriminellen Weltmacht, Frankfurt/Main, 1996, S.113-129.

Choiseul-Praslin, Charles-Henri de: Die Mikroökonomie der Drogen, In: Labrousse, Alain/ Wallon, Allain (Hrg.): Der Planet der Drogen. Analyse einer kriminellen Weltmacht, Frankfurt/Main, 1996, S.45-61.

Chomsky, Noam: Plan Colombo, Z Magazine, März 2000, In: Url: http://www.chomsky.zmag.de/artikel.php?id=35 (8.2.2005).

Chomsky, Noam: Der neue Krieg gegen den Terror, Abschrift eines Vortrages aus dem MIT Forum für Technologie und Kultur, 18.10.2001, In: Url: http://www.free.de/asti/geistderrevolte/11september/chomsky4.htm (9.4.2005).

Christie, Nils/ Bruun, Kettil: Der nützliche Feind. Die Drogenpolitik der Nutznießer, Bielefeld, 1991.

Daun, Anna: Staatszerfall in Kolumbien, Köln, Juni 2003, In: Url: http://www.politik.uni-koeln.de/jaeger/downloads/daun01.pdf (12.1.2005), S.1-140.

Drekonja-Kornat, Gerhard: Kolumbien zwischen Krieg und Frieden, In: Drekonja-Kornat, Gerhard/ Feichtinger, Walter/ Hazdra, Peter (Hrg.): Kolumbien zwischen Krieg und Frieden, 6/2003, Wien, S.9-19.

Drekonja-Kornat, Gerhard/ Feichtinger, Walter/ Hazdra, Peter (Hrg.): Kolumbien zwischen Krieg und Frieden, 6/2003, Wien.

Drekonja-Kornat, Gerhard: Kolumbien: Mikro-Kriege und Friedensinseln, 2004, In: Url: http://fesportal.fes.de/pls/portal30/docs/FOLDER/IPG/IPG2_2004/ARTDREKONJA-KORNAT.PDF (2.5.2005), S.147-161.

Erdmann, Gero: Apokalyptische Trias: Staatsversagen, Staatsverfall und Staatszerfall – strukturelle Probleme der Demokratie in Afrika, In: Bendel, Petra/ Croissant, Aurel/ Rüb, Friedbert W. (Hrg.): Demokratie und Staatlichkeit. Systemwechsel zwischen Staatsreform und Staatskollaps, Opladen, 2003, S.267-292.

Erlei, Mathias: Die Eindämmung der Dynamik illegaler Drogenmärkte. Eine ökonomische Betrachtung, Technische Universität Clausthal, In: Url: http://www.wiwi.tu-clausthal.de/fileadmin/Volkswirtschaftslehre/Forschung-DL/drog-tuc1.PDF (11.3.2005), S.1-10.

Erlei, Mathias (Hrg.): Mit dem Markt gegen Drogen!? Lösungsansätze für das Drogenproblem aus ökonomischer Sicht, Stuttgart, 1995.

Ernst, Mirjam: Mediale Diskurse von politisch unterschiedlich orientierten Printmedien zum Thema Drogenhandel in Kolumbien, Dipl., Wien, 2000.

Ertl, Birgit: Der Kampf gegen Geldwäscherei und Terrorismusfinanzierung. Neueste Trends und Entwicklungen, Wien, 2004.

Eussener, Gudrun: Drogen, Kriminalität, Terrorismus, 6.1.2001, In: Url: http://www.eussner.net/artikel_2004-03-15_20-39-13.html (23.3.2005).

Farah, Farouk/ Huber, Christina/ Ilic, Marijana u.a.: Bedeutungsfelder. Konzeptuelle Grundlagen. Referatsgruppe „Staatszerfall", Wien, 21.10.2003, In: Url: evakreisky.at/2003-2004/staat-krieg/referat01_d.pdf (28.2.2004), S.1-20.

Feichtinger, Walter: Alter Krieg im neuen Gewand? Der Kriegsprozess in Kolumbien aus der Perspektive der „Neuen Kriege", In: Drekonja-Kornat, Gerhard/ Feichtinger, Walter/ Hazdra, Peter (Hrg.): Kolumbien zwischen Krieg und Frieden, 6/2003, Wien, S.21-44.

Fottorino, Eric: Afrika – ein neuer Drogenkontinent, In: Labrousse, Alain/ Wallon, Alain (Hrg.): Der Planet der Drogen. Analyse einer kriminellen Weltmacht, Frankfurt/Main, 1996, S.211-220.

Franke, Siegrid F.: Grundlagen und Umrisse eines Konzeptes zur Freigabe illegaler Drogen, In: Grözinger, Gerd (Hrg.): Recht auf Sucht? Drogen. Markt. Gesetze, Berlin, 1991, S.97-124.

Frey, Bruno S.: Moderne Politische Ökonomie. Die Beziehungen zwischen Wirtschaft und Politik, München/ Zürich, 1977.

Gamboa Lopez, Jose Miguel: Kolumbien: Oligarchische Demokratie, Dipl., Wien, 1995.

Gill, Stephen: Theoretische Grundlagen einer neo-gramscianischen Analyse der europäischen Integration, In: Bieling, Hans-Jürgen/ Steinhilber (Hrg.) Die Konfiguration Europas. Dimensionen einer kritischen Integrationstheorie, Münster, 2000, S.23-50.

Gros, Hans (Hrg.): Rausch und Realität. Eine Kulturgeschichte der Drogen, Bd. 3, Düsseldorf/ Leipzig/ Stuttgart, 1998.

Grözinger, Gerd (Hrg.): Recht auf Sucht? Drogen. Markt. Gesetze, Berlin, 1991.

Gunkelmann, Martina: Zur Geschichte des Kokains, In: Scheerer, Sebastian/ Vogt, Irmgard (Hrg.): Drogen und Drogenpolitik. Ein Handbuch, Frankfurt/Main / New York, 1989, S.359-366.

Haas, Jochen de: Drogen und Terrorismus: globale Herausforderungen mit zusätzlichem Gewicht, In: Entwicklung und ländlicher Raum, 3/2002, In: Url: http://www4.gtz.de/drogen/jAutoriX/upload/deHaas%20editorial% 203%202002.pdf (11.5.2005), S.1-2.

Hafner, Georg M./ Taylan, Kamil: Zum Beispiel Cocain, Göttingen, 1988.

Haller, Reinhard/ Neubacher, Thomas/ Halbeisen, Margit u.a. (Red.): Vorarlberger   Drogekonzept   2002,   2002,   In: Url: http://www.vorarlberg.at/pdf/drogenkonzept2002.pdf   (20.1.2005), S.1-107.

Hardinghaus, Nicolas: Drogengeschäfte. Zur Entwicklung der internationalen   Drogenmärkte,   Bonn,   1994,   In: Url: http://library.fes.de/fulltext/stabsabteilung/00018.html (28.2.2004).

Hartwig, Karl-Hans/ Pies, Ingo: Rationale Drogenproblematik in der Demokratie. Wirtschaftswissenschaftliche und wirtschaftsethische Perspektiven einer Heroinvergabe, Tübingen, 1995.

Haug, Wolfgang Fritz: Weltkrieg gegen den Terror?, München, 2002, In: Url: http://www.gegenentwurf-muenchen.de/globterr.htm (20.1.2004).

Heitmeyer, Wilhelm/ Hagan, John (Hrg.): Internationales Handbuch der Gewaltforschung, Wiesbaden, 2002.

Helfer, Hans-Ulrich: Die Bekämpfung der Finanzierung des Terrorismus. Ruheraum   und   Logistikland   Schweiz,   Nov.   2004,   In: Url: www.presdok.ch/sicherheitspolitik/   artikel/200411_152.htm (11.4.2005).

Henkel, Dieter/ Vogt, Irmgard (Hrg.): Sucht und Armut. Alkohol, Tabak, Medikamente, illegale Drogen, Opladen, 1998.

Hess, Henner: Der illegale Drogenhandel, In: Scheerer, Sebastian/ Vogt, Irmgard (Hrg.): Drogen und Drogenpolitik. Ein Handbuch, Frankfurt/Main / New York, 1989, S.447-486.

Hess, Henner: Gewalt als ökonomische Potenz, In: Schmidt-Semisch, Henning/ Lindenberg, Michael (Hrg.): Gewaltwelten, München, 1995, S.113-131.

Hippler, Jochen: Drogenhandel in den Nord-Süd-Beziehungen, In: Url: http://www.jochen-hippler.de/Aufsatze/Drogenhandel/drogenhandel.html (2.3.2004).

Hippler, Jochen: Die Quellen des Terrorismus - Hinweise zu Ursachen, Rekrutierungsbedingungen und Wirksamkeit politischer Gewalt, Juni 2002, In: Url: http://www.jochen-hippler.de/Aufsatze/Terrorismus-Quellen/terrorismus-quellen.html (1.3.2005).

Hippler, Jochen: Gewaltkonflikte, Konfliktprävention und Nationenbildung. Hintergründe eines politischen Konzepts, 2003, In: Url: http://www.jochen-hippler.de/Aufsatze/Nation-Building_Einleitung/nation-building_einleitung.html (2.3.2004).

Hirsch, Jochen: Die Internationalisierung des Staates, Anmerkungen zu einigen aktuellen Fragen der Staatstheorie, In: Das Argument - Zeitschrift für Philosophie und Sozialwissenschaften, Jg. 42, Nr.2, Berlin, 2000, S.325-339.

Holtmann, Everhard (Hrg.): Politik-Lexikon, 3.Aufl., München/ Wien, 2000

Houben, Guido: Drogen in Russland. Überlegungen zu Staat, Gesellschaft, organisiertem Verbrechen und internationaler Kooperation, Mannheim, 1999, In: Url: http://www.uni-mannheim.de/fkks/fkks21.pdf (24.2.2004), S.1-45.

Jordan, David: Dirty Money and Democracies. Drug Politics, In: Url: http://www.jahrbuch2001.studien-von-zeitfragen.net/Global/Subversives_Geld/DRUGPO_1/drugpo_1.HTM (20.1.2004).

Joxe, Alain: Die Narko-Strategie: Von der Île de la Torture in die ganze Welt, In: Labrousse, Alain/ Wallon, Alain (Hrg.): Der Planet der Drogen. Analyse einer kriminellen Weltmacht, Frankfurt/Main, 1996, S.237-250.

Kemmesies, Uwe W.: Zwischen Rausch und Realität. Drogenkonsum im bürgerlichen Milieu, Wiesbaden, 2004.

Klages, Helmut: Industriegesellschaft, In: Nohlen, Dieter/ Schultze, Rainer-Olaf (Hrg.): Lexikon der Politik, Bd. 1, München, 1995, S.199-204.

Klahr, Konrad: Drogenpolitik und Organisierte Kriminalität. Eine System-Analyse ihrer Interaktionsfelder und der strafrechtlichen Problem-Perzeption in der Bundesrepublik Deutschland, Diss., Bonn, 1998.

Koboldt, Christian: Konstitutionenökonomische Aspekte der Prohibitionspolitik, In: Erlei, Mathias (Hrg.): Mit dem Markt gegen Drogen!? Lösungsansätze für das Drogenproblem aus ökonomischer Sicht, Stuttgart, 1995, S.45-78.

Körner, Harald: Kommentar, In: Erlei, Mathias (Hrg.): Mit dem Markt gegen Drogen!? Lösungsansätze für das Drogenproblem aus ökonomischer Sicht, Stuttgart, 1995, S.186-191.

Kovermann, Carmen Lopera: Staatszerfall und Demokratie in Kolumbien, Köln, 2004, In: Url: http://www.politik.uni-koeln.de/jaeger/downloads/kovermann.pdf (12.1.2005), S.1-103.

Kurtenbach, Sabine: Kolumbien (Violencia), 15.7.2002, In: Url: http://www.sozialwiss.uni-hamburg.de/publish/Ipw/Akuf/kriege/019_kolumbien.htm (2.2.2005).

Krauthausen, Ciro (Hrg.): Koka - Kokain. Reportagen, Analysen und Dokumente aus den Andenländern, München, 1991.

Krauthausen, Ciro: Moderne Gewalten. Organisierte Kriminalität in Kolumbien und Italien, Frankfurt/Main/ New York, 1997.

Labrousse, Alain/ Wallon, Alain (Hrg.): Der Planet der Drogen. Analyse einer kriminellen Weltmacht, Frankfurt/Main, 1996.

Lambach, Daniel: Max Webers Staatstheorie, In: Url: www.staff.uni-marburg.de/~lambach/Lit20041018.pdf (3.2.2005), S.1-3.

Lambach, Daniel: Schwäche und Zerfall von Staaten. Operationalisierung eines schwierigen Konzepts, Paper für die Tagung „Krieg, Gewalt und der prekäre Frieden". Nachwuchstagung der Arbeitsgemeinschaft Friedens- und Konfliktforschung, Bocholt, 14.-16.1.2005, In: Url: www.staff.uni-marburg.de/~lambach/afk2005.pdf (3.2.2005), S.1-23.

Leif, Thomas: Lobbyismus. Rohstoff „Information", Die Zeit, Hamburg, 11.1.2005, In: Url: http://www.zeit.de/2005/02/lobby (13.4.2005).

Lessmann, Robert: Drogenökonomie und internationale Politik. Die Auswirkungen der Antidrogen-Politik der USA auf Bolivien und Kolumbien, Frankfurt/Main, 1996.

Lessmann, Robert: Illegale Drogen. Gesellschaftliche Bedrohung und politische Herausforderungen für Europa und Lateinamerika, Fachkonferenz, Bonn, 2000, In: Url: http://library.fes.de/pdf-files/iez/00780.pdf (10.1.2004), S.1-52.

Lessmann, Robert: „Narco-Guerilla" und die Rolle der USA, In: Drekonja-Kornat, Gerhard/ Feichtinger, Walter/ Hazdra, Peter (Hrg.): Kolumbien zwischen Krieg und Frieden, 6/2003, Wien, S.89-103.

Levai, Miklos: Der Umbruch in Mitteleuropa und die Drogenmafias, In: Labrousse, Alain/ Wallon, Alain (Hrg.): Der Planet der Drogen. Analyse einer kriminellen Weltmacht, Frankfurt/Main, 1996, S.171-182.

Lock, Peter: Ökonomien des Krieges, In: Url: http://www.peter-lock.de/txt/Kriegs%9Akonomien2.html (12.1.2005).

Lock, Peter: Gibt es ökonomische Strukturen, die Gewalt und Terror hervorbringen?, 25.9.2002, In: Url: http://www.peter-lock.de/txt/loccumt.html (4.4.2005).

Lock, Peter: Kriegsökonomien und Schattenglobalisierung, In: Ruf, Werner (Hrg.): Politische Ökonomie der Gewalt. Staatszerfall und Privatisierung von Gewalt und Krieg, Opladen, 2003, S.93-123.

Löffler, Marion: Staatlichkeit als Konzept. Innovationspotentiale feministischer Staatstheorie, 2004, In: Url: http://space.ihs.ac.at/powi04/papers/AG%20politische%20theorie/L%F6ffler_Marion.pdf (17.11.2004), S.1-17.

Maaß, Beate Friederike: Staatsschwäche und Kriegsökonomie als zentrale Faktoren der Persistenz des kolumbianischen Krieges, Köln, Mai 2003, In: Url: http://www.politik.uni-koeln.de/jaeger/downloads/maass01.pdf (12.1.2005), S.1-114.

Mahnkopf, Birgit/ Altvater, Elmar: Formwandel der Vergesellschaftung – durch Arbeit und Geld in die Informalität, In: Beerhorst, Joachim/ Demirovic, Alex/ Guggemos, Michael (Hrg.): Kritische Theorie im gesellschaftlichen Funktionswandel, Frankfurt/ Main, 2004, S.65-93.

Mittermayer, Maria: Drogengeschäft und Drogenkrieg – zwei Aspekte der US-lateinamerikanischen Beziehungen – unter besonderer Berücksichtigung der Bush-Regierung und Kolumbiens, Dipl., Wien, 1997.

Mysorekar, Sheila: Vom Coka-Blatt zur Koks-Party. Globale Drogenökonomie, In: Freitag 33. Die Ost-West-Wochenzeitung, 6.8.2004, In:Url: http://www.freitag.de/2004/33/04330901.php (23.3.2005).

N.n.: Amphetamine, In: Url: http://www.dhs.de/substanzen_amphetamine.html (31.1.2005).

N.n.: Amphetamin und Mathamphetamin, In: Url: http://www.jugend-hilft-jugend.de/suchtinfo/1012950612439422.shtml (31.1.2005).

N.n.: Bild: Europa, In: Url: http://www.openwebschool.de/06/ek/0002/start.html (22.12.2005).

N.n.: Cannabis. Zur Geschichte der Anwendung, In: Url: http://members.kabsi.at/e4161a00/drugsplanet/drugs/cannabis.html (28.1.2005).

N.n.: Die Drogenpolitik der Niederlande, In: Url: http://www.cannabislegal.de/international/nl.htm (28.1.2005).

N.n.: Drogenpolitik in Frankreich, In: Url: http://www.cannabislegal.de/international/fr.htm (28.1.2005).

N.n.: Die größten Unternehmen nach Umsatz, In: Url: http://portal.1und1.de/de/themen/finanzen/wirtschaft/hintergrund/206346.html (25.4.2005).

N.n.: Drogenhandel, Gymnasium Finkenwerder, 2002, In: Url: http://www.gymfi.de/unterricht/vtu_drogen/handel/index.html (22.3.2005).

N.n.: Drogenpolitik in Frankreich, In: Url: http://www.cannabislegal.de/international/fr.htm (28.1.2005).

N.n.: Europäische Union, 24.4.2005, In: Url: http://de.wikipedia.org/wiki/Europ%C3%A4ische_Union (25.4.2005).

N.n.: Fentanyle, In: Url: http://www.jugend-hilft-jugend.de/suchtinfo/fentanyl.html (31.1.2005).

N.n.: Föderalismus, 25.1.2005, In: Url: http://de.wikipedia.org/wiki/F%C3%B6deralismus (21.2.2005).

N.n.: Forschungsprogramm. Staatlichkeit im Wandel. Dimensionen der Staatlichkeit, Bremen, 2003, In: Url: http://www.staatlichkeit.uni-bremen.de/pages/forForprogrammDimensionen.php?SPRACHE=de&STOP=1 (29.4.2004).

N.n.: Großkolumbien, In: Url: de.wikipedia.org/wiki/Großkolumbien (7.2.2005).

N.n.: Industriegesellschaft, 30.3. 2005, In: Url: http://de.wikipedia.org/wiki/Industriegesellschaft (21.4.2005).

N.n.: Industriegesellschaft, 5.7.1999, In: Url: http://www.sociologicus.de/lexikon/lex_soz/f_j/industrs.htm (21.4.2005).

N.n.: Jahresbericht 2004: Der Stand der Drogenproblematik in der Europäischen Union und in Norwegen. Cannabis. Sicherstellungen und Marktinformation, In: http://annualreport.emcdda.eu.int/de/page031-de.html (7.3.2005).

N.n.: Jahresbericht 2004: Der Stand der Drogenproblematik in der Europäischen Union und in Norwegen. Heroinkonsum und injizierender Drogenkonsum. Sicherstellungen und Marktinformation, In: Url: http://annualreport.emcdda.eu.int/de/page070-de.html (7.3.2005).

N.n.: Jahresbericht 2004: Der Stand der Drogenproblematik in der Europäischen Union und in Norwegen. Kokain und Crack. Sicherstellungen und Marktinformation, In: Url: http://annualreport.emcdda.eu.int/de/page061-de.html (7.3.2005).

N.n.: Koka – Krieg und Korruption, Zeitschrift für bedrohte Völker, Heft 1, 2001, In: Url: http://www.gfbv.ch/pdf/04-01-208.pdf (13.1.2004).

N.n.: Kolumbien – Basisdaten, 2003, In: Url: evakreisky.at/2003-2004/staatkrieg/referat08_b.pdf (1.2.2005), S.1-17.

N.n.: Kolumbien. Staat und Politik, In: Url: http://www.inwent.org/v-ez/lis/colombia/seite2.htm (7.2.2005).

N.n.: Kolumbien. Wirtschafts- und Entwicklungszusammenarbeit, In: Url: http://www.inwent.org/v-ez/lis/colombia/seite3.htm (7.2.2005).

N.n.: Korruption in Deutschland und Europa. Abhilfe durch eine europäische Rechtskultur, Bad Boll, 2000, In: Url: http://home.t-online.de/home/europa.bw/pr-kor.htm (29.2.2004).

N.n.: Korruption in Europa. Bestechung und Bestechlichkeit in Demokratien, 2002, In: Url: www.wz-berlin.de/publikation/ pdf/wm95/wzbmit95-10-13.pdf (20.1.2004), S.7-10.

N.n.: Kurzdaten zu Designer-Drogen, In: Url: http://www.jugend-hilft-jugend.de/suchtinfo/dd_kurzdaten.html (31.1.2005).

N.n.: Lobbyismus, 24.2.2005, In: Url: http://de.wikipedia.org/wiki/Lobbyarbeit (14.4.2005).

N.n.: Mythos Bedeutung, Erklärung und Definition, In: Url: http://de.e-paranoids.com/m/my/mythos.html (31.1.2005).

N.n.: Mythos - Definition und Bedeutung, In: Url: http://www.ilexikon.com/Mythos.html (31.1.2005).

N.n.: Nation, 1.4.2005, In: Url: http://de.wikipedia.org/wiki/Nation (16.4.2005).

N.n.: NATO, 21.4.2005, In: Url: http://de.wikipedia.org/wiki/NATO (25.4.2005).

N.n.: non olet, In: Url: http://www.lateinforum.de/thesauru/WdAntike/N/nonolet.htm (6.4.2005).

N.n.: Phencycilidin, In: Url: http://www.jugend-hilft-jugend.de/suchtinfo/pcp.html (31.1.2005).

N.n.: Plan Colombia, 2003, In: Url: evakreisky.at/2003-2004/staat-krieg/referat08_b.pdf (1.2.2005), S.1-17.

N.n.: Prodine, In: Url: http://www.jugend-hilft-jugend.de/suchtinfo/prodine.html (31.1.2005).

N.n.: Synthetische Drogen, In: Url: www.thema-dro-gen.net/Drogen/Syn/Synthetisch.html+synthetische+drogen&hl=de&client=firefox-a%20target=nw (28.1.2005).

N.n.: Synthetische Drogen in der Schweiz, Nov. 1999, In: Url: http://www.bap.admin.ch/d/archiv/berichte/vollversiond.pdf (28.1.2005), S.1-18.

N.n.: Tryptamin, In: Url: http://www.jugend-hilft-jugend.de/suchtinfo/tryptamine.html (31.1.2005).

N.n.: United Nations Conference on Trade and Development, 11.2.2005, In: Url: http://de.wikipedia.org/wiki/UNCTAD (10.5.2005).

N.n.: Urin, In: Url: http://de.wikipedia.org/wiki/Urin (6.4.2005).

N.n.: USA Patriot Act, 21.2.2005, In: Url: http://de.wikipedia.org/wiki/Patriot_Act (7.3.2005).

N.n.: Via Seidenstraße und per Luftkurier, 5.3.2005, In: Url: http://www.simmformation.de/html/drogen-schmuggel.html (20.3.2005).

N.n.: Von der Ständeordnung zur Industriegesellschaft, In: Url: http://www.bpb.de/publikationen/VXNUWI,0,0,Von_der_St%E4nde ordnung_zur_Industriegesellschaft.html (21.4.2005).

N.n.: Westeuropa, 13.4.2005, In: Url: http://de.wikipedia.org/wiki/Westeuropa (22.4.2005).

Napoleoni, Loretta: Die Ökonomie des Terrors. Auf der Spuren der Dollars hinter dem Terrorismus, München, 2004.

Nelles, Ursula (Hrg.): Money, Money, Money... Geldwäsche, Gewinnab-schöpfung und Rückgewinnungshilfe, Baden-Baden, 2004.

Neugschwandtner, Gerald: Paramilitärs in Kolumbien, 2003, In: Url: e-vakreisky.at/2003-2004/staat-krieg/referat08_b.pdf (1.2.2005), S.7-10.

Nissen, Astrid: Kolumbien (ELN), 15.7.2004, In: Url: http://www.sozialwiss.uni-hamburg.de/publish/Ipw/Akuf/kriege/079_kolumbien.htm (2.2.2005).

Nissen, Astrid: Kolumbien (FARC), 4.2.2003, In: Url: http://www.sozialwiss.uni-hamburg.de/publish/Ipw/Akuf/kriege/019_kolumbien.htm (2.2.2005).

Nohlen, Dieter/ Schultze, Rainer-Olaf (Hrg.): Lexikon der Politik, Bd. 1, München, 1995.

OECD: Über die OECD, In: Url: http://www1.oecd.org/deutschland/geschichte.htm (25.4.2005).

Parnreiter, Christof: Die Entstaatlichung der Weltwirtschaft. In: Südwind Magazin, Nr. 3, Wien, 2004, S.26.

Pehle, Heinrich: Industriegesellschaft, In: Holtmann, Everhard (Hrg.): Poli-tik-Lexikon, 3.Aufl., München/ Wien, 2000, S.262.

Petermann, Jan-Henrik: Kolumbien (ELN), 13.7.2004, In: Url: http://www.sozialwiss.uni-hamburg.de/publish/Ipw/Akuf/kriege/079ak_kolumbien.htm (2.2.2005).

Pies, Ingo: Heroinfreigabe – Ökonomische Perspektiven für eine rationale Drogenpolitik in der Demokratie, In: Erlei, Mathias (Hrg.): Mit dem Markt gegen Drogen!? Lösungsansätze für das Drogenproblem aus ö-konomischer Sicht, Stuttgart, 1995, S.13-38.

Piper, Gerhard: Was ist Internationaler Terrorismus? Begriffsdiskussion, Geschichte, Organisationen und Finanzen eines Gespenstes, Kassel, In: Url: http://www.uni-kassel.de/fb5/frieden/themen/Terrorismus/piper2.html (2.3.2005).

Pommerehne, Werner W./ Hart, Albert: Drogenpolitik(en) aus ökonomischer Sicht, In: Grözinger, Gerd (Hrg.): Recht auf Sucht? Drogen. Markt. Gesetze, Berlin, 1991, S.66-96.

Pressemitteilung der EU-Drogenbeobachtungsstelle in Lissabon: Jahresbericht 2003 zur Drogensituation in der EU und Norwegen. Vorsichtiger Optimismus, jedoch keine Selbstzufriedenheit, Lissabon, Nr.11/2003, In: Url: www.emcdda.eu.int/data/docs/54de.pdf (28.2.2004), S.1-5.

Ptak, Ralf: Lexikon der Globalisierung. Was ist denn eigentlich Liberalisierung?, 5.4.2004, In: Url: http://www.attac.de/texte/ldg/liberalisierung.php (19.4.2005).

Quensel, Stephan: Wende in der Drogenpolitik? Vom Umgang mit Drogen aus historischer, kulturgeschichtlicher Perspektive. Tagung in Loccum, 17.11.1995, In: Url: http://www.bisdro.uni-bremen.de/quensel/Drogenkultur.htm (31.1.2205).

Rath, Corrina: Staat, Gesellschaft und Wirtschaft bei Max Weber und bei Walter Eucken. Eine theorievergleichende Studie, Egelsbach/ Frankfurt/Main/ Washington, 1998.

Rathgeber, Theodor: Koka – Krieg und Korruption, In: Zeitschrift für bedrohte Völker, Nr. 1, Göttingen, 2001, In: Url: http://www.gfbv.ch/pdf/04-01-208.pdf (13.1.2004), S.2-4.

Reinares, Fernando: Terrorismus, In: Heitmeyer, Wilhelm/ Hagan, John (Hrg.): Internationales Handbuch der Gewaltforschung, Wiesbaden, 2002, S.390-405.

Roehder, Katja: Entwicklungspolitische Handlungsfelder im Kontext erodierende Staatlichkeit in Subsahara-Afrika, Discussion-Papier, Deutsches Institut für Entwicklungspolitik, Nr. 5, Bonn, 2004, In: Url: http://www.die-gdi.de/die_homepage.nsf/6f3fa777ba64bd9ec12569cb00547f1b/02f7a0f c8470aecdc1256f490039823f/$FILE/RoehderDiscPaper%205.2004.pdf (22.2.2005), S.1-45.

Röhrich Wilfried: Die politischen Systeme der Welt, 3.Aufl., München, 2003.

Roth, Jürgen: Netzwerke des Terrors, Hamburg/ Wien, 2001.

Roth, Jürgen/ Ender, Berndt: Dunkelmänner der Macht. Politische Geheimzirkel und organisiertes Verbrechen, Bornheim-Merten, 1984.

Rotpart, Michaela: Der Wandel von Drogen, Drogenkonsum und Drogenpolitik in Österreich seit 1945, Dipl., Wien, 1998.

Ruf, Werner (Hrg.): Politische Ökonomie der Gewalt. Staatszerfall und Privatisierung von Gewalt und Krieg, Opladen, 2003.

Ruff, Dirk: Vergleich von Keynesianismus und Monetarismus, Hausarbeit, Tübingen, 2000, In: Url: http://www.hausarbeiten.de/faecher/hausarbeit/pot/13842.html (22.2.2005).

Rütsche, Bruno: Drogenpolitik aus Südsicht. Auf dem Buckel der Schwächsten, In: Url: http://homepage.sunrise.ch/homepage/comtex/uw4977.htm (10.1.2004).

Rütsche, Bruno: Kolumbien: Versuch einer Konfliktanalyse, Kolumbien-Monatsbericht, Nr.2/2002, Feb. 2002, In: Url: http://www.kolumbien-aktuell.ch/Publikationen/doku1.html (8.2.2005).

Sarmiento, Fernando/ Krauthausen, Ciro: Die Kokainbranche, In: Krauthausen, Ciro (Hrg.): Koka - Kokain. Reportagen, Analysen und Dokumente aus den Andenländern, München, 1991, S.83-101.

Scheerer, Sebastian/ Vogt, Irmgard (Hrg.): Drogen und Drogenpolitik. Ein Handbuch, Frankfurt/Main / New York, 1989.

Schmidt-Semisch, Henning/ Lindenberg, Michael (Hrg.): Gewaltwelten, München, 1995.

Schmidt-Semisch, Henning: Ecstasy: Die Droge der 90er-Jahre?, In: Gros, Hans (Hrg.): Rausch und Realität. Eine Kulturgeschichte der Drogen, Bd. 3, Düsseldorf/ Leipzig/ Stuttgart, 1998, S.136-151.

Schmidt, Holger: Drogenhandel als transnationales Problem, Seminararbeit, Universität Potsdam, 9.11.1998, In: Url: http://www.hausarbeiten.de/rd/faecher/hausarbeit/poi/688.html (23.11.2003).

Schneckener, Ulrich: Globaler Terrorismus, Informationen zur politischen Bildung, Heft 280, 2003, In: Url: http://www.bpb.de/publikationen/7N2DFT,2,0,Globaler_Terrorismus.html (26.2.2005).

Schneckener, Ulrich (Hrg.): States at Risk. Fragile Staaten als Sicherheits- und Entwicklungsproblem, Berlin, Nov. 2004, In: Url: http://www.swp-berlin.org/common/get_document.php?id=1076 (15.2.2005), S.1-196.

Schneider, Wolfgang: Drogenmythen in Drogenhilfe, Drogenforschung und Drogenpolitik, In: Url: http://www.indro-online.de/mythen.htm (10.1.2004).

Scholtys, Britta: Politische Kehrtwende im Kampf gegen die Guerilla?, 22.08.2004, In: Url:

http://www.tagesschau.de/aktuell/meldungen/0,1185,OID3538702_R
EF_NAVSPM3~3547118,00.html (8.2.2005).

Schubert, Klaus/ Klein, Martina: Das Politiklexikon, 3.Aufl., Bonn, 2003.

Schweer, Thomas/ Strasser, Hermann: Die Ökonomie des Untergrunds:
Drogenhandel und Organisierte Kriminalität, In: Erlei, Mathias (Hrg.):
Mit dem Markt gegen Drogen!? Lösungsansätze für das Drogenprob-
lem aus ökonomischer Sicht, Stuttgart, 1995, S.135-160

Seifert, Thomas: Mythen und Fakten. Zehn Positionen zu Drogen, Sucht
und Abhängigkeit, In: Url: http://www.ausweg.de/texte/myt6.htm
(31.1.2005).

Stempel, Klaus: Der Markt der Drogen, Bundeskriminalamt, Wiesbaden, In:
Url: http://fdr-online.info/pdf/bdk-26-markt-der-drogen.pdf
(15.3.2005), S.1-9.

Tajalli, Erik: Zur Verwendung von Staatlichkeit in Europa – Tendenzen der
Entstaatlichung,   Seminararbeit,   Wien,   In: Url:
http://evakreisky.at/onlinetexte/Staatszerfall-Entstaatlichung.pdf
(17.11.2004), S.1-22.

United Nations – Office on Drugs and Crime (Hrg.): Single Convention on
narcotic   drugs,   1961,   In: Url:
http://www.unodc.org/pdf/convention_1961_en.pdf (18.1.2005), S.1-
44.

United Nations – Office on Drugs and Crime (Hrg.): Convention on
psychtropic   substances,   1971,   In: Url:
http://www.unodc.org/pdf/convention_1971_en.pdf (18.1.2005), S.1-
28.

United Nations – Office on Drugs and Crime (Hrg.): United Nations Convention against illicit traffic in narcotic drugs and psychtropic substances,   1988,   In: Url:
http://www.unodc.org/pdf/convention_1988_en.pdf (18.1.2005), S.1-
31.

United Nations – Office on Drugs and Crime (Hrg.): Global Illicit Drug
Trend 2003. Executive Summary, Wien, 2003, In: Url:
www.unodc.org/pdf/   report_2003-06-26_1_executive_summary.pdf
(22.11.2003), S.3-11.

United Nations – Office on Drugs and Crime (Hrg.): World Drug Report
2004, Volume 1: Analysis, Wien, 2004, In: Url:
http://www.unodc.org/pdf/WDR_2004/volume_1.pdf   (18.1.2005),
S.1-210.

Voigt, Rüdiger: Des Staates neue Kleider. Entwicklungslinien moderner
Staatlichkeit, Baden-Baden, 1996.

Walder, Patrick/ Amendt, Günter: XTC. Ecstasy & Co. Alles über Partydrogen, Hamburg, 1997.

Wasserer, Martin: Der kolumbianische Bürgerkrieg – ein „neuer Krieg"?, Nov. 2003, In: Url: e-vakreisky.at/2004/fop/Konzept_Martin_Wasserer.pdf (1.2.2005), S.1-11.

Weber, Max: Staatssoziologie. Soziologie der rationalen Staatsanstalt und der modernen politischen Parteiern und Parlamente, Berlin, 1966.

Weber, Max: Wirtschaft und Gesellschaft. Grundriss der Verstehenden Soziologie, 5.Aufl., Tübingen, 1972.

Wein, Joe/ Holzer, Tilmann: Drogenpolitik und Terrorismus, Pressemitteilung 4, Verein für Drogenpolitik, Mannheim, 16.10.2001, In: Url: http://www.drogenpolitik.org/politik/pm/pm4.php (2.4.2005).

Weiss, Ismene: Illegaler Drogenhandel in Kolumbien. Ein terminologischer Vergleich Deutsch-Spanisch, Dipl., Wien, 2002.

Weizsäcker, Ernst Ulrich von (Hrg.): Kurzfassung des Abschlussberichtes. Enquete-Kommission „Globalisierung der Weltwirtschaft – Herausforderungen und Antworten", 24.6.2002, In: Url: http://www.bundestag.de/gremien/welt/glob_end/sb_glob_kurz.pd f (25.3.2005), S.1-119.

Wewer, Göttrik: Prolegomena zu einer Untersuchung der Korruption in der Verwaltung, In: Benz, Arthur/ Seibel, Wolfgang (Hrg.): Zwischen Kooperation und Korruption. Abweichendes Verhalten in der Verwaltung, Baden-Baden, 1992, S.295-324.

Wichmann, Stefan: Wirtschaftsmacht Rauschgift, Frankfurt/ Main, 1992.

Wondratschke, Claudia: Der schwache Staat? Kriminalität und Risiko in Mexico City, Köln, Sept. 2004, In: Url: http://www.politik.uni-koeln.de/jaeger/downloads/wondratschke.pdf (12.1.2005), S.1-104.

Ziegler, Jean: Die Schweiz wäscht weißer. Die Finanzdrehscheibe des internationalen Verbrechens, München, 1992.

Ziltener, Patrick: Strukturwandel der europäischen Integration. Die Europäische Union und die Veränderung von Staatlichkeit, Münster, 1999.

Ziltener, Patrick: Die Veränderung von Staatlichkeit in Europa, In: Bieling, Hans-Jürgen/ Steinhilber, Jochen (Hrg.) Die Konfiguration Europas. Dimensionen einer kritischen Integrationstheorie, Münster, 2000, S.73-101.

Zinecker, Heidrun: Drogenökonomie und Gewalt. Das Beispiel Kolumbien, HSFK-Report, Nr. 5, Frankfurt/Main, 2004, In: Url: http://www.hsfk.de/downloads/report0504.pdf (24.1.2005), S.1-49.

www.ingramcontent.com/pod-product-compliance
Lightning Source LLC
Chambersburg PA
CBHW022315280326
41932CB00010B/1106